建築仕上材料と技術の知識

中山 實 編著

鈴木博行・和田 環・権藤 尚・巴 史郎
佐々木正治・冨田 洸 著

鹿島出版会

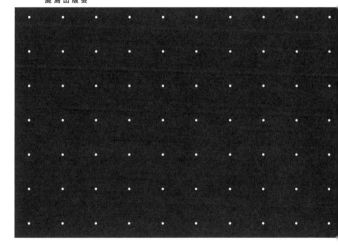

目 次

▥建築仕上材料・技術の知識を高めるために

　必須科目としての建築材料の授業は、建築学科に入学して1～2年次に習うため、材料の初歩的な基礎事項を学ぶのが通常である。学校を卒業し、設計や現場管理の実務に携わると、直面した課題の解答を導き出すのには、学校で習った基礎知識では不足していると気付く。要求されるのは常に応用問題の解決である。しかしながら、参考にしようとしても、応用問題に目を向けて執筆された建築材料の書籍はほとんどないのが実状である。

　建築仕上げは、その出来栄えが一目瞭然であり、設計意図を具現化した意匠的な完成度が着目されるが、外観からだけでは判別できない機能面の達成度が何よりも重要である。建設会社の技術部門に勤務している著者らは、その実現のために新技術の開発や現業の技術支援に日々力を注いでいる。蓄積した経験知は、まさに建築仕上げの応用問題に解答を与える知識である。

　このたび、建築材料の書籍として、類書には取り上げられていない実務的な内容を盛り込むとの企画方針を受け、著者らの経験知を生かした構成に重きを置くこととした。必ずや、設計や現場管理に携わる若手の技術者および建築材料の向学心に燃える学生にとって、必携の参考書となることを確信している。

▥本書の構成

　本書は、石材、木材、金属材料、ガラス、タイルのような建築仕上材料のほかに、防水材料、シーリング材料、塗料、接着剤、断熱材のような機能性材料を含め、14の材料をそれぞれ1つの章として記述を進めた。各章は、4～8頁からなる［基礎知識］と見開き2頁で完結する複数項目の［応用知識］から成る。応用知識の各項目

は、読者が直面する課題と同様あるいは類似のものと想像する。大勢の方々の実務に役立てて頂ければ、著者一同にとって望外の喜びである。

■執筆を終えて

執筆に際し、示唆に富む既往の研究を参考にさせて頂いた箇所が少なからずある。また、有用な一部の図表や写真については、転載を許諾して頂いた。この場を借りて関係者に感謝を申し上げる。

本書を出版するに当たっては、企画から内容構成にわたり、鹿島出版会出版事業部の久保田昭子さんの並々ならぬご尽力があった。その力添えがなければ、本書は日の目を見なかったであろう。心からの謝辞を添えて、著者一同の言葉としたい。

2020年8月
著者を代表して
中山 實

1章 石材

1-1 基礎知識

1 概説

　建築材料としての石材は、岩石から切り出して所定の寸法・形状に加工・成形した工業製品である。天然材料であり利用の歴史は古く、現存するものとしてエジプトのピラミッド（BC2800 ～ 2300）は代表的な例である。

　不燃・耐水・耐久などの他の材料にはない優れた特徴を生かし、組積造の構造材料として長い利用の歴史を有するが、鉄筋コンクリート構造の発展と共に、建築物の内外装を飾る仕上材料としての利用に移り変わった。現在では、国産材が枯渇し、ほとんどが海外からの原石あるいは製品の輸入に依存している。

2 種類

火成岩　石材は、岩石の成因によって3種類に分類できる。火成岩は、マグマが冷却・結晶化した岩石で、マグマの深度により深い方から深成岩、半深成岩そして噴出した火山岩に細区分できる。堅硬・緻密であらゆる用途に使われる。

堆積岩　岩片、土壌、有機体などが堆積あるいは水中に沈降して固化した岩石で、一般的に軟質で加工性に富み、扱いが容易であるため、欧米の組積造建築に多用されている。

変成岩　火成岩や堆積岩が強大な地熱や地圧を受けて再結晶化が進行した岩石である。母岩の特徴を残し、特有の色調や鉱物配置が美麗であり、装飾的用途に珍重される石材が多い。

3 製造

　原石から石材になるまでの工程を［図1-1-1］に示す。挽割りは、原石の全幅にわたり、長さ3〜4m、高さ70〜120mm、厚さ3〜4mmの帯鉄製鋸刃を所定の石材厚み間隔に配置した大鋸を用い、研磨材、石灰、水などの混合物を鋸刃の上から流し、鋸刃を水平方向に摺動して石材の切り代分を摩耗させる。したがって、高さ1.5mの花崗岩を挽き割るのに昼夜連続で約7日間を要す。なお、岩石によっては原石が均一ではないため、複数の原石を利用する際には、原石の一部を欠き取って見本とし、色調や鉱物配置を比較して選定をする。

　その後は洗浄・検査を行い、［表1-1-1］に示す表面仕上げの工程

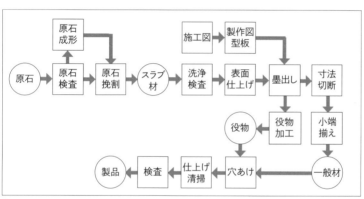

［図1-1-1］ 石材の製造工程

［表1-1-1］ 石材の表面仕上げ

分類	表面仕上げの種類	加工状態	
		花崗岩類	大理石・砂岩・石灰岩
粗面仕上げ	割り肌	矢またはシャーリングにて割裂した凹凸の面	矢またはシャーリングにて割裂した凹凸の面
	のみ切り	のみによる斫り跡を単位面積当たり均等に残した仕上げ	通常適用しない
	ジェットバーナー	火焔で表面の鉱物をはじき飛ばした仕上げ	石材の組成上、適用不可
	びしゃん	びしゃんで叩き凹凸を付けた面	通常適用しない
	小叩き	1〜4枚刃で叩き筋目を入れた面	通常適用しない
	ウォータージェット	超高圧水で表面を切削した面	通常適用しない
	ブラスト	砂粒または金属粒子を吹付けて表面を荒らした仕上げ	砂粒または金属粒子を吹き付けて表面を荒らした仕上げ
磨き仕上げ	粗磨き	#20〜30の砥石で磨いた面	#100〜120の砥石で磨いた面
	水磨き	#400〜800の砥石で磨いた面	#400〜800の砥石で磨いた面
	本磨き	#1,500〜3,000の砥石で磨いた面	#1,000〜1,500の砥石で磨いた面

に移る。石材は無垢の材料であるため、表面を刻んだり、磨いたりでき、［写真 1-1-1］に示す石材ならではのテクスチャーを得ることが可能である。製品となる石材の寸法精度には、［表 1-1-2］の数値が要求される。

この全行程を完了するには、受注生産であることから、原石の在庫がある場合で 1.5 か月前後が必要となる。

4　性質

［表 1-1-3］に石材の性質を一覧として示す。同じ岩石に属す石材でも、性質の値に大きなばらつきがあるのを理解できる。設計図書に花崗岩と記載されていても、試験をしなければ正確に近い値は求められない。「近い値」と記したのは、それでも天然材料ゆえのばらつきがあるためで、強度設計の際には安全率を設定しなければならない。

石材特有の性質に異方性がある。特に堆積岩は層状構造であるため、層に平行に鉱物が配列している。したがって、層に平行方向と直交方向の強さは極度に異なる。石材に加工する際の留意点となる。石材は耐火性に優れると思いがちであるが、種類によって特性が異なる。花崗岩の含有鉱物である石英の膨張率は他の鉱物の倍あり、さらに 573℃で相移転を起こし、それ以降収縮する。このため、花崗岩の外壁は、火災時に放水を受けると冷却され、表層が急激な収縮を起こして剥落する。大理石の場合には、約 500℃で光沢を失い、800 〜 900℃で生石灰へと変質する。耐火性のある石材として浮石質黒雲母流紋岩に属す新島産の抗火石は、約 1,000℃まで崩壊せず、不燃材料認定を取得している[1]。

〈1〉中山 實『石と建築』鹿島出版会、2014 年

5　類似材料

擬石　花崗岩の砕石を種石としたモルタルを振動加圧成形し、硬化後、表面に叩き仕上げを施して自然石と同等の外観とした材料である。1974 年竣工の最高裁判所庁舎（東京都千代田区）は、稲田産の花崗岩を纏うが、一部の箇所には建設当時に経済的であった稲田を表現した擬石を使用している。寸法や形状の自由度が高く、活用

された時期があったが、現在では製造コストが嵩み、使用される例はほとんどない。

テラゾー　石材断片を所定の寸法に粉砕・調整した種石を、モルタルにして振動加圧成形し、硬化後に表面を磨き仕上げとした製品である。舗石状の既製品がわずかであるが利用されている。「人造石研ぎ出し（人研ぎ）」あるいは「現場塗りテラゾー（ゲンテラ）」と呼ばれる仕上げは、仕上げ面に直接、種石入りモルタルを塗り、硬化後に表面を研磨したものである。

〈2〉日本建築学会『建築工事標準仕様書・同解説 JASS9張り石工事』日本建築学会、2009年

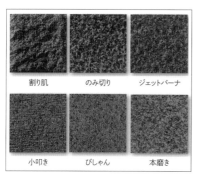

［写真1-1-1］　石材（カレドニア）の表面仕上げ例

割り肌　　のみ切り　　ジェットバーナ

小叩き　　びしゃん　　本磨き

[表1-1-2]
製品となる石材の寸法精度[2]

検査項目	管理値	検査方法	不合格時の処理	検査頻度
辺長	±1mm	スケール	使用不可	全数
石厚	−1〜+2mm	スケール	使用不可	全数
対角線長差	±2mm	スケール	使用不可	抜取り
反り	±1mm	スケール	使用不可	抜取り
欠けなど	なし	目視	協議	全数

[表1-1-3]　石材の性質

岩石の種類	細孔率 %	見掛比重	モース硬度	ショア-硬度	圧縮強さ N/mm²	曲げ強さ N/mm²	熱膨張率 ×10⁻⁶/℃
花崗岩	0.5〜1.5	2.54〜2.66	6〜7	85〜100	98.0〜309.9	8.8〜38.2	3.7〜6.0
閃長岩	—	2.72〜2.97	5〜7	82〜99	186.3〜434.5	15.7〜21.6	
斑糲岩	0.1〜0.2	2.81〜3.03	4〜6	40〜92	124.5〜304.0	13.7〜54.9	2.0〜3.0
流紋岩	4.0〜6.0	—	—	—	—	—	
安山岩	10.0〜15.0	—	—	—	—	—	
玄武岩	0.1〜1.0	—	4〜6	50〜92	—	—	2.2〜3.5
砂岩	5.0〜25.0	—	2〜6	20〜70	—	—	3.7〜6.3
頁岩	10.0〜30.0	—	—	—	—	—	
石灰岩	5.0〜25.0	1.79〜2.92	2〜5	10〜60	1.4〜255.0	3.4〜36.3	1.7〜6.8
ドロマイト	1.0〜5.0	—	—	—	—	—	
大理石	0.5〜2.0	2.37〜3.20	3〜4	45〜56	68.6〜241.3	3.9〜27.5	—
粘板岩	0.1〜0.5	2.71〜2.90	3〜5	45〜58	138.3〜206.9	34.3〜109.8	4.5〜4.9
片麻岩	0.5〜1.5	2.64〜3.36	5〜7	74〜97	152.0〜248.1	7.8〜21.6	1.3〜4.4
珪岩	0.1〜0.5	2.75	7	55〜83	206.9〜627.6	7.8〜31.4	6.0
出典	*	**	**	**	—	—	**

＊I.W. Farmer : Engineering properties of rocks, London E. and F. N. Spon Ltd., 1968
＊＊E.M. Winkler : Stone : Properties, Durability in Man's Environment, Second, revised edition, Springer-Verlag, 1975

1-2 応用知識

1 石材を構成する鉱物を知らないと石材は選べない

■石材を構成する鉱物に留意

　石材は、地殻から生まれた天然材料であり、種類によって構成する鉱物が決まる。例えば花崗岩は、長石、石英、黒雲母の3種類の主構成鉱物よりなるが、角閃石のような副構成成分や主に金属鉱物からなる不透明鉱物を微量含有する。この不透明鉱物が黄鉄鉱（FeS_2）、磁硫鉄鉱（FeS_{1-x}）および黄銅鉱（$CuFeS_2$）のような硫黄（S）を含有する鉄鉱物であると、大気中で酸素と水と結び付き、水酸化鉄となって石材を錆色に変色させる。錆は、庭石であれば錆石として珍重されるが、建築物の外装では［写真1-2-1］のように外観を損なう原因となる。

　石材に悪影響を及ぼすその他の特異な鉱物には、沸石類およびマンガン鉱物がある。前者は、酸性の雨水により沸石が膨潤・溶脱を起こし、［写真1-2-2］のように石材表層の欠落やポップアウトを引き起こす。後者は、酸化により石材表面が黒色化する。

　石材を構成する鉱物種は、石材を厚さ$30\mu m$程度の薄片に加工し、偏光顕微鏡を用いて鑑定する。この鑑定により、鉱物種だけでなく、内在するマイクロクラックの多寡や石材の異方性など、石材を選択する上での有用な情報を得ることができる。

■石材に趣を与える縞模様に留意

　大理石の中には、［写真1-2-3］のように縞状の鉱物の堆積面（層理）を意匠的に捉えて珍重するものがある。鉱物鑑定をすると、この縞は、主成分鉱物の微化石からなる方解石層の間に粘土鉱物が夾雑して生成した層理と分かる。粘土は、水の作用を受けると膨潤し、凝集力を失う。この種の石材を床石として使用するには、写真に見るように床表面と層理面が直交するように原石を切断・加工するのを鉄則とする。これとは異なり、床表面と層理面を平行に切断・加

工すると、床清掃の水や持ち込まれた雨水の影響で層理面から剥離し、大理石の表層を大きく損なうこととなる。

■炭酸塩鉱物の特性に留意

　欧州を旅すると、歴史的建築物の修復工事が随所で行われているのに気が付く。外壁に大理石や石灰石を利用しているのが一因である。大理石や石灰石の主成分鉱物は、方解石（$CaCO_3$）であり、酸性の雨水によって溶解する。その速度は微々たるものであるが、長年月の経過で数mmにも及び、凹凸のある装飾部、目地および固定部の劣化が激しい。また、反応生成物として石膏が形成されて汚れる。

　光沢を最大限まで高めた本磨き仕上げの大理石を屋外に曝露すると、数か月で光沢が消え失せ、角砂糖状の表面になる。顕微鏡で観察すると、方解石の粒界や鉱物内の劈開に沿って溶解が進んでいる。大理石の溶解は広く知られているが、盲点は蛇紋岩である。主成分鉱物は、雨水に強いけい酸質のアンチゴライトであるが、方解石も含まれる。装飾的な意図で雨掛かり部に適用すると、［**写真1-2-4**］のように早期に美しい緑色が色失せて白色化してしまう。

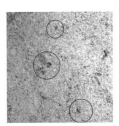
［写真1-2-1］外壁に用いた花崗岩の錆

［写真1-2-2］閃長岩に含まれる沸石の欠落

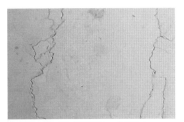
［写真1-2-3］縞模様の大理石

［写真1-2-4］蛇紋岩表層の溶解と白色化

2 吸水性の大きな石材は寒冷地に向かない

■石材の吸水性状

　石材は、タイルやれんがと同様に、外部と繋がる微細な毛管や細孔を内在する多孔質材料であり、そのために吸水性を有する。

　花崗岩のような火成岩は、結晶構造が緻密で吸水率は極めてわずかである。大理石のような変成岩は、鉱物の組成や配向に依存するが、概して緻密であることから吸水は小さい。しかしながら、両岩石は吸水率が小さいものの、毛管は無数に存在し、石材中への水の浸透を許す。石灰岩や砂岩のような堆積岩は、堆積物の不均一さにより毛管や細孔の寸法・形状・分布が大きな変化を受けて一様ではない。一般的に堆積物自体がもつ大きな細孔や堆積物相互の空隙のため、吸水は大きい。

■凍害

　凍害に関してはいくつかの説がある。体積膨張説は、細孔に浸入した水が凍結すると、9%の体積膨張を示すために細孔周壁に圧力を及ぼし、その圧力で石材が損傷する考えである。毛管説は、径の大きな毛管中の水から凍結し氷晶を形成するが、水の連続的な供給があれば霜柱のように氷晶が成長し、ついには石材の引張り強さ以上の圧力を及ぼすとする考えである。水圧説は、細孔中で水が凍結し始めると、体積膨張により未凍結の水がより細い細孔中に押し出され、この細孔内の移動時に水の粘性抵抗によって静水圧が生じるという考えである。

　実際には、凍害は単純な理屈ではなく、このような凍結のメカニズムが相互に複合して生じると考えられる。

■凍害の実際

　国内避暑地の標高700mに立地する建築物の屋外テラス床にポルトガル産石灰岩とスペイン産大理石を組み合わせて適用した事例がある。取付けは、敷きモルタルの上にセメントペーストで張る一般的な湿式工法であった。[写真1-2-5]に示すように、竣工初期より

石灰岩の表層が数 mm の厚さで薄層状に剥離し、その範囲と深さが次第に拡大していった。剥離の多発している床面は、冬期に降雨や積雪があると、夜間は凍結しても、日中は日射の影響で融解が生じ、凍結融解が繰り返される条件が整っていた。立地からもまた薄層剥離の形態からも凍害であることが明白であった。

　耐凍害性を検討するには、凍結融解試験によるのが一般的である。参考までに石灰岩6種の試験結果を［表1-2-1］に示す。いずれの石灰岩も程度の差こそあれ、外観に許容できない損傷を生じた。外部の床は、凍害を含む耐久性の面から最も厳しい部位であり、そこに吸水性の大きな堆積岩を使用する際には事前の十分な検討が必須である。

　堆積岩は寒冷な欧州諸国で建築物の内外壁に多用される石材である。重量物の石材を遠方へ運搬するのは得策ではなく、通常、「地産地消」の考え方で、建設地の近くで採掘された切り出しの容易な堆積岩を長年にわたり用いている。したがって、経験的にその特性が把握できている。英国では、国立の建築研究機関により建築物の適用部位ごとに石材種を推奨するガイドラインが作成されている[3]。

〈3〉 BRE Digest, The selection of natural building stone, BRE, 1983.1

［写真1-2-5］
屋外テラス床の石灰岩に生じた凍害

［表1-2-1］　石灰岩の凍結融解試験結果

石灰岩種類	標準試料	凍結融解試験後試験体1	凍結融解試験後試験体2
A			
B		240サイクル	
C		150サイクル	180サイクル
D			
E			
F			

注)凍結融解は記載のない限り300サイクル

3 鉄や銅には触れさせない

■石材と金属

　張り石工事では、床工法を除き、石材を機械的に固定するために、アンカーボルト、引き金物、だぼ、かすがい、シアーコネクター、ファスナーのような様々な形態・機能の金物が用いられる。雨掛かり部では、錆による汚れを懸念して、石材と直接触れあう金属はステンレススチールを用いるのが一般的となった。

　しかしながら、現実には直接石工事とは関連しない他工事での思わぬ落とし穴が存在する。例えば、開口部外枠の取付けに用いられた防錆処理の不十分な鉄筋や、ドアの埋込みヒンジに用いられた鉄製部品が錆び、その影響が張り石面にまで及んだ例は多々ある。また、[写真1-2-6]に示すように石工事完了後に他工事の溶接火花（多くは鉄の酸化物）が石材面に付着したり、鉄製の看板を取り付けたりするのも錆による汚れをよぶ。これらを「もらい錆」と呼ぶことがある。

　錆の原因が外部にあり、石材の表層が汚れた場合には、石材を痛めずに錆を除去するクリーニング手法が編み出されている。

■鉄錆の例

　[写真1-2-7]は、玄関の框石に生じた鉄錆による激しい汚れの例である。錆の形状から、建築設計者が意図しない鉄製台座をもつ掲示板が長期間にわたり置かれていたと思われる。雨水の掛かる場所のため、台座が錆びてしまい、錆に起因する水酸化鉄イオンが石材の表層に浸透して汚染した。中央部以外に周辺の石材にもうっすらと錆が広がっているが、雨水の滞留する石材面には水酸化鉄イオンが拡散するためである。

　鉄錆除去の一般的な方法は、クエン酸ナトリウム、水、グリセリンの1：6：7の混合液を粘土鉱物と混練してペースト状に調整し、鉄錆部分に湿布する。湿布が乾燥後、非鉄製のスパチュラで掬い取る。鉄錆が除去できるまで作業を繰り返す。かすかな鉄錆の場合には、シュウ酸と水の1：10の混合液でペーストを調整して上記と同様の作業を繰り返す。

■銅錆の例

　銅は、屋根葺材、雨樋、水切り、電気設備部品などとして、建築物の外部に幅広く使用される。錫との合金である青銅は、モニュメント像や装飾的な建築金物として多用されている。また。亜鉛との合金である真鍮は、内装石張りの取付け金物として使用されていた時期がある。

　銅あるいは銅合金の赤味を帯びた特有の色は、亜酸化銅の被膜である。長期間にわたり大気中に曝露されると、種々の色調を有する塩基性塩の被膜へと変化する。このとき、緑色系の被膜を緑青と呼び、古色感を演出する色調として期待される化学変化となる。

　[写真1-2-8]は、雨水が滞留する社寺の舗石部分が緑色に変色している例である。通常、社寺の屋根には軒樋を設けず、銅板葺き屋根の緑青面を流下する雨水は軒先より滴下する。緑青は難溶性ではあるものの、長期間にわたり同一の舗石面に滴下した結果が舗石を緑色に染めた。汚れというよりも社寺の趣を高める変化とも言える。

　銅錆除去の一般的な方法は、塩化アンモニウムと粉末タルクの1：4混合物に10％アンモニア溶液を混合してペースト状に調整したものを鉄錆の除去と同様な手法で用いる。

［写真1-2-6］溶接火花による錆

［写真1-2-7］鉄錆による床石の汚れ

［写真1-2-8］緑青による床石の着色

4 石材合端の納まりで薄い石材も厚く装える

■出隅の納め方

現在の張り石工法では、通常、石材の厚さが 20 ～ 35mm となり、伝統的な組積造の石材の扱いに比して石材の薄さが際立ってしまう。石材を活用した重厚な設計表現を実現しようとしても、石材の断面部分が露わとなる納まりでは「張りぼて」感が隠せない。しかしながら、設計者の工夫によって、薄い石材を用いても組積造の重厚感を表現することが可能である。

［**図1-2-1**］は出隅部の納め方（横断面図）の一例を示している。左図は、出隅部に出隅を表現する形状・寸法の石材を挿入することによって重厚感のある意匠の出隅を構成している。ただし、工費の上昇は否めない。右図は、一般的な納まりである。張り石用に加工した石材は、石厚にばらつきがあるため、石材の見え掛かり部端面を削り取り、設計寸法に揃え、さらに端面に表面仕上げをする必要がある。厚さを削り揃えることを「しゃくる」と呼ぶ。

■破損しやすい納まり

石材は、種々の鉱物の集合体であることから、鉱物の粒界が弱点となる。薄く加工すると破損しやすいのは自明である。それにもかかわらず、［**写真1-2-9**］に示すように、出隅部の石材同士の端面を45度に切り落として突き付け、あたかも無垢石のような「留め」の納まりに仕上げると、稜角部がわずかな動きや軽微な衝撃によって欠けてしまう。また、［**写真1-2-10**］に示すように、楔のような鋭角を表現する意匠は、掃除用具が当たっただけでも破損してしまう。一般部の石材の稜角部も同様に欠けやすいので、軽度に研磨して糸面取りを行う。

わずかな欠けは放置せず、修復すれば美観が保てる。色調を揃えた樹脂モルタルで修復するのを石工用語で「だんまる（黙）」と呼ぶ。その昔は植物由来のダンマル樹脂を活用していたからである。現在では、揺変性を付与した不飽和ポリエステル樹脂に顔料や石粒を混合した材料を用いている。大きな破損は、破損部を矩形に切り

取り、同じ石材を嵌め込んで修復する。「本焼き」と称する。

■目地の考え方

　内壁の石目地は、1～6mm幅が標準であるが、意匠上は伝統的に目地が目立たない突付けの「眠り目地」が好まれる。実際には、ビニルテープ1枚ほどの隙間をとり、石材の熱伸縮に対処する。大壁面になれば、柱スパンごとに伸縮調整目地を配置すべきである。

　外壁の石目地は、シーリング材の充填による止水上の要請やファスナーのような金物を目地内に納める必要から必然的に大きくなり、6～10mm幅が標準である。

　床の石目地は、目地材によって下地の敷きモルタルとの一体性を確保するために、屋内で3mm以上、屋外で4mm以上とし、石材の形状や厚みを考慮して決定する。目地モルタルは入念に押さえる。

［図1-2-1］出隅部の納め方

［写真1-2-9］
欠けやすい留めの納まり

［写真1-2-10］欠けやすい鋭角の造形

5　挙動の違う下地の影響を避ける

■ディファレンシャルムーブメント

　ディファレンシャルムーブメント（Defferential Movement）は、直訳すれば「差動」となるが、陶磁器質タイル張りの分野では、タイル剥離の原因を表す用語として定着している。すなわち、物体の接着界面に発生する下地との異なる動きの繰り返しが物体の剥離を引き起こすという考え方であり、実験的にも理論的にも妥当性が検証されている。この理屈は、タイルのみならず、当然、石張りにも当てはまる。

■伸縮調整目地を跨ぐ床石張り

　屋外床スラブに石材やタイルの床仕上げを行う場合、下地は防水層の押さえコンクリートとなり、そのひび割れ発生を防止するために3m前後の間隔で伸縮調整目地を設けるのが一般的である。［図1-2-2］に示すように、伸縮調整目地と床仕上げ材の目地の位置を揃えることにより、押さえコンクリートと床仕上げ材の挙動差を吸収できる。

　この原則を理解せず、意匠上の判断から伸縮調整目地を跨ぐような石材の割付けを行うと、日射による熱膨張収縮や雨水による吸水膨張・乾燥収縮を吸収できずに、肝心の仕上げ面にひび割れが発生する。［写真1-2-11］が実例である。磁器質床タイル仕上げの要所に石灰岩であるトラバーチンをボーダー状に配した意匠であるが、トラバーチンが伸縮調整目地を跨いで左右の下地に接着されたために、目地の直上箇所が完全に破断している。

■石先付けプレキャストコンクリートパネルの石張り

　超高層建築物の石張り外壁に必須の技術である石先付けプレキャストコンクリートパネルは、型枠内に定着金物を取り付けた石材を設置し、その上に鉄筋や所定のファスナー金物を配置した後にコンクリートを打設して製造する。開発初期には、定着金物による機械的固定に加え、石材裏面にコンクリート打継ぎ用の接着剤を塗布し、

石材とコンクリートを強固に接着していた。また、接着剤はコンクリートの水分が石材に浸透するのを防止する役目も果たしていた。実際に外壁に取り付けると、乾燥収縮や温湿度変化によって石材とコンクリートの間には挙動の差異が生じ、［写真1-2-12］に示すように石材の割れや剥離が発生してしまった。一度割れが生じると、コンクリート中の可溶性成分が石材表面に染み出て、白色の結晶を生じさせる。詳細は**応用知識9**で述べる。これを他山の石として改善が進み、現在では石材裏面には裏面処理剤という名称で変形追従性に優れる1成分形弾性エポキシ樹脂接着剤が多用されている。［**写真1-2-13**］にその状況を示す。

　米国の同種工法では、石材の裏面処理材をボンドブレーカーあるいはスリップシートと呼び、上記と同種材料の他に、ポリエチレンシートやフォームを敷設し、石材とコンクリートを完全に絶縁することも行われている。日本国内では、石材の裏面に雨水が回り込むと濡れ色の発生に繋がる恐れがあることから、シートやフォームは使用されていない。

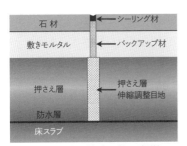

［図1-2-2］床の伸縮調整目地詳細

［写真1-2-11］伸縮調整目地を跨ぐ石材の破断

［写真1-2-12］外壁石材の割れ

［写真1-2-13］石材への裏面処理材の塗布状況

6　長い部材は中間部分で支える

■内装石張りの基本は空積工法

　内壁は、風圧力を負担する必要がなく、張付け高さは吹き抜け部を除けば天井高さ程度である。内壁を石材で仕上げるのは装飾的な意味合いが大きく、花崗岩よりも大理石、蛇紋岩、石灰岩のような色調や模様の豊富な石種が選択される。取付けは、湿式工法や帯とろ工法が多用されていたが、施工性や耐震性に劣ることから空積工法へと変遷してきた。

　内壁空積工法の縦断面を［図1-2-3］に示す。躯体の打設精度±15mmを見込み、取付け代は40mmを標準とする。最下段の石材は、位置精度を正確に調整した後、固練りの取付け用モルタルで下部を固定する。次に上部の引き金物用の穴2か所にセメントペーストを充填し、ただちに引き金物の一端を差し込み、他端を前もって構成した下地ごしらえの鉄筋に緊結する。石裏と躯体面との間には、引き金物の位置を中心に、深さ50mm、幅100mm程度の範囲に取付け用モルタルを充填する。硬化後、最下部の高さ100mm程度の範囲に裏込めモルタルを充填し、石材の足下を固める。幅木を設ける場合には、幅木裏に裏込めモルタルを充填する。中間部の石材は、下部の石材と2か所のだぼで緊結され、上部は下部の石材と同様に2か所の引き金物と取付け用モルタルで固定される。取付け部を除いた石材の裏面には、取付け代相当の空間が残される。

■あてとろ

　空積工法は、石材の下端と上端のみが固定されているため、石裏が中空の中央部分に衝撃的な力や過度の力が作用すると石材が破断する恐れがある。そのため、取付け時に石材の中央の端部に取付け用モルタルを充填し、中央部を支える方法がある。これを「あてとろ」と呼称するが、近年の張り石工事では省略されることが多い。

■長い部材は中間部分でも支持

　［写真1-2-14］は、厚さ20mm、高さ910mm、幅200mmの蛇紋

岩を空積工法で柱の回りに取り付けた例である。蛇紋岩の側面部は丸く整形され、彫りの深い装飾的な石張り面を構成している。写真では、数枚の蛇紋岩が中央部分で破断しているのがわかる。人為的な衝撃力が加わった結果と見て取れるが、目撃者はいなかった。不特定多数の人が出入りする施設では、建築の内外装が人為的な損傷（バンダリズム）を容易に受けないような対策を講じておく。

　［**写真1-2-15**］は、標準寸法が厚さ18mm、高さ760mm、幅600mmの石灰岩を空積工法で腰壁として取り付けた例である。石灰岩の中央部分には深さ4mmの2本の水平ノッチが彫り込まれている。装飾的な加工とはいえ、最も弱点となる石材中央部に断面欠損が起きており、過度な力が加われば破断してしまう。

　このような例の破断を回避するには、あてとろの採用の他に、石材裏面にガラス繊維メッシュをポリエステル樹脂で張り付けて補強するのも効果がある。実例を［**写真1-2-16**］に示す。

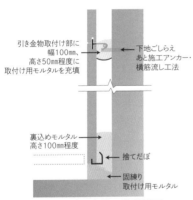

引き金物取付け部に
幅100mm、
高さ50mm程度に
取付け用モルタルを充填

←下地ごしらえ
あと施工アンカー・
横筋流し工法

裏込めモルタル
高さ100mm程度

←捨てだぼ

←固練り
取付け用モルタル

［**図1-2-3**］内壁の空積工法縦断面

［**写真1-2-14**］
内壁に用いた蛇紋岩の中央部破断

［**写真1-2-15**］
ノッチの入った石灰岩の腰壁

［**写真1-2-16**］
ガラス繊維メッシュによる石裏の補強

7 石材内は隙間だらけ

■石材の微視的観察

応用知識 1 では石材を構成する鉱物に留意するべきことを述べた。ここでは、石材を構成する鉱物がお互いにどのように存在しているかを微視的に観察した結果を示す。

［写真 1-2-17］は、石灰岩が変成作用を受けて再結晶化した典型的な大理石の偏光顕微鏡写真である。構成鉱物は、炭酸カルシウムからなる方解石（カルサイト）であり、モザイク状に組み合わさった形態である。方解石同士の粒界および方解石内に筋状に映る劈開は、微細な水の通り道を構成している。

［写真 1-2-18］は、国内産花崗岩の代表ともいえる茨城県産の稲田の偏光顕微鏡写真である。花崗岩を構成する三大鉱物である、長石、石英、黒雲母が複雑に組み合わさった形態である。各鉱物の吸水は小さいが、大理石と同様に粒界や劈開は水の通り道となる。

両石材ともに 24 時間吸水率は 0.1 〜 0.5 ％と小さいが、石材の表面に滴下した水は、粒界や劈開をたどって裏面にまで透過する。

■水は大敵

石材は堅牢な建築材料で、特に大理石や花崗岩は吸水率が小さく、水の影響など全く気にする必要がないと思われがちであるが、水の浸透や拡散のような移動現象を妨げるわけではない。人間の生活圏内では、水は純粋ではなく、何らかの物質を溶解あるいは懸濁し、移動に伴って物質の運搬役を果たすことから、予期せぬ濡れ模様や汚れを引き起こす。その防止のためには、水からの絶縁が必須となる。

■床石の濡れ色

雨掛かり部の床石張り面には、［写真 1-2-19］に示すように、目地周辺を縁取るように水が染み出た濡れ色模様をしばしば目にする。石材の取付けに用いた敷きモルタル中に浸透した水分が、目地から蒸発する際に目地周辺部を湿潤状態にしてしまうのが原因である。［図 1-2-4］に回避する方策を示す。

■根石の汚れ

　壁石の最下段を根石と呼ぶが、[**写真1-2-20**]に示すように、根石部分が汚れてしまう事例が多い。床面に堆積した塵埃や煤煙のような汚れ物質が雨水に懸濁し、この雨水が石材内への浸透を繰り返すことによって変色が進行する。[**図1-2-5**]に対策案を示す。特に、壁面に吸水率の大きな石灰岩を使用するような場合には、水の上昇を遮断する水切り部材を取付けモルタル内に設け、幅木あるいは根石に暗色の花崗岩を配置するといった設計上の配慮が有効である。

[写真1-2-17]
大理石の偏光顕微鏡写真

[写真1-2-18]
花崗岩の偏光顕微鏡写真

[写真1-2-19] 床石の濡れ色

[写真1-2-20] 根石の汚れ

[図1-2-4] 床石の濡れ色防止策

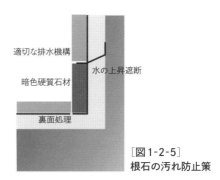

[図1-2-5]
根石の汚れ防止策

8 石材内の隙間は物質の移動が容易

■化学物質の拡散

　石材内の隙間を移動するのは水に限らず、分子量の大きな油や可塑剤のような化学物質ですら、濃度差を駆動力として石材中を拡散していく。石工事に用いる接着剤やシーリング材は、液状の状態で石材と接触し、時間の経過と共に硬化が進行して最終的には固形化する。固形化するまでの間に材料中の化学物質が石材中に拡散するが、通常であれば短期間で固形化するために支障は生じない。

■接着剤

　内壁の石張りでは、弾性を有する2成分形のエポキシ樹脂系や変成シリコーン系接着剤を用いる簡易的な接着工法がある。石材の裏面数か所に接着剤を団子状に盛り上げ、タイルの団子張りの要領で下地に押し付け、面精度を調整して取り付ける。

　2成分形の性能を発揮させるには、計量により混合割合を厳守し、混合容器内で十分に攪拌してから用いる。目分量による混合や石材裏面上での攪拌は、厳に戒めるべきである。不適当な作業は、[**写真1-2-21**]に示すような接着剤の未硬化成分が石材表面にまで浸透し、規則的な汚れ模様の形成に繋がる。汚れ部分に鼻を近付けると、接着剤臭がするので確認できる。

■シーリング材

　外壁のように雨水の降り掛かる部位は、表面仕上げを一次止水面、躯体を二次止水面として考える二段階防水の考え方が必要である。したがって、外壁石張りであれば、石材間の目地を止水性の材料で充填する必要がある。変形追従性に優れた2成分形シリコーン系シーリング材が登場した際には、外壁の石材目地にも充填された。ところが、後年、[**写真1-2-22**]に示すような石材の目地周辺を額縁状に薄黒く汚す現象が発生した。シーリング材中のシリコーンオイルの石材中への浸透や石材面への拡散が原因であることが判明した。

　そのため、通常は、良好な変形追従性や石材への非汚染性の観点

から変成シリコーン系シーリング材を用いるが、万全を期すためには非汚染性の事前検討や予備試験での確認が必須である。

それでも時として、［写真1-2-23］に示すような目地周辺を縁取るように暗色の染みが広がった石張り面を見ることがある。石材とシーリング材をめぐる諸現象を一覧にして［表1-2-2］に示す。

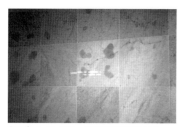

［写真1-2-21］ 大理石面に現れた
接着剤成分の染み出し

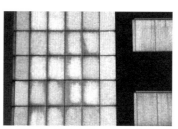

［写真1-2-22］ シリコーンオイルによる外壁目地回りの大規模汚れ

［写真1-2-23］ シーリング材による
花崗岩目地周辺の汚れ

［表1-2-2］シーリング材による石材の汚れ現象

汚れの状況	シーリング材の種類	原　因	備　考
目地周辺が赤褐色に変色	ポリサルファイド系	接着付与剤のフェノール樹脂とセメントモルタル中のアルカリ性分が、水の介在で呈色反応を起こした	現在では改善
目地周辺の額縁状の汚染	シリコーン系	シーリング材よりシリコーンオイルが遊離し石材目地周辺に移行、その上に大気中の塵埃などが付着	具体的な対策がなく、使用不可
目地周辺の染み	変成シリコーン系ポリサルファイド系	主として可塑剤のような成分が石材中に浸透して目地に接する数mm～数cmを激しく汚染	プライマーの塗布で押さえられるが、事前に試験施工で確認
目地下部の汚れ	変成シリコーン系	主として可塑剤が表層に染み出すため大気中の塵埃を捕集する、その塵埃が雨水により流下して汚染	ポリサルファイド系に変更する

9 石工事の大敵エフロレッセンス

■エフロレッセンス

　エフロレッセンスは、白華あるいは俗に「はなたれ」とも呼ばれ、石材の表面を白く汚し、外観を醜くする。発生は、石材の内部から可溶性塩類を含んだ水が毛管中を移動し、石材表面の開口に達すると水分が蒸発して塩類の結晶を析出することによる。気象条件や細孔構造により、石材の表面ではなく、表層内で結晶化が進行すると、塩類の結晶化圧力が毛管中で過大になり、石材表層部を破壊することすらある。この表層部での現象をサブフロレッセンスと呼ぶ。

■可溶性塩類の供給源

　石工事には、セメント系材料が必須の副資材となる。床工事では、容積比でセメント：砂＝1：4程度に混練し、握ったときに形を保持できる程度の硬さに加水した敷きモルタルを下地となるコンクリート面へ取付け代相当の40mm厚ほどに敷き均す。その上に石材を仮据えし、叩き締めて位置および水平精度を調整後、石材を一度除去し、締め固められた敷きモルタル面にセメントペーストを均一に撒く。ただちに、除去した石材をその上に置き、再び叩き締めながら最終の位置調整を行い据え付ける。

　このように、敷きモルタル、セメントペーストを準備するには水が必須である。しかしながら、硬化後に浸透した水は、これまでの記述のように種々の悪影響を及ぼす。周囲にセメント系材料があると、炭酸カルシウム（$CaCO_3$）や硫酸カルシウム（$CaSO_4$）のようなカルシウム塩を溶解する。これらのカルシウム塩は、冷水ほど溶解度が上昇することに留意する。

　この他の身近な供給源は、目地モルタルや裏込めモルタル、土壌、不適切な清掃材料などがある。

■エフロレッセンスの実例

　外部階段に張り石を採用する例が多い。石材の優れた耐摩耗性を最大限に生かせる部位である。石材の取付けは、［**図1-2-6**］に示す

ように、張り石の場合には蹴込み石を必ず引き金物で躯体と緊結する。踏面石は、床の石張りと同様の取付けとなる。石材の裏面に雨水が浸入すると、敷きモルタル層に滞留して可溶性塩類を溶解し、［写真1-2-24］に示すように、石目地や蹴込み石の上端から流れ出し、甚だしい白華を生じる。［写真1-2-25］に示す例は、脱落防止のために修復が行われた石材のひび割れ部や補修孔から流れ出た白華である。根石であることから裏込めモルタルが充填されていると考えられ、その部分への浸水が原因である。いずれも、浸水を防ぎ、浸水した場合は速やかに排出する方策が必須である。

　［写真1-2-26］はある歴史的建築物において、石材面の汚れ除去に重曹ブラスティングを用いた例である。重曹は $NaHCO_3$ であり、その微粉末が石材に食い込み、ナトリウム塩の白華を生じた。

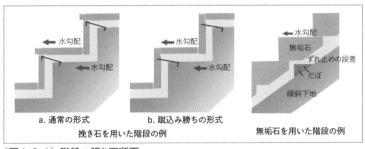

［図1-2-6］階段の張り石断面

［写真1-2-24］屋外階段からの白華

［写真1-2-25］腰壁からの白華

［写真1-2-26］
重曹ブラスティングの弊害

10　重い石材の取付けは接着に依存できない

■接着工法
　既に記したように、接着工法は、内壁の簡易的な張り石工事として採用されるが、接着剤に依存するためにいくつかの課題が残る。
　①接着剤の混練ミスに起因する接着不良や取付け後の汚れ
　②接着剤の経時変化による接着力の低下（水の介在を含む）
　③接着界面に石材重量が継続的に加わるためのクリープ変形
　外壁にまで接着工法を適用するには、石材が剥離・脱落する事態を想定すれば、適用に躊躇するはずである。そのために、外壁の石張りでは、機械的に固定する乾式工法を必須とする。それに用いる各種の取付け金物やファスナーが考案されている。

■外壁張り石面の改修
　玄関の両脇に立つ飾り柱に石材が張られていたが、竣工後18年経過した時点でその内の1枚が脱落した例がある。調査のために上下の石材を外して観察したところ、[写真1-2-27]に示すように内壁に適用する帯とろ工法に類似した方法で石材が取り付けられていた。帯とろ工法は、1995年の阪神・淡路大震災により多数の被災物件が発生したことから耐震性に疑義があり、後になって建築関連の仕様書より除外された。
　取り外した石材を子細に観察したところ、石材の上端が大きく隅切りされた形状のためにだぼ穴をあけることができず、そのために100mm角程度の力石を裏面に接着し、そこに引き金物を取り付けるようにしていた。上段の石材の下端にも力石を接着し、下段の石材に乗せ、下端に裏込めモルタルを充填して躯体と連結していた。この状況を[図1-2-7]左に示す。外壁の石材は機械的な固定が必須であるにもかかわらず、接着された力石と裏込めモルタルに依存した取付けであることが判明した。
　力石の接着界面には目地モルタル部分より水の浸入があり、また、継続的な石材の重量を支持する以外に風の負圧力による引き剥がす作用もあり、接着剤の経年劣化と相まって剥離に至ったものと推測

された。改修は、[図1-2-7] 右のように全面的に乾式工法を適用した。力石は、2本以上のステンレスピンと接着剤を併用して取り付け、鉛直力のみを負担する納まりとした。

■類似の例

　旧来の外壁石張り面は、湿式工法のような裏込めモルタルの接着性に頼る例が多い。外壁の経年劣化調査で石材の浮きが発見された際には、躊躇なく機械的に固定する。極端な方法として [写真1-2-28] のような表面から下地にボルトで縫い付ける例がある。

　天井に石材を取り付ける場合には、[図1-2-8] を原則とする。吊りボルトは、石材を貫通して取り付ける。この状況を [写真1-2-29] に示す。

[写真1-2-27]
石材の脱落した後の壁面

[写真1-2-28]
外壁石材の
化粧ボルト留め

[写真1-2-29]
天井石材の
化粧吊りボルト留め

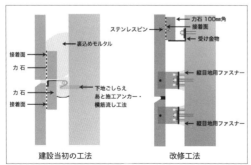

[図1-2-7] 外壁石材の取付け工法

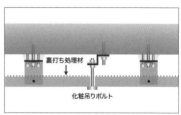

[図1-2-8] 天井石材の取付け工法

11　思わぬ大敵は身近に

■人間の影響

　石材の変質に最も影響する因子は、人間の諸活動である。工業化による大気汚染とそれに伴う酸性雨は石材にとって大敵である。子細に論じれば、手垢や汗の付着による淡褐色の変色、悪戯書き、煙草の煙による変色など、指摘するのに際限はないが、いくつかの身近な、そして盲点となりがちな実例を紹介する。

　バーやレストランのカウンターやテーブルトップが大理石の本磨き仕上げとなっている場合がある。コースターを敷いてグラスを載せるのがサービスの基本であるが、グラスに注がれた炭酸系の飲料がこぼれ、大理石が長時間濡れたままになると光沢が損なわれる。同様に、レモンのスライスを直接置くと、レモンの輪切り状の光沢低下が観察される。原因は酸による大理石表面の溶解である。

　公共の洗面室には、殺菌・消毒のハンドソープが洗面台に置かれることが多くなった。高級ホテルでは、洗面器回りを大理石カウンターで仕上げる場合がある。ハンドソープを用いた手洗い水が大理石面に繰り返し滞留すると、次第に大理石表層の溶解や剥離が進行する。ハンドソープは、製品によって大理石のクリーニング薬剤としてカルシウム塩の分解に利用するEDTA（別名、エデト酸塩）を微量含有しているからである。［写真1-2-30］に示すように、手洗いの汚れが溶解部に浸透し、黒色化を呈している。

　男子便所の小便器周囲の床は飛び散った尿によって不衛生になる。そのために、小便器の前面には、吸水が小さく、清掃の容易な花崗岩が使われるが、［写真1-2-31］のように手入れが悪いと尿石などが蓄積して目立つ。この用途に使う石を汚垂石と呼ぶ。

■動物の影響

　鳥類、特にハトは、外敵から身を守るためにしばしば人間の暮らす建築物に営巣する。［写真1-2-32］は、出窓の直下に営巣し、卵を産んだ例である。巣の下にある外壁面や休息場所となる笠木などを排泄物でのべつ汚染する。排泄物には、燐酸塩や硝酸塩が含まれ、

時として石材表層の腐食や、変色を引き起こす。汚れは、水と中性洗剤で洗い流すのが基本であるが、頑固な汚れには、前述のEDTAを加える。

▨植物の影響

　石造建築物の壁面を覆うアイビーは、［写真1-2-33］に示すように欧米でよく目にする光景である。アイビーの蔓は縦横に伸び、気根は水分を保持しやすいひび割れや目地部に浸入し、根の楔効果によって損傷を引き起こすことすらある。

　地衣類や藻類は、石材の表面に取り付き、栄養の乏しい条件下でも生育を続けることができる。噴水回りや土壌に接する石張りの壁面が緑色に変色しているのは主に藻類の繁茂による。暗赤褐色のインド砂岩は、外壁に多用されるが、水が供給される部分には緑色の藻類が繁茂しやすい。両者は補色の関係になり、よく目立つ。

　楔効果による物理的作用の他に、根は水分を保持し、接する石材との間で金属イオンの交換と酸の分泌により変質の原因となる。

［写真1-2-30］大理石洗面台の汚れ

［写真1-2-31］手入れの悪い汚垂石

［写真1-2-32］ハトの営巣場所の例

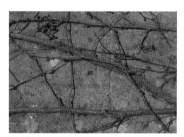

［写真1-2-33］
外壁面を覆うアイビーと地衣類

2章 木材・木質材料

2−1 基礎知識

1 概説

　木材は、石材と同様に古くから現在まで世界中で汎用的に用いられてきた天然の建築材料であり、[**表2-1-1**]のような特徴がある。木材は、仮設材・構造材・下地材・造作材・建具材など、あらゆる建築部位に利用されている。

　日本の林業は、木材価格の低迷、自給率低下、後継者不足などが重なって衰退し、森林が荒廃しつつある。政府は国土の維持を目的に国内林業の振興に力を入れ、公共建築物等木材利用促進法[1]を2010年に制定し国産材利用を促している。また、木材使用によるCO_2固定化の評価と取引制度（J−クレジット）、森林資源の持続可能な利用を目指した森林認証（SGEC、FSC）など、木材に関する様々な施策が行われている。

〈1〉公共建築物における木材の利用の促進に関する法律

2 種類

　世界各地に生える無数の樹種を利用しているが、木材は大別すると[**表2-1-2**]のように針葉樹と広葉樹に区分できる。針葉樹は真直ぐな長大材を入手しやすいため構造材、広葉樹は木肌の美しさや硬さから化粧材・造作材・床材に主に用いられる。

　同じ針葉樹や広葉樹であっても、樹種によって密度・強度・耐久性などの特性は大きく異なる。樹種の通称は学名とは異なり、複数の通称がある樹種や、反対に複数の学名の樹種が一つの通称で呼ばれることがある。

[表2-1-1] 木材の特徴

長所	短所
入手性が高い 加工性が高く、取扱いが容易 真直ぐな長大材 軽量で強度が高い 熱・電気の不良導体 調湿能力が良好 リサイクル・再資源化が容易 外観や肌触りがよい	非均質で異方性 吸水・乾燥による変形、強度変動 品質・強度が一定ではない 可燃性 腐朽菌による腐朽・昆虫による食害 紫外線による変色・劣化

[表2-1-2] 針葉樹と広葉樹の特徴と例

項目	針葉樹	広葉樹
別名	柔木	硬木
組織	水分通過と樹体を支持する仮道管が組織の90%を占め、養分の貯蔵・運搬を放射組織が分担	導管、放射組織と樹体を支持する木繊維から構成
	組織が整然と整列	針葉樹よりも複雑な組織で、導管の配列分布により、環孔材・散孔材・放射孔材に分けられ、年輪や肌理に特徴
用途	真直ぐであり構造材に向く	肌理美麗で化粧材・造作・床材に向く
産地	国産材、北米・ニュージーランド・ロシア・欧州などから輸入	国産材、東南アジア・北米から輸入
代表的な国産材	アカマツ、クロマツ、カラマツ、スギ、ツガ、ヒノキ、ヒバ	アオダモ、キリ、クスノキ、クリ、ケヤキ、カバ、ツゲ、ハレニレ、ブナ、ミズナラ
代表的な輸入材	オウシュウアカマツ、スプルース、ベイスギ、ベイツガ、ベイヒ、ベイマツ、北欧カラマツ、ラジアータパイン、レッドウッド	アベゾ、アピトン、イペ、ジャラ、チーク、ウォルナット、メランチ、マホガニー、ラミン、ラワン、レッドオーク

3 構造と組織

　樹木は、一般的に［**図2-1-1**］のような構造と断面を示す。年輪の半径方向を柾目面、接線方向を板目面と呼ぶ。春から夏にかけて形成させる早材（春材）は、幅が広く色は白い。夏から秋にかけて形成させる晩材（夏材）は、細胞壁が厚くて小さく、幅が狭く色は濃い。毎年の早材と晩材の成長の繰り返しが年輪を形成する。ただし、年間の気候変化が少ない南洋材では明確な年輪がない樹木もある。木口面の色が濃い中心部分を心材、色の薄い周辺部分を辺材と呼ぶ。辺材は10年程度経過すると細胞内に色素や腐朽に抵抗する抽出成分を蓄積し、心材へ変化する。心材と辺材は細胞の骨組みは変わらないため、腐朽性を除き密度・伸縮性・強度などの特性はほぼ同じである[2]。

〈2〉財団法人日本木材総合情報センター『間違いやすい木の知識』

4 性質

密度　木材の密度は、細胞の形状と構成によってバルサ（0.1kg/cm³）からリグナムバイタ（1.2kg/cm³）まで幅広い。密度が高い樹種は強度・ヤング率・収縮率・硬度が高い傾向にある。

強度　木材の比強度（単位重さあたりの強度）は高く、圧縮では鉄の2倍、コンクリートの10倍にもなる。細胞構造がストローの形状をしているため、強度の異方性が大きい。例えば、針葉樹におけるヤング率・強度は、繊維方向：半径方向（柾目）：接線方向（板目）＝100：10：5の関係がある。さらに、［図2-1-2］のように含水率が強度に影響する。繊維飽和点以上（自由水領域）では含水率で強度は変わらないが、繊維飽和点以下（結合水領域）では含水率が小さいほど強度は増進する。同じ樹種でも製材ごとで強度のばらつきが大きく、構造設計では強度の安全率を大きく見込んでいる。近年は、強度と相関が高いヤング率を非破壊試験で測定した機械等級区分製材の普及が進みつつある。

燃焼性　木材は250℃になると引火し燃焼するため、［表2-1-3］のように防火性能を付与する技術が開発されている。難燃薬剤を加圧注入した難燃処理木材は、温湿度変化により内部の薬剤が表面に析出して白くなる白華現象を引き起こすことがあり、塗装で対策を行う。なお、木材を表面塗装で防火材料とすることは現時点では困難である。

腐朽性　木材腐朽菌が分泌する酵素によって木材成分は分解される。腐朽菌の発育には水分・温度・酸素が必要である。特に含水率が30％以上となると腐朽が急速に進むため、木材の含水率を低く保つ設計的な配慮が重要となる。1999年に建替えの始まった丸ビル（東京都千代田区）では、既存ビルの解体工事によって地下から大量の松杭が発掘された。常水面下に打ち込まれた松杭は腐朽に必要な酸素が供給されなかったため、約80年経過しても腐朽することはなく健全な状態であった。

5 木質材料

　製材の強度・品質のばらつき、部材寸法の制約、異方性を改善し、

木材資源の有効利用のため、[表2-1-4]のような木材を原料とした多様なエンジニアリングウッドが開発されている。最も多用されているのは合板で、下地など汎用的に用いられる普通合板、床や耐力壁に用いられる構造用合板、間仕切り壁・造作材に用いられる化粧合板、コンクリート型枠用合板に区別される。木造ドームのような大スパン構造物には、大断面の集成材が用いられる。近年ではひき板（ラミナ）を直交するように積層し接着したCLT(Cross Laminated Timber) が注目されている。厚みのある面材で、構造壁や床に用いられる。海外ではCLTを用いた中低層ビルが建設され、日本でもJASや建築基準法告示などの整備が進んでいる。

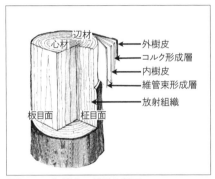

[図2-1-1] 樹木の構造と断面

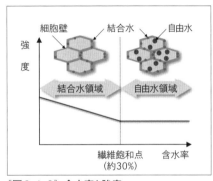

[図2-1-2] 含水率と強度

[表2-1-3] 防火材料と耐火構造部材

対象	例
防火材料 （不燃材料など）	単板化粧材料（無機質系材料の基材に化粧単板を張付け）
	木片等混入無機質材料（セメントなどに木片を少量混入）
	難燃処理木材（木材に難燃剤を加圧注入）
耐火構造部材 （1時間耐火など）	燃え止まり型（燃え止まり層を内部に形成）
	木質ハイブリット型（木材と鉄の組合せ）
	メンブレン型（木材を石膏ボードで被覆）

[表2-1-4] エンジニアリングウッド

形状	例
面材・板材	合板、繊維版、パーティクルボード、WB、OSB、CLT
軸材・骨組材	集成材、LVL

2−2 応用知識

1 水分による木材の狂い

■収縮率

　木材は［**図2-2-1**］のように含水率が繊維飽和点（約30％）以下になると収縮を始め、収縮量は含水率に比例する。木材の収縮率は、含水率1％あたりの収縮率である平均収縮率で表されることが多く、含水率変化による収縮量は以下で計算できる。

　　収縮量＝気乾時寸法×平均収縮率×含水率変化

　木材は軸方向に並んだ細胞構造と年輪構造により、［**表2-2-1**］に示すように繊維方向の収縮率は非常に小さいが、接線方向は半径方向の2倍で非常に大きい。収縮率は樹種によって異なるが、一般的に密度が大きいほど収縮率が大きくなる。

■含水率

　木材は組織内に水分を含有し、生木だと含水率が80〜200％にも達する。強度増進・腐朽防止・寸法安定化のため、木材の利用にあたっては乾燥させて含水率を管理する必要がある。木材を大気中に長期間放置すると、含水率は一定値に近づく。この含水率を平衡含水率と呼び、［**図2-2-2**］のように大気温の範囲では主に相対湿度で定まる。平衡含水率は、［**図2-2-3**］のように日本各地・季節によって異なり、平均で屋外は15％、屋内は12％といわれている。

　木材施工後の乾燥による寸法変化を抑制するためには、使用する

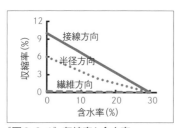

［**図2-2-1**］収縮率と含水率

［**表2-2-1**］平均収縮率

方向	平均収縮率 含水率1%あたりの収縮率 （%／%）
繊維方向（長さ）	0.01
半径方向（柾目）	0.1〜0.2
接線方向（板目）	0.2〜0.4

木材の含水率は使用環境の平衡含水率前後が望ましい。構造材は15％以下、造作材は12％程度が理想である。ただし、空調が常に効いた室内空間においては、平衡含水率は10％以下であり、収縮を抑制するために10％程度まで乾燥させる必要がある。グリーン材とも呼ばれる未乾燥材は施工後に大きく寸法が変化し、狂い・ひび割れのリスクが大きいため、その使用は避ける。

■狂い

収縮の異方性により、［図2-2-4］のように製材時の木取りで変形に特徴が出る。伝統的な木造技術では、狂いなどの癖を考慮して木材を用いる。［図2-2-5］のように鴨居・敷居は木表（外皮側）に溝を掘り、反りで室内側に膨れて襖が動かなることを避ける。天井板・床板は化粧性に優れ滑らかな木表を表面に使う。一方で、屋外のデッキでは水が溜まらないよう木裏を上面にする。角材の芯持材は不要なひび割れが表面に生じないよう背割りを入れ、ひび割れをコントロールする。

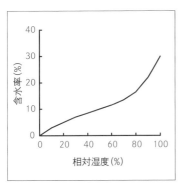

［図2-2-2］平衡含水率

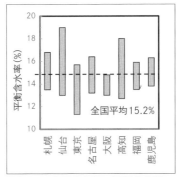

［図2-2-3］日本各地の平衡含水率

［図2-2-4］乾燥した木材の変形

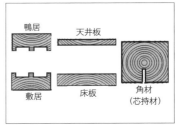

［図2-2-5］木材の使用方法

2 温度より湿度による膨張を無視できない

■水分と温度による木材の伸縮

　物体の寸法は水分（含水率）と温度によって変化する。［表2-2-2］に水分と温度による木材の寸法変化率を示す。幅100mmの板目材を非空調室内に設置した場合、水分による伸縮量は1.5mmで、温度による伸縮量0.12mmの10倍以上となる。**応用知識1**の［図2-2-2］より、平衡含水率はほぼ湿度で決まるため、木材は温度よりも湿度で伸縮すると言ってよい。ただし、取り付けた下地によって木材の伸縮が拘束されるため、実際の伸縮量は上記計算値の1/3〜2/3程度である。

■フローリングの伸縮による隙間と押出し

　フローリングは、木材の伸縮による影響が現れやすい。［図2-2-6］に3種類のフローリングを下地合板に施工し、温度・湿度を変化させてフローリングの隙間を測定した事例を示す。密度が高いウリンの単層フローリングは隙間変化が非常に大きく、ナラの単層フローリングが続き、基材が合板である複合フローリングは0.1mmとわずかであった。フローリングを施工する際は、これらの伸縮を吸収できるよう材間を突き詰めず名刺1枚程度の隙間を空ける。

　繊維方向の伸縮は、半径・接線方向と比べて収縮率が小さいため問題は少ないが、長大部材では影響が現れることがある。［図2-2-7］のようにマンションの玄関からリビングの端まで途中に扉枠の

［表2-2-2］水分と温度による木材の寸法変化

項目		水分による寸法変化	温度による寸法変化
物性	単位	平均収縮率(%/%)	線膨張係数(μ/K)
	繊維方向（長さ）	0.01	3〜5
	半径方向（柾目）	0.1〜0.2	20〜40
	接線方向（板目）	0.2〜0.4	30〜50
伸縮量の計算例	部材（想定）	接線方向（板目）、幅100mm	
	環境（想定）	含水率5%変動	温度30℃変動
	伸縮量（計算値）	0.3(%/%)×5(%)×100(mm)=1.5mm	40(μ/K)×30(℃)×100(mm)=0.12mm

見切りがなくフローリングが連続する場合、室内環境の変化でフローリングが繊維方向に伸縮し、玄関の上り框を押し出すことがある。フローリングの周囲には、幅木などによる適切な伸縮の吸収機構を設ける。

■床暖房とフローリング

　床暖房上のフローリングは、熱と乾燥で一般のフローリングよりも収縮が大きくなり、[写真2-2-1]のような突上げや隙間の問題が発生しやすい。フローリングはガス会社統一基準方式などの床暖房試験に合格したものから選択し、十分に乾燥させてから施工する。

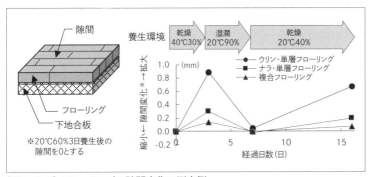

[図2-2-6] フローリングの隙間変化の測定例

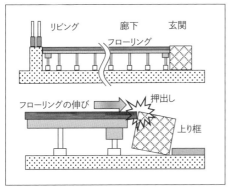

[図2-2-7]
フローリングの伸縮による上り框の押出し

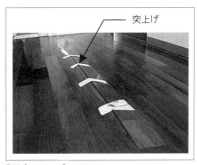

[写真2-2-1]
床暖房によるフローリングの突上げ

3 非対称の複層構造は変形しやすい

■木質パネルの構成

　木質パネルの寸法変化は、木材と同じく水分に支配される。木質パネルは［**表2-2-3**］のように製材と比較して異方性が小さい。しかし、エレメント（単板・木材小片・繊維などの構成要素）のサイズと接着剤による拘束の程度によって水分による膨張率が異なり、木質パネルの種類によって2倍以上の差がある。二重床の下地などに用いられるパーティクルボードは、小さな木片を接着剤と混合し熱圧成形したボードで、木質パネルの中では膨張率が大きい。一方、合板は、奇数枚の単板を交互に直行させて強固に接着しているため、木質パネルの中で最も寸法安定性に優れる。ただし、いずれの木質パネルでも、石こうボードやけい酸カルシウム板と比較すると膨張率が大きい。

■材料内の伸縮

　内装制限により仕上げ材に不燃性が求められる場合は、石こうボードやけい酸カルシウム板などの基材に、意匠性の高い木材の突板（天然木の薄板）を表面に練り付けた突板パネルが用いられる。突板パネルは、断面構成が非対称のバイメタル状で、突板の吸湿長さ膨張率は基材より非常に大きいため、環境変化による反りが発生しやすい。［**図2-2-8**］は石こうボードGL工法の上に接着剤・釘の併用で取り付けられた突板パネルが反り、石こうボードの裏面ボード紙が反りに耐えられず剥離し、その結果突板パネル端面が見切縁からはみ出した事例である。反りやすい突板パネルは、木軸・LGS下地への強固な取付け、見切縁のパネル呑込み納まりなどの対策を講じる必要がある。

■材料間の伸縮

　内装は、製材・木質パネル・石こうボード・LGSなど様々な部材を組み合わせるため、温度・湿度による部材間の伸縮差を考慮したディテールが求められる。［**図2-2-9**］はシステム収納家具の扉受

け部の表面壁紙にしわが発生した事例である。壁紙下地の MDF 製ボード受けは吸湿時の膨張率が石こうボードより大きく［表2-2-3］、湿度変動による材料間の伸縮差が壁紙のしわとなって現れた。環境・部材サイズ・取付け剛性などが複雑に影響するためしわの発生を事前に予見することは困難であるが、伸縮が小さい合板製や樹脂製ボード受けの使用、L 型コーナー材の追加、固定ビス打ち増しによる部材間の伸縮差の抑制などの対策を行う。

［表2-2-3］パネル類の寸法安定性[3]

〈3〉渡辺敬三「建築用ボード類の温湿度変化にともなう伸縮」『日本建築学会大会』44巻、pp.199-200、1969年7月

材料	吸湿長さ膨張率 (%)	
	長さ方向	幅方向
合板	0.11	0.09
パーティクルボード	0.23	0.23
MDF	0.21	0.20
スギ（製材）	0.07（繊維方向）	1.10（接線方向）
石こうボード	0.02	0.02

環境条件：20℃ 35% ⇒ 20℃ 95%

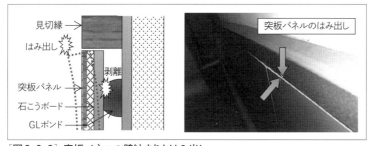

［図2-2-8］突板パネルの壁納まりとはみ出し

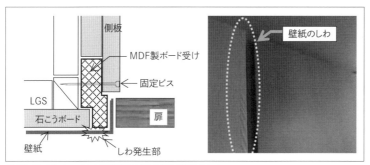

［図2-2-9］システム収納扉の納まりと壁紙のしわ

4 屋外での木材使用

■塗装による表面保護

　屋外で木材を使用する際は、紫外線と風雨による退色・痩せ・ひび割れなどの表面劣化を防ぐため、防腐・防カビ・防虫効果をもつ木材保護塗料で木材表面を保護する。木材保護塗料は、木材表面に含浸して塗膜をつくらない含浸形、塗膜を形成する造膜形、中間の特徴をもつ半造膜形の3種類がある。[表2-2-4]に示すように造膜形は耐候性に優れるが、含浸形はメンテナンス性に優れる。半造膜形は、両者の中間の特徴をもつ。塗料の色調によっても塗膜の耐候性は異なり、濃色ほど紫外線を透過させないため耐候性が高く、クリア塗膜の寿命は短い。いずれの塗料においても2～5年周期で再塗装が必要であり、設計時点でメンテナンス計画を準備しておく。

■腐朽に強い木材

　木材の含水率を常に30％以下に保つ設計が重要であるが、その実現が困難である外装や土台には腐朽に強い木材を用いる。耐腐朽性が高い木材は、素材自体が腐朽しにくい高耐腐朽性木材と一般的な木材を薬剤処理した保存処理木材がある。ただし、いずれの木材においても徐々に腐朽が進行するため、定期的な点検は必要である。

　高耐腐朽性木材はヒノキやヒバなどの特定樹種の心材であり、その抽出成分が腐朽を抑える。ただし、辺材はいずれの樹種においても容易に腐朽する。また、西アフリカに自生する広葉樹のボンゴシのように原産地では耐腐朽性が高くても、日本では特定の菌により腐朽して短期間で木橋が落下した事例があり、過信は禁物である。

　保存処理木材の中で主流である加圧式保存処理木材は、スギのような一般的な木材に防腐・防蟻効果の高い木材保存剤を加圧注入したものである。以前はヒ素やクロムを含む有毒性の薬剤が使われていたが、現在はACQなどの安全性の高い薬剤に代わっている。耐腐朽性能は薬剤や注入量によって異なり、JAS規格やAQ認証（日本住宅・木材技術センター、優良木質建材等認証）では、[表2-2-5]のように使用環境に応じた性能区分が定められている。

これらの木材の耐用年数は使用環境によって異なり、[**表 2-2-6**]を参考に木材を選択する。ただし、加圧式保存処理木材は内部の心材中心まで薬剤が浸透していないため、新たに発生したひび割れや接合部の後加工部から内部に水が浸入し、内部から腐朽が進行することがある。したがって、接合部や天面を水から守るよう設計する。

[**表 2-2-4**] **木材保護塗料の特徴**

項目		含浸形	造膜形
外観		表面に浸透し、木目が見える	表面に塗膜を形成し、木目が見えない
耐候性		低い	高い
劣化傾向		表面から劣化が徐々に進行	塗膜の割れ・剥がれが発生
再塗装	周期	周期は短い。再塗装時以降は塗料が浸み込みやすく周期が伸びる	紫外線からの素地保護性能が高く、周期はやや長い
	実施目安	顔料が脱落し木材が見えた時点	塗膜割れ・剥離が発生した時点
	作業性	重ね塗りが可能でメンテナンス性良好	残存塗膜の除去が必要で煩雑
適用部位		使用者が直接触れるもの(手摺り・デッキ)、摩耗が激しい部分(床)	住宅外装、看板・標識など意匠性が高い部分

[**表 2-2-5**] **加圧式保存処理木材の使用環境と性能区分**

JAS性能区分	AQ認証	使用環境	備考
K2	3種	低温で腐朽や蟻害の恐れの少ない条件下で高度の耐久性を期待できるもの	比較的寒冷地での建築部材
K3	2種	通常の腐朽・蟻害の恐れのある状況下で高度の耐久性が期待できるもの	土台等の建築部材用
K4	1種	通常より激しい腐朽・蟻害の恐れのある条件下で高度の耐久性の期待できるもの	屋外で風雨に直接曝される部材用
K5	—	極度に腐朽・蟻害の恐れのある環境下で高度の耐久性が期待できるもの	電柱・枕木、海中使用等極めて高い耐久性が要求される部材用

[**表 2-2-6**] **製材・保存処理木材の腐朽に対する耐用年数指標**[4]

用途区分	使用の状況	部位	耐用年数5年		耐用年数10年		耐用年数30年	
			製材	加圧注入材	製材	加圧注入材	製材	加圧注入材
1	屋内・乾燥	構造材・内装	■▲	—	■▲	—	■	K3
2	屋内・湿潤	屋根下地材	■▲	—	■▲	—	■	K3
	非接地・湿潤水平	土台	■	K3	■	K3	■	K3
3	非接地・暴露水平	デッキ床材	■	K3	—	K3	—	K4
	非接地・暴露垂直	建築物外装材	■	K3	—	K3	—	K4
4	設置・暴露垂直	杭・支柱杭	—	K3	—	K4	—	K4

凡例　▲:辺材を含む材　■:スギ・ヒノキ・カラマツの心材　K3・K4:JAS性能区分

〈4〉日本木材防腐工業細合『保存処理木材の耐久性調査報告書』日本木材防腐工業組合、2012年3月

5 水によるフローリングの汚損

■コンクリートを下地とするフローリング工法

　コンクリートスラブにフローリングを直に張り付ける工法は、［表 2-2-7］のようなモルタル工法と接着工法がある。モルタル工法は、足金物の取り付いたフローリングブロックをモルタルに埋め込む工法で、耐久性に優れることから教育施設等で用いられてきたが、施工性の課題から近年は使用事例が減少し、平成 28 年度公共工事標準仕様書から削除された。接着工法はフローリングを接着剤で張り込む乾式工法で、現在の主流である。フローリングの平坦性や下地との接着性を確保するため、下地に高い平面精度が求められる。

■水分による汚損

　フローリングは他の床材と比較して水を吸い込みやすい材料であるため、水を起因とした汚損や不具合が発生しやすい。したがって、水を用いた清掃は厳禁である。体育館のフローリング床においては、清掃の水分によって床の一部にささくれが生じて体育館利用者に怪我を負わせる事故が発生している[5]。建物管理者に適切なメンテナンス方法を申し伝える必要がある。

　［写真 2-2-2］は、食品工場でフローリングブロックが汚損した事例である。［図 2-2-10］のように他工程の洗浄水や調味料が間仕切り壁で区切られていない箇所からフローリングに流れ込んだ結果、①隙間から下地モルタルに浸入し、②下地モルタルが常に湿潤状態となり、③調味料やモルタルの可溶性成分がフローリングに浸透し、④フローリング表面が汚損した。本現象は工法を問わず、水が外部から浸入しやすい水回り・開口部・外部との出入口で発生しやすい。水分が入らない設計とともに、水を内部に持ち込ませないように出入口に吸水マットを敷くなどの運用面で対応する。

　［写真 2-2-3］は、竣工後 8 年経過した事務所ビルの地下 1 階の床に水が染み出し、フローリングが汚損した事例である。設計段階では地下水位が深く耐圧版まで上昇することはないと判断し、地下ピットのない耐圧版にフローリングを直接仕上げた。竣工後に地下

〈5〉スポーツ庁「体育館の床版の剥離による負傷事故の防止について」（通知）、2018 年 5 月 29 日

水位が上昇して耐圧版に水が浸透し、フローリングまで到達した。耐圧版には完全な防水性がないため、設計時点の地下水位に関わらず地盤に接するスラブへのフローリング直仕上げは避け、[図2-2-11]のように最低限でも湧水マットによる排水層を設ける。

[表2-2-7] コンクリートスラブにおけるフローリング工法

工法	モルタル工法	接着工法
仕上	フローリングブロック	フローリングブロック・単層フローリング・複合フローリング
構成	足金物／フローリングブロック／張付けモルタル／下地コンクリート	フロアネイル／コンクリート釘／フローリング／裏面材／接着剤／合板下地／下地コンクリート/モルタル

[写真2-2-2]
フローリングブロックの汚損

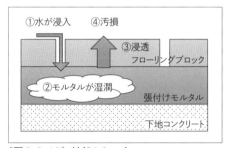

[図2-2-10] 外部からの水の
浸入による汚損のメカニズム

①水が浸入　④汚損
③浸透
フローリングブロック
②モルタルが湿潤
張付けモルタル
下地コンクリート

[写真2-2-3] フローリングの汚損

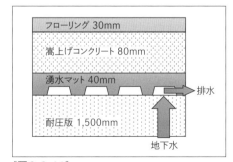

フローリング 30mm
嵩上げコンクリート 80mm
湧水マット 40mm　→排水
耐圧版 1,500mm
地下水

[図2-2-11]
下部からの水の上昇への恒久対策

6 脳天ビス留めは挙動を拘束する

■WPC

　木材・プラスチック複合材（Wood-plastic Composite, WPC）は、木粉をポリエチレンやポリプロピレンなどの熱可塑性樹脂と混練し、中空形状に押出成形した建材である。混練型WPC・人工木材・再生木材とも呼ばれ、日本では1990年代から生産が開始された。廃棄物の木粉とプラスチックを原料に用いることができ、リサイクル材の側面をもつ。屋外のデッキ材やルーバーとして普及し、2000年代に材料規格 JIS A 5741 と試験規格 JIS A 1456 が制定された。

　WPCはプラスチックの種類と木粉の配合比率によって特性が異なるが、［表2-2-8］のように木とプラスチックの特徴をあわせもつ。プラスチックが木粉をカプセル状に被覆した内部構造を有するため、木材と比較して吸水率が低く、腐朽やシロアリによる食害がほとんどない。デッキ材によく用いられる腐朽しにくいイペなどの南洋材と比較して、WPCは工業製品であるため安定した品質の材を安価に入手することができる。成形法の工夫により外観・質感を木材に近づけた製品も市販されている。ただし、施工時は下穴をあけてからビス留めする必要がある。また、不燃材料ではないため外部ルーバーに用いる際は、法令による制限を確認しておく。

■デッキ材での伸縮挙動と欠け

　木材の伸縮は水分の影響が大きいが、WPCはプラスチックの影響で水分よりも熱による伸縮が大きい。例えばWPCの長さ3mのデッキ材の伸縮を試算すると、水分による伸縮量は0.2％（吸水長さ膨張率）×3m=0.6mmである。一方、WPCの線膨張係数は［表2-2-9］のように木材（繊維方向）の10倍、コンクリート・鉄の5倍と大きい。年間温度変動を50℃と仮定すると、熱による伸縮量は $50\mu/K \times 50℃ \times 3m=7.5mm$ になる。

　WPCを脳天からビスで固定すると、上記の大きな伸縮挙動でビスにせん断方向の負荷が繰り返しかかり、［写真2-2-4〜5］のようなWPCの欠け、ひび割れ、ビスの脱落が発生する。短い部材の固

定を除いて脳天ビス留めは避け、［図2-2-12］のようなWPCの伸縮を拘束しないスライド機構で固定する。

　また、木材やプラスチックと比較して耐衝撃性に劣るため、ハイヒール・椅子などの局部荷重・衝撃で、［写真2-2-6］のようにWPC端部の中空構造が破損する事例が散見される。

［表2-2-8］WPCの特徴

項目	特性
耐久性	木材と比較して高い
耐衝撃性	木材と比較して低い
水分による寸法安定性	木材と比較して高い
密度	$1.0 \sim 1.4$ g/cm^2
曲げ強度	$20 \sim 80$ Mpa
吸水率	0.5％程度
吸水長さ変化率	0.2％程度
防耐火性能	可燃性

［表2-2-9］線膨張係数

材料		線膨張係数(μ/K)
WPC		$35 \sim 70$
木材	繊維方向	$3 \sim 5$
	半径方向	$20 \sim 40$
	接戦方向	$30 \sim 50$
鉄		11.8
コンクリート		$6 \sim 13$
ポリプロピレン		$60 \sim 100$
ポリエチレン		$110 \sim 180$

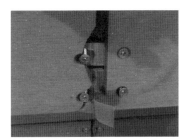

［写真2-2-4］伸縮によるWPC欠け

［写真2-2-5］伸縮によるビスの脱落

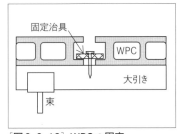

［図2-2-12］WPCの固定

［写真2-2-6］WPC端部の割れ

7　フローリングへの大きな荷重負荷

■コンクリート直張り用フローリング

　フローリングには、根太張り用と直張り用の2種類がある。直張り用フローリングは［図2-2-13］のように裏面にスリット加工がされ、柔軟性のある1～2mm程度の裏面材（カルプ材）が張られたものが多い。これらは、下地コンクリートの不陸吸収と下階への遮音性の確保に有効である。また、適度に柔軟であるため歩行感がよくて疲れにくく、転倒した際の衝撃を吸収するため重大な怪我のリスクが低いため、マンションで一般的に用いられている。

■重量物台車の走行

　直張りフローリングは、上記の理由に加えて意匠性と清掃性の高さから、公共施設での採用が増えている。ただし、重量台車の走行のような大きな負荷は、フローリングの変形が過大となり損傷に繋がる。

　病院や老人ホームでは食事サービスの向上のため、［写真2-2-7］のような温冷蔵庫付き配膳車がよく用いられる。配膳車は重量が300kg程度と非常に重く、［写真2-2-8］のように小回りを可能とする天秤式6輪方式では、中央の車輪に荷重が集中するため、その負荷は1輪あたり約120kgに達する。配膳車の車輪がフローリング上を通過すると、その負荷で裏面材が圧縮されてフローリングが変形し、［図2-2-14］のようにフローリングを連結している雄実（おざね）と雌実（めざね）が突き上げられ破損する。加えて車輪が繰り返し通過し、さらに回転動作によるせん断力が作用すると、［写真2-2-9］のようなフローリングの剥離や割れに繋がる。

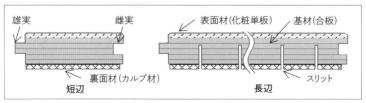

［図2-2-13］直張り用フローリングの断面

対策は耐重荷重用長尺ビニルシートへの設計変更が最善ではある
が、発注者・設計者の要望によりフローリングからの変更が困難な
ケースが多い。フローリングの変形抑制のため裏面材を用いないこ
とや、断面形状変更により実の強度を上げることはフローリングの
損傷防止に有効である。ただし、その対策効果は状況によって異な
り、下地コンクリートの不陸の影響を受けやすくなり、床下地に高
い平面精度が必要となる。事前に試験施工と使用環境を想定した繰
り返しの負荷試験でフローリングの耐久性を検証することが望ましい。

［写真2-2-7］
温冷蔵庫付き配膳車

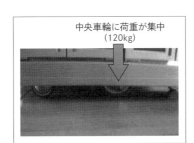

［写真2-2-8］配膳車車輪

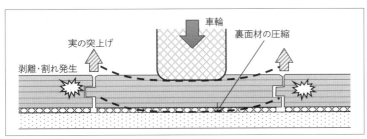

［図2-2-14］フローリングの変形と実への負荷

［写真2-2-9］フローリングの剥離と割れ

3章 金属材料

3-1 基礎知識

〈アルミニウム〉

1 概説

　アルミニウム（Aluminum）およびアルミニウム合金は、［表3-1-1］に示すように外装をはじめとして建築材料の様々な用途に多く使われている。

　アルミニウムは、鉄鋼に比べて強さが若干劣るが、密度で換算した比強度では、鉄鋼よりも優れている。また、耐食性、加工性などに優れている。ただし、耐熱性、耐火性、価格面での難点がある。

　鉄鋼を除く金属材料を総称して「非鉄金属材料」と呼ぶ。アルミニウムを主体とする合金類はその一つであるが、比重が小さい（2.7）ことから「軽金属材料」とも呼ぶ。

2 種類

　アルミニウムは、軟らかで強度が鉄鋼より低く、その性質を改善するために各種の金属との合金として使用される［表3-1-2］。

　合金類には、板、押出形材、管、棒などの「展伸材」と鋳物、ダイキャストなどの「鋳造材」に大別できる。さらにそれぞれ、冷間圧延などの機械加工に適す「非熱処理（加工硬化型）合金」と溶体化処理あるいは析出処理に適す「熱処理合金」に大別できる。いずれの処理も強度が増進する。

3 原料および製造

　アルミニウムは、原鉱石のボーキサイトを水酸化ナトリウム（苛

性ソーダ）で溶解してアルミン酸ナトリウムを抽出し、それを焼成してアルミナを得る（1888年、バイヤー法）。

アルミナに氷晶石（現在は代替材料）を融材として加え、電気分解によりアルミニウム地金を製造する。この精錬・精製は電気を大量に消費する（1886年、ホール・エール法）。

アルミニウム地金に種々の金属を添加することで、強度、耐食性、加工性などが異なる様々な種類のアルミニウム合金地金を得る。これを塊状にしインゴットとして市場に供給できる形とする。なお、地金にはスクラップも活用されており、日本におけるリサイクル率は約30％といわれている。

［表3-1-1］アルミニウム建材の用途

分野	主な用途	材料形態				
		型	板	鋳物	箔	他
建具	カーテンウォール、サッシ、ドア、点検口	○	○			
壁・天井	パネル、サイディング、間仕切り壁、複合材、パンチング（穴あき）		○	○		
金属工事	笠木、水切り、手摺り、ルーバー、フェンス	○	○	○		
見切り	廻縁、カーテンレール、防水押さえ	○				
部品・器具	建具金物、電気、衛生、サイン	○	○	○		
シート	遮蔽材、保温材、防湿材				○	
構造	構造骨組、カーテンウォールのファスナー	○				
特殊	吸音（多孔質、繊維）、ハニカム				○	○

［表3-1-2］成分によるアルミニウム合金の種類

展延用合金		特徴・性質	主な用途
非熱処理合金	純アルミニウム（1000シリーズ）	加工性、耐食性に優れ、溶接性もよいが、強度が低いので構造材には適さない	反射板、装飾品、各種容器、電気器具、建材
	Al-Mn系合金（3000シリーズ）	耐食性を落とさずに強度を増加させたもので、純アルミニウムより加工性はやや劣る	アルミ缶、器物、建材
	Al-Si系合金（4000シリーズ）	融点が低く、鋳造性がよい	溶接用心線、建築用パネル
	Al-Mg系合金（5000シリーズ）	強度が高く、硬い。また、耐食性に優れ、特に海水や工業地帯の汚染空気に強い	装飾、器物用材（Mg少）構造用材（Mg多）
熱処理合金	Al-Cu系合金（2000シリーズ）	機械的性質や切削性は優れているが、耐食性にやや難があり、厳しい腐食環境には不適	航空機用材、輸送機器、機械部品
	Al-Mg-Si系合金（6000シリーズ）	耐食性、加工性がよく、特に優れた押出し性を有する。また、溶接や切削もしやすい	建材（押出し形材、サッシ、CW用）、溶接構造材
	Al-Zn-Mg系合金（7000シリーズ）	主に熱処理して用いるが、非常に硬く強い（Al-Zn-Mg-Cu系は、超々ジュラルミン）	航空機、車両用構造材、スポーツ用具類

4 加工

　最終製品の形状により、地金に種々の元素を加えるなど調質し、加工に適した塊に成形する。

　鋳物は、鋳造用塊のインゴットを約800℃で溶解した溶融アルミを砂型などに流し込んで鋳造し、アルミキャストとも呼ばれる。

　板材は、スラブという直方体の圧延用鋳塊を適正な大きさに切断したものを圧延機に通すことで長く延びて薄くなり、所定の厚さになる。この過程でスラブの鋳造組織を破壊し、均質で優れた性質に変える。

　形材は、押出し用鋳塊のビレットを400～500℃の熱間で押し出す加工方法で、各種の形状をもつダイス穴の形状により中空品や複雑な断面形状をつくることができる。冷却後は、ストレッチャーにて引張り整直し、形材をまっすぐにする。さらに形材の強度を高めるため、熱処理（焼戻し）を行う。

　アルミ合金材の表面は、大気中では自然の酸化皮膜が形成され、保護する役目をもつが、その被膜はたいへん薄い（約1～10nm）ので、より強固な皮膜が求められる。

　陽極酸化皮膜（アルマイト）は、アルミニウムを陽極として硫酸浴中で電気分解すると表面に生成される酸化アルミニウムの膜のことで、硬くて耐久性があり、金属的な外観を呈する。さらに耐久性や意匠性をもたせた複合皮膜やカラーアルマイトなどがある。焼付け塗装は、フッ素樹脂やポリエステル樹脂塗料をアルミ表面に塗布し高温で塗膜を形成するもので、耐久性を有し、幅広い色調が可能である（**応用知識4**）。

5 性質

　アルミニウムは、比重2.7で鉄の1/3と軽く、加工性、意匠性に優れている。耐食性はあるものの、無機酸やアルカリに弱く、特にセメント系材料により腐食しやすい（**応用知識3**）。異種金属との接触腐食についても注意が必要である（**応用知識5**）。

　また、陽極酸化皮膜については、大気中の塵埃などに含まれる塩素イオンの付着により皮膜が溶かされて水酸化アルミニウムが生成

され、白い点状の腐食（点食）を呈し、さらに進行すると、穴が開き孔食となる。これらの対策としては、表面処理、絶縁材などにより防止することができる。線膨張係数は、23.1 × 10^{-6}/℃で、鉄の2倍もあり、組立てや納まりに配慮が必要である。

〈ステンレス鋼〉

1 概説

ステンレス鋼（Stainless steel）は「不銹鋼」ともいい、stain（染み）が less（より少ない）のことで、鉄にクロムを添加することにより表面に不動態皮膜が形成されることで、"錆びにくい鉄"として建築の様々な用途に使われている［**表3-1-3**］。なお、現場などでステンレスのことを「ステン」と言うことを耳にするが、大きな間違いである。

ステンレス鋼は、強度があり耐食性、加工性などに優れており、塗装などの仕上げを行わなくても美観が保たれる。ただし、種類や表面加工、環境によってこれらの特長が損なわれることがあるので、選定には注意が必要である。

2 種類

ステンレス鋼は、その合金の組成・含有量により分類される。代表的なものを［**表3-1-4**］に示す。

［**表3-1-3**］ステンレス鋼建材の用途

分野	主な用途
建具	カーテンウォール、サッシ、ドア、シャッター
壁・天井	パネル、サイディング、幅木、下地骨組、吊り金物
金属工事	笠木、水切り、手摺り、ルーバー、フェンス、化粧金物
部品	建具金物、レセプターピン、ねじ類、目地棒
器具	電気器具、衛生器具、空調器具、配管、ダクト
昇降設備	エレベーター、エスカレーター、タラップ
防水、止水	ステンレス防水、プール、浴槽、流し台、水槽類、樋
インテリア	備品類、厨房・生産設備などの内装
エクステリア	備品類、サイン、バリカー、点検口
その他	煙突、ゴンドラ、清掃用移動架台

3 原料および製造

ステンレス鋼の主原料は、鉄、クロム、ニッケルであり、それにモリブデンなどの特殊元素が使用される。これらの原料を溶解、精錬（成分調整、不純物除去）、固化、圧延、最終調整（厚さ、表面、矯正）することで、ステンレス鋼の帯・板材ができあがる。

棒、線、型材、管、鋳物などは、固化までは板材とほぼ同様であるが、以降の過程はそれぞれの形状により異なる。

4 加工

建築では、JIS G 4305（冷間圧延ステンレス鋼板及び鋼帯）が多く使われる。ステンレス鋼は、鋼に比べて硬く粘りがあり、さらに熱伝導率が低いので、難加工材であり、曲げ加工の場合は、スプリングバックという復元力が働くので、それを見込んだ角度での曲げが必要である。

また、熱伝導率が低いので、切断・削孔時には発熱（800～1,200℃）により工具の摩耗が早く難削材とも呼ばれる。ステンレス鋼部材の加工に際しては、専用の加工機械、工具だけでなく、これらの難しさを熟知した工場体制および設計が重要である。

表面については［表3-1-5］に示すように様々な仕上げがある。No.2B は、冷間圧延後の酸洗いにより仕上がり、やや光沢がある。HL（ヘアライン）は、研磨材で直線状の連続した研磨目を付けた仕上げである。他に、バイブレーション、エンボス、化学発色などがある。

5 性質

ステンレス鋼は、含有元素の種類、比率などにより耐久性、磁性、加工性が異なる［表3-1-4］。錆びにくさは、種類だけでなく、表面仕上げ、他部材との組合せに影響される（**応用知識 1**）。

SUS410（13クロム系）は、やや黒みを帯び、ステンレス鋼としては、比較的錆びやすく建材としてはほとんど使われない。SUS430（18クロム系）は、SUS410 よりやや白く、大気中でも少しずつ錆びる。建材としては SUS304 に次いで使われる。SUS443（21

クロム系）は、ニッケル（Ni）やモリブデン（Mo）を使わない省資源材料で、クロム（Cr）を増やすことで、SUS304の代替材として使われ始めている。SUS304(18-8系)は、銀白色で、ニッケルを含有しているため耐食性、耐熱性に優れているが、応力腐食割れを生じやすい欠点がある。海岸地帯や工業地帯のように腐食環境下での外装には不向きである。SUS316(18-10系)は、SUS304に類似した特性をもつが、さらにモリブデンを含有しているため耐食性がより優れており、腐食環境下での外装に使われる。

［表3-1-4］ステンレス鋼の分類

分類		代表鋼種	含有物組成	磁性	耐食性	建材適用
金属組成	成分		Cr-Ni-Mo			
マルテンサイト系	クロム系	SUS410	13	あり	低い	不適
フェライト系		SUS430	18	あり	中	内装限定
		SUS443	21	あり	やや高い	適
オーステナイト系	クロム・ニッケル系	SUS304	18-8	なし	やや高い	適
		SUS316	18-10-3	なし	高い	最適

［表3-1-5］ステンレス鋼建材の表面仕上げ

仕上げの種類		加工と表面の状態	用途例
JIS	No.2D	にぶい銀白色で、光沢が少ない	2B以降の加工前の状態（ほとんど流通していない）
	No.2B	冷間圧延後、熱処理または酸洗いにより仕上げ、銀白色でやや光沢がある	一般建材など
	No.3	粒度#100～120の研磨で、中間的光沢	一般建材、厨房器具など
	No.4	粒度#150～180の研磨で、光沢がある	一般建材、厨房器具など
	BA(bright annealing)	冷間圧延後、光輝焼鈍処理し、光沢がある	厨房器具、装飾など
	HL(hairline)	粒度#200～250の研磨で、連続した砥粒線をもつ	建築に多く使用される
表面	鏡面	粒度#800前後のバフ研磨で、最も反射率の高い光沢仕上げ	鏡、装飾など
	バイブレーション	無方向に研磨目をつけた仕上げ	内・外装、装飾など
	ダル	ダルロールやショットブラストで、梨地面仕上げ（手跡残りやすい）	内装、装飾など
	エンボス	物理的に凹凸に加工して、浮出し模様にしたもの	装飾など
着色	エッチング	化学処理による模様をつけたもの	装飾など
	化学発色	化学的、電気的に酸化皮膜(不動態膜)を成長させて様々に発色させたもの	内・外装の装飾など
	塗装	合成樹脂系塗料を焼き付けたもの	内・外装など

〈チタン〉

1 概説

　チタン（Titan）は、ギリシャ神話の巨人（タイタン Titan）にちなんで命名された元素である。金属としてはステンレス以上の耐久性があり、航空機、化学プラント、人工骨などに使われている。

　建材としては 1970 年代から海浜地区や工業地帯などの腐食環境で使われだし、1990 年代からは、耐久性に加えてその金属的風合いが好まれ、海外も含めて一般建物にも適用され始めた。

2 種類

　建材で使われるのは、JIS H 4600（チタン及びチタン合金 – 板及び条）の 1 種「工業用純チタン」である。

3 原料および製造

　チタンの埋蔵量は、鉄やアルミニウム、マグネシウムに次いで多い金属であるが、鉱石（ルチルやイルメナイトなど）からの製錬に高度な技術を要し、1940 年代にようやく生産が始まった。化学製錬法といって、鉱物中の酸化チタンを塩素と反応させ、さらにマグネシウム還元により塩素を取り除くとチタンができ、スポンジチタンと呼ばれる。これを粉砕、成形し、電極として真空中でアーク溶解してインゴットを製造し、展延して金属チタン材となる。

4 加工

　金属チタンの加工性は、ステンレス鋼とほぼ同様で難加工材である。曲げ加工時のスプリングバックはステンレス鋼より大きい。

　チタンパネルは、表面を酸洗いまたはスキンパス（調質圧延）によるダル加工（梨地調の表面）した状態で工場から出荷され、そのままでは銀灰色であるが、透明な陽極酸化皮膜を施し、膜厚の調整で、反射光と透過光の干渉により様々な発色が可能である［図 3-1-1 ～ 2］。色むらや経年による変色が課題であったが、近年ではより改善が図られた発色技術が進みつつある。

　また、アルミナブラスト処理して黒っぽいいぶし瓦風に仕上げた

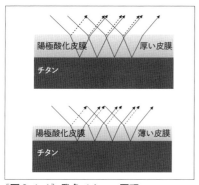

［図3-1-1］発色チタンの原理

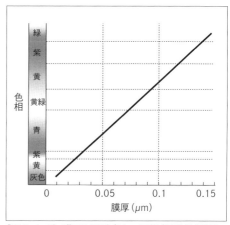

［図3-1-2］膜厚と干渉色との関係（理論計算値）
（提供：日本製鉄）

ものは、寺社建築の瓦にも使われる。

5　性質

　金属チタンは、常温で安定した不動態皮膜（酸化皮膜）を形成し、ステンレス鋼や銅などに比べて高い耐候性を示す［**表3-1-6**］。

　強度は鋼材とほぼ同程度であり、比重が4.5と軽く、比強度は鋼材の約2倍、アルミニウムの3倍と高い。また、線膨張係数は、8.4 × 10^{-6}/℃で、鋼材の2/3、ステンレス鋼（SUS304）の1/2、アルミニウムの1/3と小さく、長尺材に有利である。

［**表3-1-6**］**各種金属の耐候性比較**[1]

〈1〉（一社）日本
チタン協会資料

	純チタン	ステンレス SUS304	アルミニウム合金（アルマイト処理したもの）
耐海塩粒子性（孔食）	◎	△	△
耐酸性雨性（孔食）	◎	○	○
耐酸性雰囲気性	◎	△	△
耐もらい錆性	◎	×	×
耐錆ながれ性	◎	○	○
耐熱性	◎	◎	◎
耐エロージョン性（肌荒れ）	◎	◎	◎

評価：◎=優　○=良　△=やや良　×=不良

3−2 応用知識

1 ステンレス材でも錆びる

■ステンレス材の発錆について

　ステンレス鋼材が錆びにくい理由は、鉄に11％以上のクロムを混ぜることにより表面にクロムの酸化皮膜が形成され、それよりも内部への酸化を遮断しているためで、この皮膜を不動態皮膜という。多少の傷でも、上記により皮膜が再形成される。これを自己修復作用という。

　ただし、水分、異物の長期間にわたる付着により様々な影響を受けて皮膜が破壊されたままになると、自己修復ができずに錆が生じる。異物は、地域などにより下記の傾向がある。
- ・市街地では、排気ガスに含まれる亜硫酸ガス、車両走行や建設工事から飛散する鉄粉（もらい錆）。
- ・工業地域では、ばい煙や排気ガス中の有害成分。
- ・沿岸地域では、海塩粒子（台風時などでは、やや内陸に及ぶことがある）。
- ・身近には、指紋や汚れなど。

　ステンレス材同士であっても、極めて狭い隙間（10μm程度）に海水などにより塩素イオンが介在すると局部的に濃淡電池腐食[2]を生じることがあり、隙間腐食と呼ばれる。

[2] JIS Z 0103（防せい防食用語）。

■対策

　上記の異物の存在は、避けることが難しいが、異物の付着については、表面の状態やメンテナンスで低減することが可能である。

　ヘアーライン（HL）仕上げやバイブレーション仕上げは、研磨溝があるために異物が付着しやすいので、できれば鏡面仕上げや2B仕上げが良い。

　勾配が緩かったり、凹部や狭い隙間がある表面形状は、異物や水分が残りやすいので、勾配をきつくしたり隙間をあけるなどして雨

水による自然洗浄が期待できる形状が良い（水切れが良いこと）。

　メンテナンスがしにくい部位では、SUS316などにグレードアップすることも考えられるが、初期費用とメンテナンス費用とのバランス次第である。

■発錆事例

　外装部材のうち、建具などのサッシ枠はアルミニウム合金が多く使われているが、化粧金物や庇、パネルなどはその輝きや錆びにくさからステンレス鋼が多く使われており、そのほとんどがSUS304のHL仕上げである。市街地や沿岸地域の建物では［**写真3-2-1〜3**］のように、このステンレス鋼に錆が生じるケースが散見される。

■代替案

　ステンレス鋼を採用する場合は、よりグレードが高いSUS316が考えられ、発錆の程度や時期を遅らせることはできるが、メンテナンスは必要である。意匠よりも耐久性を重視する場合は、溶融亜鉛めっき［**写真3-2-4**］も選択肢の一つである。

［写真3-2-1］HL仕上げ面の発錆

［写真3-2-2］バイブレーション仕上げ面の発錆

［写真3-2-3］HL仕上げ面の発錆

［写真3-2-4］溶融亜鉛めっきの状況
（沿岸地域20年暴露）

2 強いと思ったステンレス金物も材質次第

■ステンレス鋼材の材質不良

　工業製品であるステンレス鋼は、構造用鋼材に比べて、海外も含めて多くのメーカー、加工工場があり、指定した規格の材質であるか確認しなければならない。

　特に、吊り金物など強度を目的とした場合は、強度計算だけではなく、その裏付けとなるステンレス鋼材の強度や、耐久性を有するものであるかなど、ミルシートによる材質の確認が重要である。

■破断事例

　外壁の補修工事に使用する仮設ゴンドラを屋上パラペットのステンレス製の吊り金物を利用して吊り下げたところ、1か所の金物が破断しゴンドラの運用に支障を生じた［**写真3-2-5**］。

■使用したステンレス材について

　ステンレス製吊り金物のFB（平板材）は、板厚9mm×幅60mm×長さ120mm（出寸法）で両端に穴がある。躯体側の穴はかんざし筋用（ϕ18）、外部側は吊り穴（ϕ25）であり、丸環が通っていたが、この吊り穴部で破断していた。

　当該および他のFBをカラーチェックしたところ、数か所でひび割れが確認された［**写真3-2-6**］。

　材質を確認したところ、仕様にあるSUS304ではなく、類似品であり、分析によると、炭素の成分が規格の0.08％以下に対して0.20％と多く、粒界応力腐食を起こしやすいことが判明した。

■ステンレス製吊り金物について

　ステンレス製の吊り金物は、他にも躯体からの引き抜けや丸環の破断［**写真3-2-7**］などの事故が見られ、材質の確認はもちろん、かんざし筋の使用、FBの形状の見直し、丸環を設けない、荷重のかけ方の要領の説明などによる再発防止が重要である。

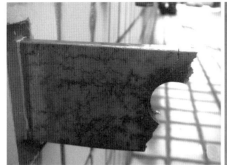

［写真3-2-5］
ステンレス製吊り金物の破断
（左：側面、右：正面）

［写真3-2-6］ ステンレス製吊り金物のカラーチェック

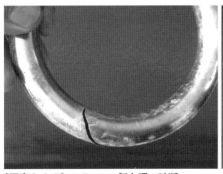
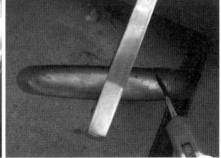

［写真3-2-7］ ステンレス製丸環の破断

3 ノロ漏れでアルミニウムサッシに穴があく

■アルミニウムはアルカリに弱い

　アルミニウム押出形材の表面は、陽極酸化複合皮膜や焼付け塗装がされ、耐久性を有している。形材の中空部をホローといい、この内面は一部を除いてアルミニウム素地に近い状態であり、自然酸化皮膜はあるものの強い腐食因子が介在するとダメージを受ける。特に、モルタルやコンクリートなどのアルカリ成分に対しては条件が揃うと、著しく腐食するので、納まり、製作、現場施工の各段階での対策やチェックが重要である。

　アルミニウムサッシ枠を RC 造建物に取り付ける場合、枠周りに詰めモルタルを充填するが、モルタルの乾燥に伴い水分の滞留がないことと、モルタルが接するサッシ枠の外周面には上記の表面仕上げがあるので、アルカリ腐食はほとんどない。といっても、モルタルの細骨材（砂）は、塩分を含まないものとし、塩素系の混和剤を使用しないようにする。

　サッシ枠を PCa カーテンウォールへ打ち込む場合、サッシは、縦横の枠材接合部を数本のビスで締め付けて組み立てるが、ホローを有する枠を締め付ける場合は、ビス位置に沿って外側の枠断面に締付けドライバーが入るように円形の穴をあけておく必要がある。締め付け後はこの穴を専用の部品で塞いで、コンクリートのノロが回らないようにしなければならない。

■打ち込んだサッシ枠が腐食

　外装ガラスのクリーニング作業員が、アルミニウムサッシ枠に触れた際、容易に凹み穴があいてしまった。枠のホローの内面には、コンクリートのノロが付着していた［**写真 3-2-8 ～ 9**］。

　この外装は、PCa カーテンウォールにサッシ枠を打ち込んだ納まりで、サッシ組立て用のビス穴の塞ぎ忘れがあり、その状態でコンクリートを打ち込んだために、ホローの中にコンクリートノロが流入し、余剰水分と共に残留したものである。この状態で、蒸気養生、長期の水分滞留、現場取付け後の時間経過に伴い、ノロのアルカリ

成分でアルミニウムが徐々に腐食、消失したものである［図3-2-1］。

［写真3-2-8］ サッシ枠の穴あき

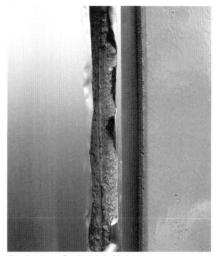

［写真3-2-9］ 穴あき部拡大

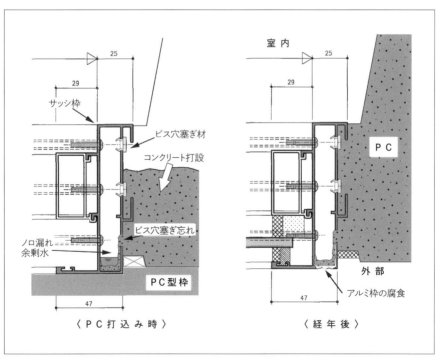

［図3-2-1］ ノロ漏れによるアルミニウムサッシ枠の腐食（平断面図）

4 外装アルミニウム部材の表面処理仕様の変遷

■外装アルミニウム部材の表面処理

　最近のメタルカーテンウォールは、ほとんどが、アルミニウム合金製である。その背景には、デザインの多様性、複雑な納まり、高い精度、ユニットカーテンウォール、海外製作などが挙げられる。

　アルミニウム合金は、素地でも自然の酸化皮膜が形成され、ある程度の耐久性はあるが、大気汚染物質、外観劣化などから、何らかの表面処理が不可欠である。大別すると、アルミニウムの質感を生かした「陽極酸化皮膜」、様々な色調が可能な「着色塗装」の2通りがある。これらの表面処理は、化学的物質が伴うことと、省資源や、工場立地などの地球環境保全を考慮して、適切な仕様を選択しなければならない。

　アルミニウム合金の表面処理は、[表3-2-1] のように分類される。仕様①〜④の陽極酸化皮膜は、以前は外装としてかなり採用されていたが、メンテナンスを怠ると大気汚染、塵埃の付着などによる「点食、孔食」の問題があった。それに対して仕様⑤の陽極酸化塗装複合皮膜とすることで、これらの問題が解消され、アルミニウムの質感を生かした外装の主流となっている。近年、高耐久性の透明系塗膜が開発されたことに伴い、2010年にJIS H 8602が仕様規格から性能規格に移行され、平均酸化皮膜厚さは5μm以上であるが、塗膜厚さは規定値はなく、性能基準によることとなった。外装では、A1（過酷な環境で、かつ、紫外線露光量の多い地域の屋外）、またはA2（過酷な環境の屋外）が望ましい。

■地球環境保全の流れで材料・仕様も様変わり

　着色塗装は、塗装下地としての表面処理や、溶剤を含む塗料の種類が、地球環境保全への関心の高まりから無視できない。仕様⑧の化成皮膜による処理剤は、クロム系のものが主流であったが、環境への影響を配慮してノンクロム系などを採用するケースがある。この場合は、管理しやすい黄色のクロム系とは異なり、無色であることが多く、処理の確認には、厳格な管理が求められる。

仕様⑦は、環境面での問題は少ないが、採用にあたっては、陽極酸化皮膜処理後から塗装までの時間に制約があり、採用できるサッシ工場が限られるので、海外も含め事前の確認が必要である。

　塗料は、溶剤タイプのフッ素樹脂塗料が主流であったが、近年では、非溶剤タイプである粉体塗装が実績を伸ばしている。粉体塗装は、環境意識が高い欧州で普及が進み、当初はポリエステル系が主であったが、ここ数年でフッ素樹脂による粉体塗料が国内外で開発され、実績を積んでいる。

■焼付け塗装は都度チェック

　アルミニウム合金部材への焼付け塗装は、時間と温度により管理するが、その基準は塗料メーカーから提示され、それに従って管理すれば適正な塗膜が形成される。しかしながら、カーテンウォールの部材形状は様々な種類があり、特に、押出形材は複雑な断面を有するものが多い。1部材の断面で厚肉と薄肉が混在するなど肉厚に大きな差があると、一定の焼付け条件では、厚肉部ではアンダーベーク（焼き甘）、薄肉部ではオーバーベーク（焼き過ぎ）となる傾向があり事前に試験塗装を行い、適切な焼付け塗装の管理ができるか確認し、難しい場合は、断面の見直しや分割も検討する。

［表3-2-1］アルミニウム合金の表面処理分類

表面処理分類	仕様	国内規格	イメージ
陽極酸化皮膜	① アルマイトシルバー ② 電解着色被膜（一次、二次） ③ 自然発色皮膜（合金、一次） ④ 染色皮膜	JIS H 8601	微細孔（ポア）／陽極酸化皮膜／アルミニウム素地
陽極酸化塗装複合皮膜	⑤ 陽極酸化皮膜＋透明系塗膜（電着） ⑥ 陽極酸化皮膜＋着色系塗膜（電着）	JIS H 8602	塗膜
着色塗装	⑦ 陽極酸化皮膜＋合成樹脂塗装	JIS H 8602	陽極酸化皮膜／アルミニウム素地
	⑧ 化成皮膜＋合成樹脂塗装	JIS H 4001	塗膜／化成皮膜／アルミニウム素地

5 金属にも強弱あり

■異種の金属との接触

　イオン化傾向に差がある異種金属が電解質中で接触すると、卑金属がアノード（陽極）となり、イオン化が促進されて腐食が助長され、貴金属側がカソード（陰極）となり、イオン化は抑制される。これらを酸化還元反応といい、この反応の大小は、各金属の酸化還元電位に依存し、この電位は水素（H）を基準とし、標準電極電位ともいう［**表3-2-2**］。これは、純金属の電位であり、実際に使われる金属材料（合金含む）については改めて確認する必要がある。

　上記の腐食を「異種金属接触腐食」または「ガルバニック腐食」という。迷走電流による腐食の「電食」と混用されることがあるので、改めて JIS Z 0103 の用語を［**表3-2-3**］に示す。

■異種金属接触腐食の条件と防止策

　「異種金属接触腐食」の条件は、相互の金属が接していること、電位差が大きいこと、電解質となる水分が介在することで、さらに時間と相互の面積比などである。

　腐食防止には、これらの条件の一つでも取り除くことである。

　アルミニウム（合金）は、金属系建材の中でも電位が低く、他の金属との接触には、注意しなければならない。

　ステンレス鋼は、アルミニウムより貴な金属であるが、サッシなどアルミニウム製部材をステンレスビスで取り付けることは一般的であり、顕著な腐食は見られない。しかし、アルミ枠にステンレスレールを固定したり、ステンレスパネルをアルミリベットで固定するなど、ステンレス鋼側の面積が増えてさらに上記の条件が揃うと、アルミニウム製部材は腐食する。

■アルミスタッドとスチール材の接触腐食

　屋外の軒天井のアルミカットパネル（t=3）の片側にたわみが見られ、調べたところパネル裏面が濡れており、固定用のアルミ製スタッドボルト（L=18、ϕ=6）のナット、ワッシャー（いずれもス

チール製で電気亜鉛めっき）に発錆が見られ、スタッド破断部と
ナット取合いのアルミに顕著な腐食が見られた［**写真3-2-10、図
3-2-2**］。

　スチール材の発錆は、防錆効果が低い電気亜鉛めっきが水分の影
響を受けたことによる。アルミの腐食の原因は、スタッド回りに水
が滞留し、異種金属接触腐食により、卑金属側のアルミが腐食した
ものである。軒天であっても風雨により雨水が回ることがあるので、
防錆および異種金属接触腐食対策が必要であった。

［**表3-2-2**］水溶液中の標準電極電位（25℃）[2]

元素	半反応	電位（E°/V）
金	$Au^{3+}+3e^- \rightleftarrows Au$	1.52
白金	$Pt^{2+}+2e^- \rightleftarrows Pt$	1.188
銀	$Ag^++e^- \rightleftarrows Ag$	0.7991
水銀	$Hg_2^{2+}+2e^- \rightleftarrows Hg$	0.7960
銅	$Cu^{2+}+2e^- \rightleftarrows Cu$	0.340
水素	$2H^++2e^- \rightleftarrows H_2$	0.000
鉛	$Pb^{2+}+2e^- \rightleftarrows Pb$	-0.1263
すず	$Sn^{2+}+2e^- \rightleftarrows Sn$	-0.1375
ニッケル	$Ni^{2+}+2e^- \rightleftarrows Ni$	-0.257
コバルト	$Co^{2+}+2e^- \rightleftarrows Co$	-0.277
鉄	$Fe^{2+}+2e^- \rightleftarrees Fe$	-0.44
亜鉛	$Zn^{2+}+2e^- \rightleftarrows Zn$	-0.7626
クロム	$Cr^{2+}+2e^- \rightleftarrows Cr$	-0.90
マンガン	$Mn^{2+}+2e^- \rightleftarrows Mn$	-1.18
チタン	$Ti^{2+}+2e^- \rightleftarrows Ti$	-1.63
アルミニウム	$Al^{3+}+3e^- \rightleftarrows Al$	-1.676
マグネシウム	$Mg^{2+}+2e^- \rightleftarrows Mg$	-2.356
リチウム	$Li^++e^- \rightleftarrows Li$	-3.045

〈2〉電気化学会編『電気化学便覧』丸善出版、2013年より著者改

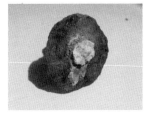

［**写真3-2-10**］スタッド腐食部

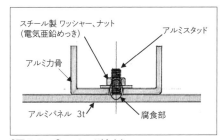

［**図3-2-2**］スタッド納まり

スチール製 ワッシャー、ナット
（電気亜鉛めっき）
アルミ力骨
アルミスタッド
アルミパネル 3t
腐食部

〈3〉JIS Z 0103（防せい防食用語）より著者改

［**表3-2-3**］異種金属接触腐食と電食の定義[3]

番号	用語	定義	対応英語（参考）
1035	異種金属接触腐食	異種金属が直接接続されて、両者間に電池が構成されたときに生じる腐食。ガルバニック腐食ともいう	bimetallic corrosion, galvanic corrosion
1038	迷走電流腐食	正規の回路以外のところを流れる電流によって生じる腐食	stray current corrosion
1041	電食	迷走電流腐食と同義語	stray current corrosion

6 リン酸亜鉛処理面の目立つ白錆

■溶融亜鉛めっき面のリン酸亜鉛処理

　リン酸亜鉛処理は、そもそも意匠目的ではなく、溶融亜鉛めっき面のギラギラ感の景観への配慮、耐摩耗性向上、耐摩擦性向上（すべり）、塗装の密着性向上などを目的としている。溶融亜鉛めっき面へのリン酸亜鉛処理前後の状態を［写真 3-2-11～12］に示す。

　リン酸亜鉛処理が意匠として使われ始めたのは、ここ十数年であり、外観上は濃いグレーで、スパングルという鉛などが結晶化した独自の模様を呈する［写真 3-2-13］。

　当初は、重厚で落ち着いた外観であるが、経年や納まりにより白錆が発生し目立って見えると指摘されることがある。

■白錆の発生

　白錆は、溶融亜鉛めっき面の固有の現象で、耐久性にはほとんど影響がなく、JIS H 8641（溶融亜鉛めっき）では「…湿気によるしみ（白さびなど）によって外観の合否を判定してはならない。」とされている。

　白錆の正体は、酸化亜鉛（ZnO）や塩基性炭酸亜鉛（$2ZnCO_3 \cdot 3Zn(OH)_2 \cdot H_2O$）などで、亜鉛めっき層表面に付着した水分が長時間滞留し、乾燥部との境界部で水分と酸素の影響により白色粉化したものである。この乾燥に伴う境界部の移動に伴い、徐々に白錆の範囲が広がることがある。

　特に、リン酸亜鉛処理面は濃いグレーなので、白錆がより目立ち、リン酸亜鉛処理だから白錆が発生するということではない。

　これらのことは、あらかじめ施主・設計者に説明すべきである。

■目立つ白錆の発生例

　バルコニー PCa 部材の先端に取り付けた H 型鋼の下面（フランジ部）に白錆が目立ち始めた。H 型鋼は、耐久性と意匠面から溶融亜鉛めっきにリン酸亜鉛処理したものである［写真 3-2-14］。

■白錆抑制対策

　白錆発生の抑制対策として、[写真3-2-15]のような水が滞留しにくい納まりや[写真3-2-16]のクリヤー塗装が考えられる。

[写真3-2-11]
リン酸亜鉛処理前(溶融亜鉛めっき)

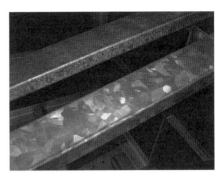

[写真3-2-12]
リン酸亜鉛処理後

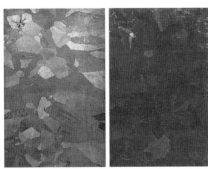

[写真3-2-13] スパングル模様

[写真3-2-14]
溶融亜鉛めっきリン酸亜鉛処理面の白錆

[写真3-2-15] 水が滞留しにくい納まり例
(溶融亜鉛めっき)

[写真3-2-16] クリヤー塗装の例
(リン酸亜鉛処理)

7 ひげでコンピューター障害（ウィスカ対策）

■「ウィスカ」とは

「ウィスカ（whisker、猫などの"頬ひげ"の意）」とは、電気亜鉛めっきの表面から発生する針状の結晶のことである。発生の原因は、電気亜鉛めっきを施した時にめっき層の内部に圧縮残留応力が残り、その後亜鉛の再結晶が始まると亜鉛結晶の正常な成長を妨げ、結晶が解放された自由空間に成長したものと考えられている［**写真 3-2-17**］。

この現象は古くから知られており、1940年代は、配線等の錫めっきから生じた「錫ウィスカ」による絶縁不良があり、鉛を添加することで解決されている。

その後1960年代は、機器の筐体に使われた部材から生じた「亜鉛ウィスカ」による短絡事故が問題となったが、部材の見直しなどにより解決されている。

2000年代に入り、RoHS指令（欧州連合の電子・電気機器における特定有害物質の使用制限）により、鉛フリーはんだが使われるようになってから、再び錫ウィスカによる問題が生じ、その後対策品が開発されている。

■OAフロアとコンピューター障害

コンピューター室にある機器にトラブルが発生し、調べたところウィスカによる短絡事故であることが判明した。この事例は、1990年代に生じた問題で、OAフロア（フリーアクセスフロア）の床下は空調ダクトとして冷気が送られており、床材の電気亜鉛めっきから発生した亜鉛ウィスカがその空気の流れにより室内にも飛散し、機器内に侵入して短絡事故の原因となったものである。

亜鉛ウィスカの直径は $1 \sim 20\mu\mathrm{m}$、長さ $0.5 \sim 2.0\mathrm{mm}$ である。有無を確認するにあたっては、床材などの金属面に $20 \sim 30\mathrm{cm}$ 離れたところから光度の強いビーム光を動かしながら照射し、キラキラ輝く針状・髭状のものが見られた場合、ウィスカが発生している可能性がある。

なお、溶融亜鉛めっきでは、亜鉛ウィスカは発生しないものと考えられている。

■ウィスカ対策

　ウィスカ対策としては、電気亜鉛めっき材を使わないことで、次のような代替策が考えられる。
- ・素材をアルミ材などに変更する
- ・塗装仕上げに変更する（電気亜鉛めっき材へは効果はない）
- ・溶融亜鉛めっきやニッケルめっきにする

　他に、メーカーによりウィスカ対策の電気亜鉛めっき材がある。管理上は、
- ・床材、支持材などの金属類の仕様部材を確認する
- ・メンテナンスなどの際に、電気亜鉛めっき材を持ち込んでも残置しないこと

■ウィスカの情報

　なおウィスカについては、（一社）電子情報技術協会（JEITA）でも周知されており、フリーアクセスフロア工業会（JAFA）からは「ウィスカ対策ガイド」が発刊されている。

　また、NASA（アメリカ航空宇宙局）のウェブサイト（Tin Whisker (and Other Metal Whisker) Homepage）でも詳しく述べられている。

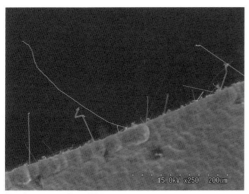

［**写真3-2-17**］ **亜鉛ウィスカ**（提供：サンビックス）

8 皿ビスは破断しやすい

■ビスによる外装部材の取付け

外装の金属部材は、外気の影響により熱伸縮する。下地、下地材、中間材、表面（仕上げ）材などで構成されるが、材質、断面、大きさ（長さ）、納まり（取付け）、表面色、日照により熱伸縮量が異なる。部材には固有の線膨張係数があり［81ページ表3-2-4参照］、線膨張係数が異なる異種部材間の固定部は、伸縮方向にルーズホールを設けることが一般的である。

アルミ同士など同じ部材の場合は、線膨張係数が同じであることから、ルーズホールを設けずに、ステンレス製のビスで固定することがある。しかしながら、日照時には表面材は高温となり、その影になる中間材はそれより低く、同じアルミ部材でも相互の熱伸縮にわずかな差があり、ビス固定部に熱応力による繰り返しのずれが作用し、材軸に直行方向のせん断力が繰り返し作用する。

ビスの首下の座面が平らな「なべビス」［写真3-2-18］の場合は、概ね破断する問題はないが、勾配がある「皿ビス」［写真3-2-19］の場合、勾配による分力によりビスの軸方向の引張り力が作用し、それが繰り返されて、知らない間にビスが破断して飛散し、ビス頭がなくなっていることがある［図3-2-3］。

■アルミ化粧カバーの外れ

アルミニウムカーテンウォールの無目（水平材）に取り付けられた化粧カバーが、強風時に脱落した。化粧カバー固定用の皿ビスの頭が破断していることが判明したため、全てなべビスに交換した［図3-2-4］。

このカーテンウォールは、ノックダウン方式で、工場で製作されたアルミ部材を現場で組み立てて、部材間にガラスやパネル等を組み込み、目地シールを充填して完成する。

ビジョン部（窓）は、室内からガラス越しに外側の枠材が見え、特に下枠となる無目枠の化粧カバーは、設計者から取付けビスが目立ちにくいようにしたいとのことから皿ビスが採用されていた。

熱伸縮の繰り返し作用で、皿ビスが１本なくなると、残りの皿
ビスの負担が増えて、徐々にビス頭の破断が進行し、無目枠への固
定が弱くなり、強風に伴い外れたものと考えられる。

■なべビスによる取付け

　対策としては、安全性を優先して「皿ビス」は避け、座面が平ら
ななべビスにすべきである［図 3-2-5］。

［写真 3-2-18］
なべビス

［写真 3-2-19］
皿ビス

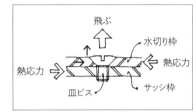
［図 3-2-3］皿ビスの破断原因

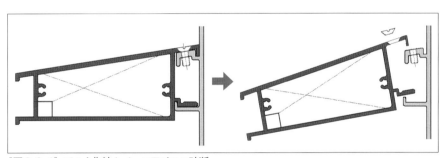
［図 3-2-4］アルミ化粧カバーの皿ビスの破断

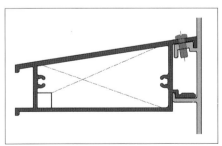
［図 3-2-5］なべビスによる固定

9 外装金属部材の発音——①サッシの音鳴り

■熱伸縮とサッシの音鳴り

　どんな材料でも熱伸縮はあり、金属材料の線膨張係数は、[**表3-2-3**]に示すように、鋼材の 12×10^{-6} に対し、アルミニウム合金は、23×10^{-6} で、鋼材の約2倍もあり、長さ2mのアルミニウム部材は、50℃の温度差で2.3mm伸縮することになる。また、濃色ほど表面温度は高くなる。

　サッシやカーテンウォールは、ほとんどがアルミニウム合金部材で構成されており、数十から百を超える様々な断面、長さの部材で組み立てられており、熱伸縮については、ルーズホール、滑り材、目地などで部材同士がスムースに動くように納められている。

　「サッシの音鳴り」で比較的大きい音は、これらの納まりが考慮されていないケースが考えられる。小さい音については、上記のように、多数の部材で構成されているため、ある程度は避けらない場合があり、事前の説明が必要である。

　なお、「サッシの音鳴り」は、役員室などの静かな部屋や、ホテル・マンションの居室で目立って聴こえることがあるが、クレームとしては個人差があり、客観的な指標はない。

■マンションの南側のサッシの音鳴り

　晴天時の日中、マンションの南側に面したアルミニウムサッシから、「ミシッ」、「バシッ」などの単発的な音が聞こえて気になるとの苦情があり、調べたところ、方立上部付近からの発音であった。

　施工図によると、方立は長さ1.8mで、下部は固定、上部は梁下に固定された長さ85mmのスチール製角パイプ（外寸：幅34.5mm×奥行94.5mm×厚さ2.3mm）に下から方立（内寸：幅35mm×奥行95mm）を鞘（さや）として重ねて繋いだ納まりで、重ね代は約40mm、上下方向は約30mmの可動代があり、熱伸縮を考慮して、発音や歪が生じることはない納まりである[**図3-2-6**]。

　同位置にある他の住戸のサッシでは発音がなく、この住戸固有の現象であった。

鞘部の方立は、押出形材で精度は確保されており、原因としては、スチール製角パイプの加工精度（やや大きいなど）や、鞘部の軸のずれや、異物の介在などが考えられる。これらの要因で、可動部がスムースに滑らずにわずかな引掛かりが解放された際に、方立が振動により発音し、さらに中空部で音圧が増幅され、顕著な発音となったもので、クレームとなるような音鳴りが発生したと思われる。

対策としては、鞘部の交換は現実的に難しいので、方立内部の中空部をけい砂で充填したところ、音圧を下げる効果のあったことを確認した。

事前の策として、事例のような精度が異なる部材の接触部は、製作精度管理だけでなく、施工に際して、個々の部材同士がスムースに可動するか現物で確かめてから、問題なければ次工程に移るようにする。

[表3-2-4]
各種材料の
線膨張係数a（×10^{-6}/℃）

材料	線膨張係数
アルミニウム合金	23.0
ステンレス鋼（SUS304）	17.3
ステンレス鋼（SUS316）	16.0
銅	16.8
鋼	12.0
チタン	8.4
コンクリート	12.0
ガラス	8.5

（いずれも代表値）

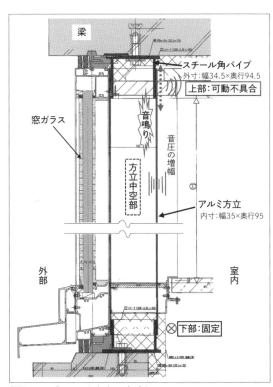

[図3-2-6] アルミ方立の音鳴り

10 外装金属部材の発音──②風切り音

■外装部材の「風切り音」

　比較的風が強い日に、高層建物からの「ブーン」、「キィーン」、「ピー」、「ビーン」といった耳障りな音が問題になることがある。

　これらは「風切り音」、「風鳴り音」と呼ばれるもので、古くから知られていたが、建物の高層化やデザインの多様性から苦情が増加している。これは、高層建物の屋上付近では風が強いことと、高層住宅では、周辺の遮蔽物が少ないことから音源から数km離れたところでも居住者に聞こえるなど、住環境の変化にも関連している。

　「風切り音」の原因は、気流が外装部材を通過する際に生じる渦によるもので、渦自身から発生する「空力音」［図3-2-7］と渦の周波数と部材の固有振動数が共振して発生する「振動音」［図3-2-8］がある。前者は、風速10m/s以上の場合に多く、後者は、特定の風速で顕著に発生することがあり、場合によっては数m/sでも発生する。

　「風切り音」の発生は、［写真3-2-20］のように風洞実験である程度確かめることができる。ただし、実際の建物では、周辺環境や不規則な風があるので、あくまでも参考である。

■「空力音」の場合の低減策

・角を鋭角にせず、丸みをつける［図3-2-9］
　アルミ押出し形材は、自由なデザインができるが、「風切り音」によるクレームとならない配慮も必要
・部材の小口を塞ぐ［図3-2-10］
　アルミ押出し形材にホローがある場合は、笛吹き現象防止のために小口を塞ぐ
・部材間の隙間を広げる［図3-2-11］
・ネットなどで風の流れを乱す
・風が通り抜けないようにする

■「振動音」の場合の低減策

・剛性を高める

・重くする

・支持間隔を狭くする［図3-2-12］

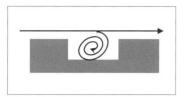

［図3-2-7］空力音

［図3-2-8］振動音

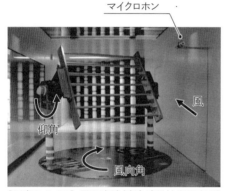

［写真3-2-20］風洞実験（鹿島建設技術研究所）

［図3-2-9］角に丸みをつける

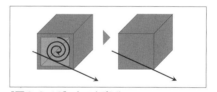

［図3-2-10］小口を塞ぐ

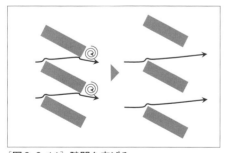

［図3-2-11］隙間を広げる

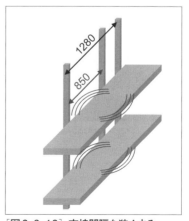

［図3-2-12］支持間隔を狭くする

4章 ガラス

4-1 基礎知識

1 概説

　ガラスは、オランダ語の glas に由来する言葉で、古くは瑠璃、玻璃とも呼ばれていた。ASTM（アメリカ工業規格協会）の定義では「結晶を析出することなく、溶融体が冷却・固化された無機物」とされている。結晶を析出しないので透明性があることが大きな特徴となっている。

　種類は多々あり、建材としては、ソーダ石灰ガラスが使われる。現代高層建築の外装は、重厚な石張りがある一方で、その対極にある軽快なガラスと金属から構成されるカーテンウォールが採用される機会が増えており、街並みの形成にも大きく寄与している。

［写真4-1-1］シカゴの建築群（2012年）

2 種類

　建材としてのガラスは、その材料形態により［表4-1-1］に示すように様々な用途がある。窓ガラスなどに使われる「板ガラス」、ガラスブロックなどの「成形ガラス」、グラスウールなどの「ガラ

[表4-1-1] ガラス建材の用途

分野	主な用途	材料形態				
		板	型板	成形	管	繊維
開口・建具	窓、カーテンウォール、トップライト、ドア、庇	○	○			
床・壁	間仕切壁、化粧壁、手摺り、光壁、床	○	○	○		
防耐火	防火設備、屋根(トップライト)	○				
耐熱	炉内観察窓、ストーブ、暖炉、調理台	○				
遮蔽	放射線遮蔽、電磁波遮蔽	○				
遮音・防音	スタジオ、ホール	○				
装飾	飾り物、サイン、ステンドグラス	○	○	○	○	
衛生設備	衛生器具、水槽	○		○	○	
電気設備	太陽光発電、照明	○			○	
備品	鏡、家具	○	○			
インシュレーション	吸音、保温、断熱、フィルター	○				○

ス繊維」などがある。「板ガラス」は、基板となる「フロート板ガラス」をもとに加工した「熱線反射ガラス」、「強化ガラス」、「合わせガラス」および「複層ガラス」などがあり、これらを組み合わせて様々な機能を付加した製品が使われている。

3 原料および製造

板ガラスの組成比率の約70％はけい砂（SiO_2）で、かなり高い温度でないと溶融しにくいので、融点を下げるために12〜18％のソーダ灰（Na_2CO_3）を使う。また、炭酸カルシウム（$CaCO_3$）は、ガラスの水への溶解を防ぐために生石灰（CaO）として3〜12％を使い、この3種が主原料となり、さらにカレット（ガラス屑）や他の副原料を使う。

製造は、諸原料を調合比で混ぜたものを溶融窯で約1,600℃で溶解し、気泡や不純物などを取り除く清澄槽を経た溶融ガラスをフロートバスの溶融錫の上に浮かせることで板状になり、この状態で流れの速度、左右からの引き伸ばし、温度コントロールなどにより、所定の厚さのフロート板ガラスができる。これをフロート製法という。幅は3m弱が一般的で、海外では4mを超えるものもある。長さは、工場規模や取扱要領により決められ、適宜機械でカットする。

成形ガラスの製造は、溶融までは板ガラスとほぼ同様で、ガラス

ブロックは成形型を使用する。網入り板ガラスは、溶融ガラスに鉄網を入れてロールアウト法により板状にするが、表面に小さな不陸が残るので、研磨機で磨いて平滑・透明にする。

　ガラス繊維は、白金製の溶融窯の細い穴から吐出される糸状のガラスを紡糸し、製造設備により長繊維や短繊維の製品ができあがる。

4　加工

　板ガラスの加工は、製品種別ごとに、切断、表面加工、強化、合わせ、複層、曲げなどの工程を経て製品になる。種類によりこれらの加工要領、手順が異なり、強化ガラスなどは成形後の切断ができない。また、穴あけや曲げ加工も制約があり、設計に際してはこれらの特徴を理解しなければならない。なお、海外のガラスは、製造工場と加工工場が、概ね別会社であることが多く、採用に際しては、どこの生板（素板）を使用するかなどの確認を忘れてはならない。

　最近海外では、コールドベント工法（Cold Bent Glass）といって板ガラスを加熱によって軟化させることなく、枠材と共に工場や現場で曲げて、連続配置することで比較的大きな曲面外装を表現する建物が散見される。わが国では実績が少なく、残留応力や強度、複層ガラスの曲げ、破損時の安全性など課題が多々あり、今後の動向に注目したい。

5　性質

　ガラスの実際の引張強度は、傷が皆無な状態の理論的な強度である約 29,420N/mm^2（約 30 万 kgf/cm^2）の約 1/600 〜 1/300 で、49 〜 98N/mm^2（約 500 〜 1,000kgf/cm^2）にすぎない。これは、製法および扱い上、避けられない表面にある無数の微小な傷によるもので、ばらつきが大きく、設計上の強度は、多くの試験体のデータから統計処理により、約 1/1,000 の破損確率をもとに定められている。

　ガラスの割れは、風圧や衝撃による割れ、ガラスの温度差による熱割れ（**応用知識 1**）、異物による強化ガラスの自然破損（**応用知識 2**）など様々な形態がある。

　その他の性質として、透明性、光、熱、硬度、耐薬品など特異な

性質をもっている。

6 各種材料

　建材として使われるガラスは多岐にわたり、代表的なガラスについて［**表4-1-2**］に示す。板ガラスは、各種の単体ガラスとそれらの組合せで性能・用途に合わせて多くの種類がある。ガラス繊維は、吸音、断熱、不燃などの性能部材で、見え隠れ部に多く使われる。

［表4-1-2］各種ガラス建材

区分			種類・名称(呼称も含む)	規格等
板ガラス	単板	本体	フロート板ガラス	JIS R 3202
			高透過ガラス	JIS R 3202
			型板ガラス	JIS R 3203
			熱線吸収板ガラス	JIS R 3208
		内蔵	網入磨き板ガラス	JIS R 3204
			線入磨き板ガラス	JIS R 3204
		表面	熱線反射ガラス	JIS R 3221
			高遮蔽性能熱線反射ガラス	JIS R 3221
			Low-Eガラス(複層用)	―
			鏡材	JIS R 3220
		熱処理	強化ガラス	JIS R 3206
			倍強度ガラス	JIS R 3222
			耐熱強化ガラス	JIS R 3223
			セラミックプリントガラス	(JISに準拠)
		化学	化学強化ガラス	―
			エッチングガラス	―
	複合板	組合せ	合わせガラス	JIS R 3205
			複層ガラス	JIS R 3209
			Low-E複層ガラス	JIS R 3209
成形ガラス			ガラスブロック	JIS A 5212
			溝型ガラス	(不燃材料)
			ガラス瓦	―
ガラス繊維			グラスウール(短繊維)	構成・用途による
			グラスファイバー(長繊維)	構成・用途による
			ガラスクロス	JIS R 3414

4-2 応用知識

1 日射と影でガラスが徐々に割れてくる

■熱割れについて

　ガラスの日射を受けている範囲は温度が高まり熱くなるが、日影や枠内は、熱が逃げるなどして冷えた状態であり、同じ1枚のガラスでも温度差が生じる。それに伴う熱伸縮差に起因し、辺（エッジ）に平行な引張り応力が生じるが、許容応力を超えたり、エッジに傷などの弱点があると垂直方向に割れが始まり、ガラス内で徐々に蛇行した割れが生じる。これを「熱割れ」という［**図4-2-1**］。

　温度差の要因としては、ガラスの種類、面積、日照条件、内外気温、影、近接物、枠納まりによる熱の逃げ方などがある。

　エッジの弱点としては、切断面の状態、欠けなどがある。

　熱割れは、上記要因のほかに様々な条件、値、係数に基づいた熱割れ計算により判定し、ガラスの仕様の是非を検討する。判定は許容値より若干余裕を見込むとより安全である。

　製品としてできあがったガラスは、工場から現場取付けまでの過程で、特に、エッジの欠けを防ぐなどの配慮が必要である。

　建物使用者へは、ガラス面への貼り紙禁止やガラス面に近接して物を置かない、などの事前説明を忘れてはならない。

■特に注意すべきガラス

・網入り板ガラスは、鋼線が入っているので、ガラス切断時に傷が残るため、エッジの許容応力［**表4-2-1**］が9.8N/mm²（MPa）と他のガラスに比べて低く設定されている。また、雨水が滞留すると鋼線が発錆して膨張し、弱点部を形成するため、ガラスエッジの防錆処理や排水機構を有するサッシとする。網入り板ガラスの熱割れ事例を［**写真4-2-1**］に示す。

・熱線反射ガラスは、反射膜面を室内側に向けて使うため、ガラス自身に熱が溜まりやすく、それに伴って枠内や影部との温度差が

大きくなる傾向にある。熱線反射ガラスの熱割れ事例を［**写真 4-2-2**］に示す。

・熱線吸収ガラスは、その名の通りガラス自身に熱が溜まりやすく、上記と同様の傾向がある。

・複層ガラスや有色の中間膜を使用した合わせガラスなども、熱が溜まりやすい場合があり、上記ガラスと合わせて、各品種の日射吸収率を確認する。

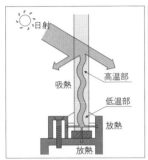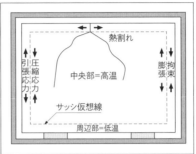

［**図4-2-1**］ サッシ枠のガラスの熱割れ概念図（提供：AGC）

［**表4-2-1**］ ガラスエッジの許容応力[1]

品種	呼び厚さ(mm)	許容応力(MPa)
透明板ガラス 熱線吸収板ガラス 熱線反射ガラス	3 〜 12	17.7
	15 〜 19	14.7
網入・線入板ガラス	6.8、10	9.8
倍強度ガラス	6 〜 12	35.3
合わせガラス・複層ガラス		構成単板ガラスの許容応力と同じ

＊ガラスエッジはクリーンカットとする

〈1〉『建築工事標準仕様書・同解説JASS17ガラス工事』日本建築学会、2014年

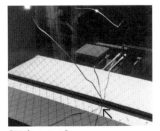

［**写真4-2-1**］
網入り板ガラスの熱割れ

［**写真4-2-2**］ 熱線反射ガラスの熱割れ

2 強化ガラスが突然割れる

■強化ガラスの自然破損について

　強化ガラスは、板ガラスを軟化点付近（650 ～ 700℃）まで加熱し、ガラス両面を冷風で急冷し、表面に圧縮応力層を形成させることで、曲げ破壊強度が約3倍に向上した製品である［図4-2-2］。

　破損時は［写真4-2-3］のように細かい粒状の破片となり、一般のガラスのような鋭利な破片とならないので、安全ガラスと呼ばれることがある。

　しかしながら、何もしなくても突発的に割れることがあり「自然破損」という。割れの始発点は［写真4-2-3］のようにバタフライマーク状の割れがあり、確認できる（合わせガラスではない場合や飛散防止フィルムがない場合はバラバラになり、確認は難しい）。

　これは、ガラスの原材料を厳選しても微小な異物の混入を完全に防ぐことができず、特に引張応力層に［写真4-2-4 ～ 5］のような硫化ニッケル（NiS）の粒子が残ると、急冷の際、高温時のその粒子が α 型から低温時の β 型に遷移できないまま α 型としてガラス内に閉じ込められるものがある。その後、時間の経過と共に徐々に β 型に遷移するが、その際に約4％の体積膨張を起こし、あるときに前触れもなく突発的にガラスを破壊してしまう。

■出荷前の選別検査と安全対策

　強化ガラスの自然破損を防止する品質管理として、工場出荷前にヒートソーク処理といって、再加熱により NiS 粒子の遷移を短縮する方法がある。これで概ね NiS 粒子を含んだ強化ガラスは破壊されるが、どうしても完璧ではなく、一部は破壊されずに市場に出ることがある。

　このことから強化ガラスを使用する場合は、万一の自然破壊を想定して、設計上は合わせガラスとし、破損に際しても、脱落しにくい配慮を検討する。なお、フィルム貼りは、破損時に破片が飛散しにくいが、風などを受けるとまとまって脱落する可能性があるので、採否は慎重に検討する。強化ガラスの自然破損については、板硝子

協会や（一社）日本建設業連合会で周知しており、発注者への事前説明を忘れてはならない。

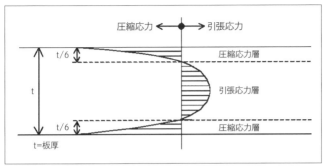

［図4-2-2］強化ガラスの応力層

［写真4-2-3］強化ガラスの自然破損（バタフライマークと始発点）

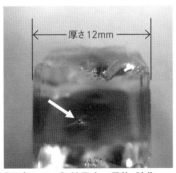

［写真4-2-4］始発点の異物、硫化ニッケル粒子径0.2mm（引張応力層内）

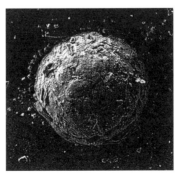

［写真4-2-5］硫化ニッケル電子画像、粒子径0.2mm

3 海外製倍強度ガラスの自然破損

■倍強度ガラスとは

　倍強度ガラスは、強化ガラスの製造過程のうち、徐冷を緩やかにすることで、内部応力を強化ガラスより小さくなるように調整し、フロートガラスの2倍程度の曲げ強度を有するガラスである。

　破損時は、強化ガラスのように細かい粒状の破片にはならず、フロート板ガラスのように線状に割れ、割れても脱落しにくいとされている［写真4-2-6］。

　倍強度ガラスの製造には、徐冷管理が重要で、時間を短縮したり、ガラス厚さに応じた徐冷の調整がおろそかになると、強化ガラスに近い内部応力の高い製品ができてしまい、自然破損のリスクが残る［写真4-2-7］。特に海外では、内部応力が高い方がよいという間違った認識をもつ工場があり、最近では改善されているものの、確認すべきである。

　製造時の管理ポイントは、徐冷の温度と時間の管理［写真4-2-8］と、ガラスの表面圧縮応力の測定［写真4-2-9］が重要で、管理値としては経験上 JIS R 3222（倍強度ガラス）の上限基準値の60MPa以下より厳しい52MPa [2] 以下とすることがある。なお、測定は、ガラス製造時にフロートバスの溶融錫面に接していた錫拡散層側の屈折率勾配を利用した JIS R 3222 に定められた屈折率計測法によるので、錫面側でないと測定ができない。また、厚いガラスほど徐冷管理が難しいので、厚さ 12mm を上限として工場の管理状態により採否を検討する。

〈2〉ASTM C 1048 の基準値である 52Mpa(7,500psi) を準用

■倍強度ガラスの自然破損事例

　［写真4-2-10］は、高層ビルのスパンドレル部に使われた厚さ12mm の倍強度ガラスが粉々に割れた例である。同仕様の割れていないガラスの表面圧縮応力を測定したところ、70 〜 85MPa もあり、JIS で定めている上限基準値の60MPa を上回り、強化ガラスに近い値（90MPa 前後）で、異物の内在により自然破損したものである。

　［写真4-2-11］は、厚さ 10mm の熱線吸収ガラスを倍強度加工し

たもので、アイランド状（中抜け）に割れた例である。

　なお、いずれも海外製の倍強度ガラスであった。

［写真4-2-6］徐冷管理が良好な倍強度ガラス
表面圧縮応力40MPa前後の場合の破損状況[3]

〈3〉EN規格
（European
Norm）EN1863
Glass in building.
Heat strengthen
soda lime silicate
glassに準じた破
壊試験

［写真4-2-7］徐冷管理が不良な倍強度ガラス
表面圧縮応力100MPa前後の場合の破損状況[3]

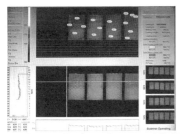

［写真4-2-8］ディスプレイによる管理

［写真4-2-9］表面圧縮応力の測定

［写真4-2-10］粉々に割れた例

［写真4-2-11］アイランド状の割れ

4 化学作用でガラスを強くする

■化学強化ガラス

　化学強化ガラスは、スマートフォンの画面にも使われるなど身近な存在であるが、最近、建築分野でも使われ始めた。

　化学強化ガラスの製造は、[図4-2-3〜4]に示すようにフロート板ガラスを400〜450℃の硝酸カリウム（KNO_3）溶液に浸漬してガラス表面近傍でNa^+とK^+のイオン交換を起こし、表面近傍のK^+の密度を高める。K^+は、イオン半径が大きいものの、ガラス骨格に組み込まれて広がることができないので、ガラス表面に圧縮応力が発生し、曲げ強度が向上することになる。

■利点・欠点

　利点は、[図4-2-5]に示すようにガラス内部の引張り応力が小さく、異物の硫化ニッケル（NiS）が存在しても自然破損のリスクがないことである。また、強化ガラスのような歪みがなくフロートガラスと変わらないため、反射映像の歪みもない。

　欠点は製造可能サイズがそれほど大きくない（現在は、3m × 2m程度まで）ことと、製造タクトに数時間を要し、強化ガラスの数十分に比べて長く、設備投資も含めて高コストなことなどである。

　なお、鋭利なものによる衝撃に対しては、傷の程度により割れることがあるので過信は禁物である。

■建築物への採用

　建築物への採用については、建設省告示第1458号（国土交通省告示第1231号）に規定するk1値に該当のガラス品種がないため、向上したガラスの強度を設計に見込むことができず、同厚のフロート板ガラスと同等の扱いとなる。手摺りガラスなどで付加的に強度をより高くする場合は採用できる。熱割れ対策としてエッジ強度の向上を図る場合は、クリーンカットのままだと鋭利な断面が残り、表面圧縮応力層が形成されにくいのでエッジの研磨が必要であり、その程度は実績がある加工工場と協議の上決定する。

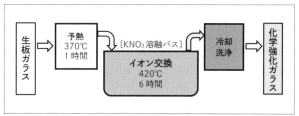

［図4-2-3］ 化学強化ガラスの製法手順（提供：三芝硝材）

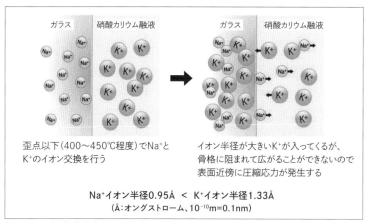

歪点以下（400～450℃程度）でNa⁺と
K⁺のイオン交換を行う

イオン半径が大きいK⁺が入ってくるが、
骨格に阻まれて広がることができないので
表面近傍に圧縮応力が発生する

Na⁺イオン半径0.95Å ＜ K⁺イオン半径1.33Å
（Å：オングストローム、10^{-10}m=0.1nm）

［図4-2-4］ 化学強化ガラスの製法メカニズム（提供：三芝硝材）

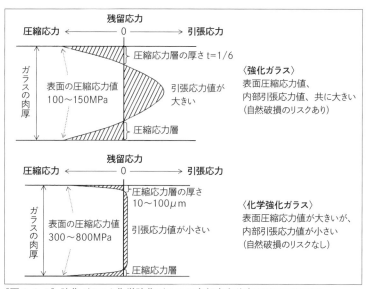

［図4-2-5］ 強化ガラスと化学強化ガラスの内部応力分布（提供：三芝硝材）

5 よく洗浄しないまま高遮蔽性能熱線反射ガラスを製造すると

■高遮蔽性能熱線反射ガラスの加工前洗浄

　高遮蔽性能熱線反射ガラスは、フロート板ガラスの表面に金属の薄膜を蒸着させてつくられる（スパッタリング法）。

　スパッタリング加工前の管理ポイントとして、フロート板ガラスの加工面は、製造時の錫の拡散層側ではない非錫面（製造時のガラス上面）とし、傷などをチェックする。加工ラインは、洗浄、乾燥、スパッタリングと流れ、各ライン設備のメンテナンスが重要で、洗浄水の水質管理、洗浄ブラシの圧力設定と更新、スパッタリング設備の管理などがある。

　このようなことは、工場内の管理項目であり、工事関係者が立ち入ることはないが、特に海外の工場では、これらの管理が徹底されているかを確認しないと、思わぬクレームになることがある。

■海外製の高遮蔽性能熱線反射ガラスのむら事例

　竣工クリーニング前の外装高遮蔽性能熱線反射ガラス（海外製）に波打ち状のむらが発見され、一部を交換することになった。

　むらは、外観ではわからなかったが、内観で日射の角度や結露した状態で見えやすく、クリーニングしても消えなかった［**写真4-2-12、図4-2-6**］。

　海外にあるこの工場を調査したところ、前工程として洗浄ラインにガラスを通し、複数の回転ブラシで自動洗浄を行っているが、ブラシの圧力過多や古いブラシを使用するケースが判明し、ガラス表面に微小な傷がつき、回転と送りの規則的な跡が残り、その状態でスパッタリング法により金属の薄膜を蒸着した結果、むらとなったものである［**図4-2-7**］。検査で発見できなかったのは、ほとんど汚れていなかったことや、照明付き検査台で正面からの検査が主であったことによる。

　対策としては、外観検査時にスポットライトの斜め照射やスチーム噴射による結露むらの有無などを管理項目に盛り込むとよい。特に、海外工場ではコスト・納期優先で品質がばらつくことがあり、

製品検査だけでなく、製造管理状態を確認するなど工場審査を行う。

　高遮蔽性能熱線反射ガラスの反射面は、薄い金属膜であり傷がつきやすく、製造後の管理も重要で、工場でのハンドリング、養生、ストック、輸送、ガラス組込み（工場または現場）の各段階での配慮が重要である。また、建物使用者に対しては、適切なクリーニング、フィルムや貼り紙の禁止、傷のつきやすさ、異物の早期除去などについて事前に説明する。

［写真 4-2-12］
高遮蔽性能熱線反射ガラスのむら
（結露発生時。反射膜面は、室内側）

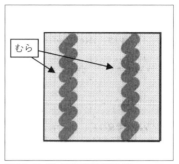

［図 4-2-6］ 高遮蔽性能熱線
反射ガラスのむらのパターン

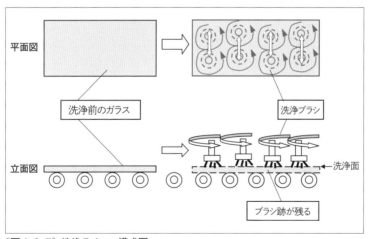

［図 4-2-7］ 洗浄ラインの模式図

6 溶接の火花でガラスが溶ける

■ガラスの溶接やけ

　ガラスの原材料の溶融は、1,600℃以上の加熱が必要で、硬化したガラスの軟化点は 700℃前後である。

　工事で使う溶接の火花は［**写真4-2-13**］のような微粒子（スパッタ）であるが、瞬時には 3,000℃以上といわれ、飛散に伴い冷却されるが、光輝く状態ではガラスの軟化点以上の火花（火球）と考えられる。この火花がガラスに降りかかると、ガラス表層を溶融して凝固し、傷となって残り「溶接やけ」とも呼ばれる不具合となる。

　「溶接やけ」したガラスの損傷程度が深い溶融、スパッタの溶け込み［**写真4-2-14**］、反射膜の消失［**写真4-2-15**］などの場合は、強度への影響や修復が難しいことから交換することがある。軽微な場合は、現地で工具により研磨して目立たなくする方法があるが、強度への影響と透視映像の歪みの程度の確認が必要である。

■溶接やけの防止策

　防止策としてシート養生を行う場合は、［**表4-2-2**］の JIS A 1323（建築工事用シートの溶接及び溶断火花に対する難燃性試験方法）による難燃性の種類の製品を使用する。ただし、瞬間使用温度は、最高でも 1,400℃前後と謳っているシートが多く、それ以上の温度の場合は貫通してしまうことがあり、過信は禁物である。

　ガラスの溶接やけ防止として、シート養生をしても、作業者がその背後のガラスの存在に気がつかずに溶接作業をして、火花が 1,400℃以上の高温であったり、シート相互間に隙間があるとガラス面に火花が当たる場合があり、完全な対策とはならない。溶接および溶断作業は、ガラスを取り付ける前に行うなど、適切な工程計画が先決である。

　なお、設備配管類や壁・天井下地などの金属部材の切断時に発生する火花に対しても同様の配慮が必要である。

　また、反射ガラスの場合は金属薄膜があり、溶接やけだけではなく、モルタルや耐火被覆材の岩綿モルタルの付着は強アルカリ性で

あるために金属薄膜を局部的に侵すことがあり、補修が不可能となり、同様に注意が必要である。

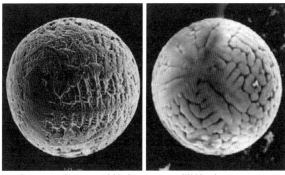

［写真4-2-13］ アーク溶接時のスパッタ（微粒子）
（提供：JFEテクノリサーチ）

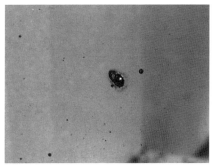

［写真4-2-14］ ガラスの溶接やけ

［写真4-2-15］ 反射ガラスの溶接やけ

［表4-2-2］ 難燃性の種類[4]

種類	難燃性
A種	厚さ9mmの火花発生用鋼板を溶断するとき、発生する火花に対し発炎及び防火上有害な貫通孔がないこと
B種	厚さ4.5mmの火花発生用鋼板を溶断するとき、発生する火花に対し発炎及び防火上有害な貫通孔がないこと
C種	厚さ3.2mmの火花発生用鋼板を溶断するとき、発生する火花に対し発炎及び防火上有害な貫通孔がないこと

〈4〉JIS A 1323
（建築工事用シートの溶接及び溶断火花に対する難燃性試験方法）

7　複層ガラスの恒久ではない密閉部を長持ちさせる

■複層ガラス

　複層ガラス[5]は、板ガラス相互間に中空層を設けて四周を塞いだ、断熱性に優れた製品であり、省エネが求められる昨今、頻繁に使われるようになった。

　四周の密閉部を封着部といい、アルミニウム製の中空スペーサーは、空気層の厚さを確保するとともに乾燥剤を内蔵している。ガラスと接するスペーサー側面の1次シールはブチル材で、湿気の流入を防いでいる。外周側の2次シールはガラス相互の接着が主で、ある程度の湿気防止も兼ねている[図4-2-8、写真4-2-16]。

〈5〉複層ガラスは、英語でsealed insulating glass またはinsulated grazing unit (IGU)という（ペアガラス pair glassは、日本的誤用）。

■複層ガラスの内部結露

　複層ガラスの製品開発当初の封着部の納め方は、鉛やシーリング材などであったが、内部結露が早期に発生して、改善が進められて現在の仕様に落ち着いている。内部結露は見栄えの悪さや拭取りができないだけでなく、断熱性能が低下する。

　現在の仕様でも、封着部の材料は恒久的なものではなく、徐々に劣化することは否めない。特に、外装においては細かい納まり上の配慮が必要である。

　サッシ枠の中に水が溜まった状態が続くと封着部が早く劣化するため、サッシ下枠に水抜き穴（孔）などの排水機構が必要である[図4-2-9]。なお、穴の大きさは最小でϕ5 mmとするが、ϕ8 mm以上が好ましい。また、サッシ枠のガラスに対するかかり代が少なかったり、ガラス同士の突付け目地など、封着部に日射があたる納まりでは、紫外線による封着部の劣化が進むので避けなければならない[図4-2-10]。

　ただし、配慮した納まりでも、有機質材料に依存しているので、経年劣化は避けられず、交換可能な納まりにしておくべきである。

■内部結露の事例

　十数年経過した複層ガラスの窓に結露が見られ、内外から拭いて

も除去できず、中空の空気層に面したガラス面の結露であることが
わかり、交換することになった。原因は、封着部の経年劣化に加え、
ガラス回りのシーリング材の劣化により枠内に浸入した雨水が、水
抜き孔の不良で滞留したことによる［写真4-2-17～18］。

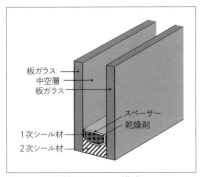

［図4-2-8］ 複層ガラスの構成

［写真4-2-16］ 各種スペーサー

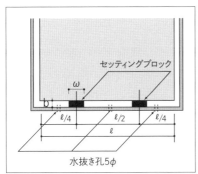

［図4-2-9］ 水抜き穴（3か所以上）
（提供：AGC）

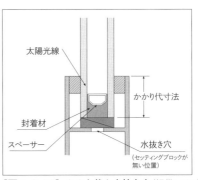

［図4-2-10］ かかり代と水抜き穴（提供：AGC）

［写真4-2-17］ 複層ガラスの内部結露

［写真4-2-18］ 断熱低下で室内面も結露

8 合わせガラスに花びら状の気泡ができる

■合わせガラスとデラミ

合わせガラスは、2枚以上の板ガラスをPVB膜（polyvinyl butyral）という中間膜を挟んで加熱接着したもので、ガラスが割れても破片が保持され飛散しにくい［図4-2-11、写真4-2-19］。

この合わせガラスの周辺からアメーバ状［写真4-2-20］や花びら状［写真4-2-21］の気泡が発生することがあり、中間膜の一部が剥離したもので、デラミ（delamination）と呼ばれる。

デラミの原因はいくつかある。外部の手摺りのように合わせガラスのエッジが露出していると、雨水などの外部環境の影響を受けて接着が低下する。強化合わせガラスでは、歪みを元に戻そうとする力によって剥離する。ガラスと接するセッティングブロック材やシーリング材の材質と中間膜との化学的作用によることもある。

デラミの範囲が小さい場合は、ある程度許容されるが、範囲が広がると外観も見苦しく、強度的な影響も考えられ交換となる。

■デラミを抑制するには

合わせガラスのエッジを外部に露出させない。強化ガラスは歪みがあるので、中間膜の厚さで歪みを吸収する。セッティングブロック材やシーリング材は、中間膜に影響がないものとする。

ガラス加工工場においては、中間膜の保管管理、合わせ作業は区画された作業場で行う。バキュームなどによる仮圧着後［写真4-2-22］に、オートクレーブ釜［写真4-2-23］で最終的な合わせ加工を行うが、釜入れ時は、ガラスの大きさや厚さに応じた、適切なセッティング（配置）が重要である。

中間膜の材質は、一時期EVA膜（ethylene-vinyl acetate copolymer）があり、デラミしにくいといわれていたが、生産されなくなった。新たに使われ始めたものにアイオノマー樹脂（ionomer）による膜があり、高い接着力でデラミの恐れはほとんどないが、膜が厚いことや高コストなど、事前の確認が必要である。

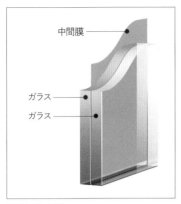

[図4-2-11]
合わせガラスの構成（提供：AGC）

中間膜

ガラス

ガラス

［写真4-2-19］合わせ加工
（中間膜のトリミング前）

［写真4-2-20］手摺りガラスのデラミ

［写真4-2-21］窓ガラスのデラミ

［写真4-2-22］仮圧着

［写真4-2-23］オートクレーブ釜
（提供：三芝硝材）

9 サッシ枠とガラスは免震機構

■サッシ枠とガラスの関係

　ノックダウン・カーテンウォールや嵌殺し窓のサッシ枠は、地震時の建物変形に伴い、[図4-2-12]のように平行四辺形に変形する。しかしガラスは変形できず四角いままなので、サッシ枠に当たり割れることがある。

　[写真4-2-24]は、阪神・淡路大震災による窓ガラスの割れで、可動サッシでは割れていないが、嵌殺しサッシでは割れており、概ね同一のパターンで割れている。

■エッジクリアランスとブーカムの式

　これを防ぐには、サッシ枠とガラスの間にエッジクリアランスという隙間を設ける。このエッジクリアランスは、大地震時に生じるサッシ枠の最大変形時にもガラスに力が加わることのない値に設定する。[図4-2-13]のモデル図は、ブーカム（J.G.Bouwkamp）の考えで、サッシ枠が変形して、ガラスに接触してもガラスが回転できる限界のエッジクリアランスを計算で求めるものである。

　この考えでは、サッシ枠がガラスに接触することが前提で、ただちにガラスが割れることはほとんどないが、ガラスのエッジを傷つける可能性があり、下記のように慎重な検討が必要である。

・検討1：ブーカムの式を適用する場合、接触部のガラスエッジまたはサッシ枠内にゴムなどの緩衝材を取りつける。
・検討2：横長ガラスなど回転しにくい形状の場合は、サッシ枠がガラスに接触する直前で、エッジクリアランスを決める。

■サッシ枠の変形とガラスの挙動

　サッシ枠変形時のガラスの挙動は、シーリング材やガスケットゴムなどの拘束度合い、セッティングブロックの滑り度合いなどが複雑に絡み合うので、カーテンウォールなどでは、実大試験のデータが参考になる。また、ユニット・カーテンウォールの場合は、枠の変形は少ないが、ユニットのロッキングを考慮することと、ガラス

をセットした状態で輸送する場合は、天地を確認して下辺に仮の
セッテイングブロックを配置することを忘れてはならない。

　エッジクリアランスの確保に伴い、幅広のサッシ枠が必要になる
ことがあり、デザイン重視で細い枠を求められても、ガラスが割れ
てはならないなど、安全第一を優先して設計しなければならない。

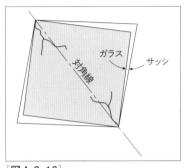

［図4-2-12］
サッシの変形とガラスの割れ（提供：AGC）

［写真4-2-24］
阪神・淡路大震災による窓ガラスの割れ

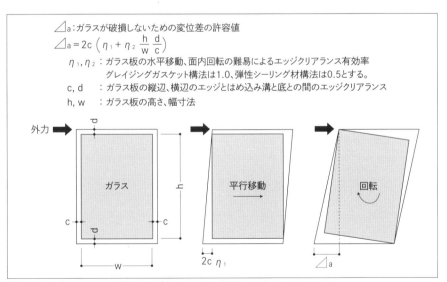

$\triangle_a$：ガラスが破損しないための変位差の許容値

$$\triangle_a = 2c \left(\eta_1 + \eta_2 \frac{h}{w} \frac{d}{c} \right)$$

η_1, η_2：ガラス板の水平移動、面内回転の難易によるエッジクリアランス有効率
　　　　　　グレイジングガスケット構法は1.0、弾性シーリング材構法は0.5とする。
c, d　：ガラス板の縦辺、横辺のエッジとはめ込み溝と底との間のエッジクリアランス
h, w　：ガラス板の高さ、幅寸法

［図4-2-13］ サッシの変形とエッジクリアランス（提供：AGC）

10 シーリング材でガラスを保持する

■SSG構法とは

　窓ガラスは、サッシ枠に嵌め込んで保持するのが一般的であるが、枠を表に見せずにガラス辺の室内側に強い接着力を有するシーリング材（構造シーラント）を打設して背面の枠材と一体化する工法があり、SSG構法（Structural Sealant Glazing System）と呼ばれる［**図4-2-14**］。

　枠が見えず、目地はガラス突付けで、すっきりした外観になり、海外では採用事例が多い［**写真4-2-25〜28**］。

■SSG構法の課題

　SSG構法のメリットは、支持枠がガラス背面にあるため、あたかもガラス単体で外壁面を構成しているように見せることができ、さらに4辺支持条件でガラス厚さが決められることである。一方で、構造シーラントの劣化に起因する剥落危険性などの課題があり、採用に際しては慎重を要す。

　構造シーラントの材種は、シリコーン系シーリング材であり、ガラス、アルミなどと高い接着性能を有する。そのためには、シーリング材の施工（充填）は工場が望ましく、現場での施工は挙動や環境面から避けるべきである。

　また、ガラスとの接着面は、ガラス越しに紫外線が照射されることになり、経年による劣化が避けられず、最悪の場合は、接着力を失い、ガラスの破損や脱落の恐れがある。したがって、紫外線透過率の低い熱線反射ガラスあるいは高遮蔽性能熱線反射ガラスの選択が原則となる。また、層間変位による追従性が乏しく、枠側で免震的な機構が必要となる。ガラス破損時の交換は、作業が可能かどうかなど事前の確認が必要である。構造シーラントの被着面となるガラスやアルミ面の仕様、シーリング材に影響がないバックアップ材の選定のように他の課題も多々あり、事前検討が重要である。

　最近は、複層ガラスによるSSG構法の設計が散見されているが、構造シーラント側には紫外線が当たりにくい反面、封着部のシーリ

ング材やブチル材は照射され、**応用知識7**でも述べたように接着
性の低下とそれに付随する内部結露の問題があり、採否を含めて慎
重な検討が必要である。

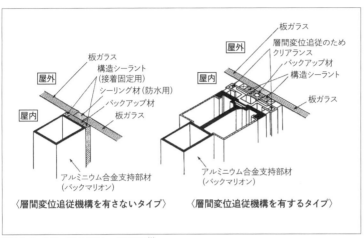

［図4-2-14］SSG構法の概念図[1]

［写真4-2-25］縦辺SSG（上海）

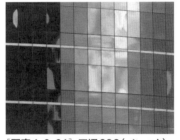

［写真4-2-26］四辺SSG（バンコク）

［写真4-2-27］
縦辺SSG（ミネアポリス）

［写真4-2-28］同左詳細

5章 粘土焼成材料

5-1 基礎知識

1 概説

　粘土焼成材料とは、粘土を主原料とし、成形した後に乾燥・焼成してでき上がった硬質の建築材料の総称である。耐火性や耐久性に優れ、製造も容易なことから長い歴史を有し、世界各国で特有の使い方をされている。中でも多用されているのがセラミックタイル（以下、タイル）であることから、タイルを主に記述を進める。

2 種類

　タイルは、吸水率の違いによって「Ⅰ類」、「Ⅱ類」、「Ⅲ類」に区分される。吸水率による区分とその特徴を［**表5-1-1**］に示す。

　2010年改正前のJIS A 5209（セラミッタイル）には「小口」、「二丁掛」といったタイルの寸法や形状による区分があったが、ISOに準拠するためこの区分は廃止された。しかし、国内の施工現場では

［**表5-1-1**］ 吸水率によるタイルの区分とその特徴[1]

区分	Ⅰ類	Ⅱ類	Ⅲ類
吸水率	3.0%以下	10.0%以下	50.0%以下
焼成温度	1,300〜1,200℃	1,200℃前後	1,100℃前後
かさ比重	2.1〜2.4	2.0〜2.3	1.7〜1.9
曲げ強度	30〜60N/mm^2	20〜40N/mm^2	10〜30N/mm^2
釉薬の有無	施釉・無釉	施釉・無釉	施釉が多い
成形方法	乾式・湿式	乾式・湿式	乾式が多い
素地	おおむね磁器質に相当	おおむねせっ器質に相当	おおむね陶器質に相当

（備考）代表的な特徴であり、本表から外れるものもある

〈1〉JIS A 5209（セラミックタイル）

現在でもこの呼称が使われている。市販のタイルの呼称と寸法を
[**表5-1-2**]に示す。なお、建築工事監理指針とJASS19（陶磁器質タ
イル張り工事）では[**表5-1-3**]のように呼称の違いがあるので、
随時、読み替えて扱う。タイル形状の例を[**写真5-1-1**]に示す。

　タイルの裏面には、[**写真5-1-2**]に示すような裏あし（back feet）
と呼ぶ溝がある。張付けモルタルが溝にくい込んでタイルの剥離・
剥落を防止する。裏あしの形状、寸法はJISで厳格に決められてい
る。しかし、最近、タイルを弾性接着剤で張る工法が普及してきた

[**表5-1-2**] **市販のタイルの呼称と寸法**[2]

用途による区分	呼称	寸法*(mm)	用途による区分	呼称	寸法*(mm)
内装壁タイル	100角	97.5×97.5	外装壁タイル	小口	108×60
	150角	147.5×147.5		ボーダー	227×40
	100角二丁	197.5×97.5**		二丁掛	227×60
	200角	197.5×197.5		三丁掛	227×90
	300角	297.5×297.5		四丁掛	227×120
内装壁モザイクタイル	六分丸	18.5×18.5		100角	94×94
	25角	22.5×22.5	外装壁モザイクタイル	50角	45×45
	50角	47×47		50二丁	95×45
内装床タイル	100角	95×95		50三丁**	145×45
	150角	145×145	外装床タイル	100角	95×95
	200角	195×195		150角	145×145
	300角	295×295		300角	295×295
	600角	595×595		600角	595×595
内装床モザイクタイル	50角	45×45	外装床モザイクタイル	50角	45×45

＊上記寸法は製造工場によって異なることがある
＊＊JISではモザイクタイルは表面積が50cm^{2}以下のものをいい、50三丁はモザイクタイルに入
　らないが、慣例上、モザイクタイルの中に分類した

[**表5-1-3**] **タイルの呼称の違い**

建築工事監理指針	JASS19
小口	小口平
50角	45角
50二丁	45二丁

〈2〉（一社）公共
建築協会『建築
工事監理指針
令和元年版』20
19年

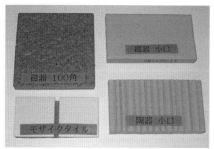

[写真5-1-1] タイルの形状の例

[写真5-1-2] タイルの裏側の例

ことで、裏あしの高さが大きいと逆に接着の障害となるため、裏あしの高さが0.9mm以下の接着剤張り専用のタイルが登場している。

3 原料および製造

　原料は、粘土・けい石・陶石・長石などの鉱物粉末であり、水を加えてさらに微粉砕し、精製して泥漿（でいしょう）を得る。除粘材のような添加材を加え、脱水して成形に適する軟度に調整する。これを素地土または坏土（はいど）と呼ぶ。焼成は、生産効率のよいトンネル窯が主流であり、1,100～1,300℃の高温で焼き締める。焼成前に釉薬を施すもの（施釉）と施さないもの（無釉）がある。焼成温度の違いにより原料鉱物の溶融状態や細孔構造に変化が現れる。それにより「磁器質」、「せっ器質」、「陶器質」と呼んでいたが、JIS改正によりこの区分は廃止された。しかし、長年慣れ親しんできたので、現在でも俗称として使用されている。

4 性質

化学的性質　良質な粘土を用い高温焼成されたタイルは、化学的に安定した製品となる。二酸化けい素（SiO_2）の含有が多い組成は耐酸性に優れる。

物理的性質　吸水は毛細管現象によるものであり、組織の細孔構造に依存するため、高温で焼き締められた製品ほど小さくなる。施釉は、素地の表面をガラス質で被覆し吸水を低減する。耐凍害性は、吸水率の小さな製品ほど安定であるが、細孔の分布や形状、素地の

強度や弾性率が関連し、吸水率だけでの判定は難しい。濡れたタイルの上を歩くとき、滑って転倒、怪我をしたという事故が繰り返されている。事故を予防するため、床タイルは、JIS A 1509-12（陶磁器質タイル試験方法－第12部：耐滑り性試験方法）に従い、滑り抵抗係数（C.S.R と C.S.R.B）を測定する。C.S.R は 0.37 〜 1.05、C.S.R.B は 0.62 以上が良い[3]とされている。

力学的性質　高温焼成の製品は、溶融物が全体を固着しているので高強度となる。一般に、圧縮強さは大きいが、曲げ・引張り強さは小さい。下地面のひび割れがタイル表面に現れることもある。

〈3〉『建築工事標準仕様書・同解説JASS19陶磁器質タイル張り工事』日本建築学会、2012年、p.90

5　各種材料

れんが　押出成形と圧縮成形がある。JIS の制定された製品に、普通れんが、耐火れんが、建築用セラミックメーソンリーユニットがある。組積造建築で使われるれんがのモジュールが、タイルの形状・寸法に反映されている。

瓦（かわら）　かつては日本全国で生産されていたが、昨今では愛知県西三河の三州瓦、淡路島の淡路瓦、島根県石見地区の石州瓦が三大産地となっている。伝統的な屋根葺き材としてなくてはならない。

その他　テラコッタは、「焼いた土」という意味のラテン語が語源になっており、蛇腹・柱頭・装飾部材など、注文製作される陶器質の立体的粘土焼成材料である。最近は中空成形した大型部材をルーバーに使用する例もある。大型陶板は、600角〜900角のせっ器質の大型平板で、内外壁・床への適用例が多い。便器や手洗器のような衛生陶器は、磁器質やせっ器質で、非汚染性と洗浄性が要求される。

[写真 5-1-3]
テラコッタルーバーの例

5-2 応用知識

1 ディファレンシャルムーブメントとは

■タイルの寸法変化

　全ての材料は温度が上がると伸びて、温度が下がると縮む。温度が1℃上がったときの寸法変化の割合を線膨張係数という。タイルの代表的な物性を［**表5-2-1**］に示すが、タイルの線膨張係数は5〜8 × 10^{-6}/℃である。外壁に張ったタイルは夏と冬で表面温度が40℃ほど変動するので、線膨張係数の約40倍の伸び縮みを繰り返している。室内に張ったタイルも、外壁よりは小さいが伸び縮みを繰り返している。また、吸水によっても膨張を示す傾向がある。

■コンクリートの寸法変化

　コンクリートの収縮の分類を［**表5-2-2**］に示す[4]。乾燥収縮とは、硬化したコンクリートが乾燥によって寸法が縮む現象である。普通、コンクリートは最終的に500 〜 800 μ ほど収縮する。自己収縮とは、セメント系材料が硬化する過程で寸法が縮む現象である。炭酸化収縮とは、コンクリート中の水酸化カルシウム（$Ca(OH)_2$）と空気中の二酸化炭素（CO_2）が化学反応し炭酸カルシウム（$CaCO_3$）を生成する炭酸化により寸法が縮む現象である。コンクリートも温度変動で伸縮するが、熱容量が大きいためタイルより温度変動そのものが小さく、コンクリートは経時的に収縮傾向にある。

〈4〉『建築材料用教材』日本建築学会、2011年、p.45

■ディファレンシャルムーブメントの発生

　タイルの剥離・剥落事故が起きるたびにディファレンシャルムーブメントという単語を耳にする。太陽光や外気温の上昇で温められたタイル面は膨張し、一方、下地のコンクリートは経時的に収縮する。この歪み差がディファレンシャルムーブメントである。ディファレンシャルムーブメントにより、タイルとコンクリートの界面には応力が繰り返し発生する。繰り返し発生する応力のダメージが

タイルの付着力を上回るとタイルの剥離や剥落を引き起こす。剥離、剥落を防止するため、接着力を向上させる裏あしや下地表面の超高圧水洗浄、界面応力を低減させる弾性接着剤が考案された。

[表5-2-1] タイル(I類、II類)の代表的な物性

物性 ＼ タイル	I 類	II 類
かさ比重	2.1 ～ 2.4	2.0 ～ 2.3
吸水率	3.0%以下	10.0%以下
曲げ強度	30 ～ 60N/mm^2	20 ～ 40N/mm^2
弾性係数	30 ～ 100kN/mm^2	
線膨張係数	5 ～ 8×10^{-6}/℃	
熱伝導率	1.2 ～ 1.5W/m·℃	

[表5-2-2] コンクリートの収縮の分類[4]

種類	定義
乾燥収縮	硬化したコンクリートやモルタルが、乾燥雰囲気下において変形して縮む現象。普通コンクリートでは、材齢1日目を基準にして、相対湿度70%程度では、最終的に500 ～ 800×10^{-8}程度の収縮歪みを示す
自己収縮	セメントの水和により凝結過程および凝結以後の巨視的に生じる体積減少を自己収縮という。自己収縮には物質の侵入や逸散、温度変化、外力や外部拘束により発生する自己反応に起因する変改は含まない
炭酸化収縮	コンクリート中の水酸化カルシウムが炭酸ガスと反応して炭酸カルシウムに変化することを炭酸化($Ca(OH)_2+CO_2→CaCO_3+H_2O$)というが、これにより、密度が大きくなり、収縮する
温度収縮	セメントの水和熱により生じる水和発熱膨張や常温から高温あるいは低温に変化することによる容積変化、コンクリートの熱膨張係数(温度膨張係数)は7 ～ 13×10^{-6}/℃程度で、一般に10×10^{-6}/℃の値が用いられる

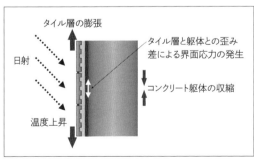

[図5-2-1] ディファレンシャルムーブメントの仕組み

2 ディファレンシャルムーブメントを緩和する弾性接着剤

■弾性接着剤タイル張りとは

正しくは「有機系接着剤によるタイル張り」だが、弾性接着剤タイル張りと呼ばれており、こちらの呼び名の方が定着している。[**写真5-2-1**]に示すように、JIS A 5557（外装タイル張り用有機系接着剤）に規定する一液反応硬化形の変成シリコーン樹脂系接着剤またはウレタン樹脂系接着剤を下地コンクリート面に所定のクシ目こてで塗り付け、その上にタイルを張り付ける工法である。2012年にJASS19（陶磁器質タイル張り工事）の標準工法に追加されて以降、数多くの建物で採用されている。弾性接着剤のいちばんの特徴は文字通り「硬化後にも弾性を保有する」ことである。[**図5-2-2**]に示すように張付けモルタルに比べて追従性に優れており、ディファレンシャルムーブメントによる剥離の恐れが少ない。

■有機系材料である接着剤の寿命は

弾性接着剤タイル張りでまず最初に頭に浮かぶのは耐久性である。JIS制定前、[**写真5-2-2**]に示すRC造建屋の外壁に変成シリコーン樹脂系接着剤を使用して50二丁タイルを試験施工し、引張り接着強さの経時変化を観察した。その結果を[**図5-2-3**]（二液反応硬化形）および[**図5-2-4**]（一液反応硬化形）に示す[5]。測定者の違いや測定したときの気温の違いにより引張り接着強さにばらつきは生じているが、25年経過しても施工直後と同等の引張り接着強さを保持していること、張付けモルタルと比較しても大差ないことが確認されている。また、[**写真5-2-3**]に示すRC造建屋の外壁に300角タイルを弾性接着剤で張り付け、定期的に打診調査と引張り試験を実施した[6]。この建屋は築5年目に震度5強の地震に遭ったが、地震の前後で引張り接着強さの低下は見られなかった。なお、調合や撹拌のミスが少ないため、実際の施工では一液反応硬化形が主流になっている。

〈5〉河原田将史、佐々木正治ほか「外装タイル張り用有機系接着剤工法 実建物での25年経過後調査」『日本建築学会大会学術講演梗概集（九州）』、pp.956-957、2016年8月

〈6〉中島享、佐々木正治ほか「有機系接着剤による大型タイル張り施工、実建屋の経年調査、13年後の結果」『日本建築学会大会学術講演梗概集（東北）』pp.1179-1180、2018年8月

［写真5-2-1］弾性接着剤タイル張りの例

［写真5-2-2］50二丁タイルを張った建屋[5]

［写真5-2-3］
300角タイルを張った建屋[6]

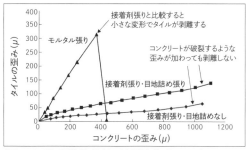

［図5-2-2］弾性接着剤の追従性（提供：LIXIL）

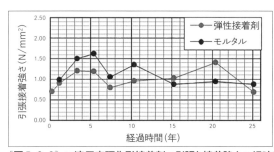

［図5-2-3］二液反応硬化形接着剤の引張り接着強さの経時変化[5]

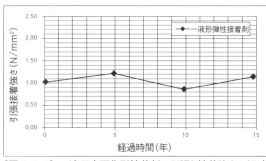

［図5-2-4］一液反応硬化形接着剤の引張り接着強さの経時変化[5]

3 基本を守らなくてよいタイル張りはない

■下地面が濡れていてもよいのか

弾性接着剤の硬化機構は、空気中の湿気や下地の水分に反応して硬化する湿気硬化型である。そのためか、「雨が降った翌日にもタイル張りができる」とたびたび誤解される。

水に浸漬して含水率を変化させたモルタル板を試験体の下地に使用した。表面をタオルで拭って浮き水がない状態と、浮き水がある状態とで変成シリコーン樹脂系接着剤でタイルを張り付け、引張り試験を行った。接着強度と破断状況を［**表5-2-3**］に示す[7]。表面が濡れ色でも浮き水がない状態では、下地がある程度の水分を含んでいても接着強度の低下はほとんどなく、いずれも接着剤の凝集破壊であった。それに対し、浮き水がある状態では接着強度が著しく低下し、下地と接着剤の界面で破断した。浮き水が悪影響したものと考えられる。

湿気硬化型の接着剤とはいえ、下地表面に浮き水がある状態や下地表面に霜が降りている状態での施工は不可である。施工する前に、浮き水や霜を拭き取ることが必要である。なお、真冬の寒い時期に弾性接着剤は固くなり施工性が低下するので、湯煎やホットカーペットで採暖する。

■目地を跨いで張り付けて支障はないのか

モルタルタイル張りに比べ、弾性接着剤タイル張りのいちばんの特徴は「硬化後にも弾性を保有する」ことである。そのためか「目地を見せたくない。弾性接着剤タイル張りなら目地を跨いだ張付けができる」とたびたび誤解される。

2016年4月14日夜、最大震度7を含む複数の地震が熊本県を中心とする九州地方を襲った。同年4〜5月、全国タイル業協会が外壁タイルの被害調査を行ったところ、［**写真5-2-4**］に示すように、打継ぎ目地やひび割れ誘発目地を跨いで張ったタイルに割れ、剥離が複数発見された[8]。張付け後の弾性接着剤の厚さは2mm前後である。弾性接着剤であっても、地震時の建物の変形を吸収できない。

〈7〉「下地の含水率とワンパックボーイR-V2の接着性について」『LIXIL技術資料』2011年8月

〈8〉（一社）全国タイル業協会「熊本地震 外壁タイル調査報告書」pp.13-26、2016年8月

目地を跨いで張るのは不可である。JASS19でも、モルタル張りと同様に、タイルの伸縮調整目地と下地の打継ぎ目地、ひび割れ誘発目地は位置を揃えるとしている。

■作業性重視で支障はないか

1964年に開催された東京オリンピックは空前の建築ラッシュを引き起こした。工期短縮と省力化は絶対の命題であり、タイル張りもその要請に応えるべく、圧着張りが考案された。下地コンクリート面を下地モルタルで平滑に仕上げた後、所定の面積に張付けモルタルを塗り付け、直ちにタイルを押し込んで張り付ける（圧着する）工法である。従来の積上げ張りに比べて作業性は格段に向上した。しかし、ついつい作業性を重視するあまり、張付けモルタルのオープンタイムの超過や圧着の不足が原因の剥離事故を多発させた。この反省を活かし、タイルの裏側にも張付けモルタルを塗布する改良圧着張りや［写真5-2-5］に示すヴィブラートと呼ばれる専門工具でタイルを張る密着張りが考案された[9]。

〈9〉(一社)全国タイル業協会「タイル手帳」p.48、2014年7月

［表5-2-3］下地の含水率、浮き水の有無と接着剤の破断状況[7]

下地の含水率	浮き水の有無	接着強度 (N/mm²)	破断状況
4%	なし	0.71	接着剤の凝集破壊
6%	なし	0.79	接着剤の凝集破壊
8%	なし	0.76	接着剤の凝集破壊
10%	なし	0.84	接着剤の凝集破壊
8%	有り	0.16	下地と接着剤の界面破断
10%	有り	0.10	下地と接着剤の界面破断

［写真5-2-4］打継ぎ目地に跨ぎ張りしたタイルの剥離の例[8]

［写真5-2-5］密着張り（ヴィブラート工法）[9]

4 コンクリートの目地とタイルの目地

■ひび割れ誘発目地、打継ぎ目地と伸縮調整目地

応用知識1で述べたようにコンクリートは様々な理由で収縮し、建物は地震などで変形する。コンクリートの収縮や建物の変形によるひび割れを使用上支障のない場所に集めるため、コンクリートには所定の間隔にひび割れ誘発目地を設ける。コンクリートの打継ぎ界面は特にひび割れが起きやすいので、打継ぎ目地を設ける。ひび割れ誘発目地および打継ぎ目地の位置の例を［図5-2-5］に示す。また、大きな地震が発生した際、柱や梁のせん断破裂を防止する目的で柱と壁、梁と壁の縁を切るため構造スリットを設ける。構造スリットには、壁を貫通して完全に縁を切る完全スリットと、部分的に壁厚を薄くする部分スリットがある。

気温の変動やコンクリートの収縮によりタイル面は伸縮を繰り返す。この伸縮を吸収するため、タイル面には伸縮調整目地を設ける。

タイルの剥離やひび割れを防止するため、［図5-2-6］に示すように、下地コンクリート面のひび割れ誘発目地、打継ぎ目地、および構造スリットとタイル面の伸縮調整目地は位置を一致させることが原則である。

■顕在化した原則無視

2008年に建築基準法第12条（定期報告制度）が改正され、建物の所有者・管理者は10年ごとに外壁タイルを張った全面を打診し、結果の報告が義務化された。それ以降［写真5-2-6］や［写真5-2-7］のようにコンクリート側の目地を跨いで張ったタイルの浮きがたびたび見つかるようになった。応用知識3でも述べたように目地への跨ぎ張りはタイルの剥離や剥落に繋がるため理由のいかんによらず避ける。

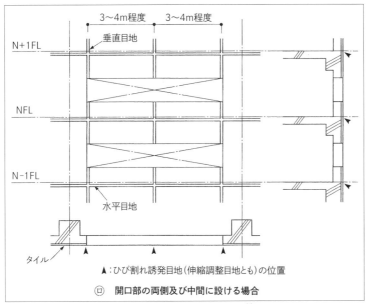

［図5-2-5］ ひび割れ誘発目地、打継ぎ目地の位置の例[2]

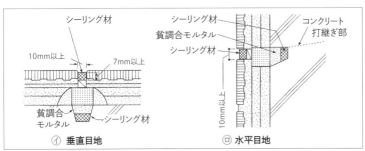

［図5-2-6］ ひび割れ誘発目地と伸縮調整目地の例[2]

［写真5-2-6］コンクリートの目地を
跨いだタイルの浮きの例

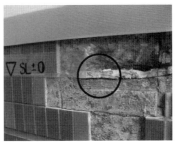

［写真5-2-7］構造スリット（○印）に
跨いで張ったタイルの例

5 接着力を向上するタイル張り下地面の事前準備

■清掃と目荒し

　塗装型枠合板の普及に伴い、脱型後のコンクリートの表面は平滑となり、張付けモルタルの付着が悪くなった。モルタルとコンクリートの界面剥離が増えた要因の一つである。また、コンクリートは下階から上階に向かって打設するのに対し、タイルは上階から下階に向かって張っていく。上から落ちてくる水でせっかく張ったタイルが汚れるのを防ぐためだが、タイルを張る頃にはコンクリート表面に様々な汚れが付着している。タイルの剥離を防止するため、コンクリート表面の清掃、目荒しを確実に行うことが重要である。

　JASS19 の清掃と目荒し方法を［**表 5-2-4**］に、目荒しとせん断接着強度の試験結果を［**図 5-2-7**］に示す。タイル工によるワイヤーブラシ掛けは強度のばらつきが大きく、品質が安定しない。［**写真 5-2-8**］に示す超高圧水洗浄法は強度が大きいだけでなく、ばらつきが小さい。そのため目荒し方法として最も推奨される。なお、コンクリートの表面積が増えて乾燥しやすくなる。吸水調整材を使用してモルタルのドライアウトを防止する。MCR 工法は、剥離防止の効果はあるが、コンクリート打設時に専用シートがめくれて躯体に食い込むと補修に手間がかかる。取扱いに注意が必要である。

■高強度コンクリート

　タワーマンション等では設計基準強度 36N/mm^2 超の高強度コンクリートや 60N/mm^2 超の超高強度コンクリートが柱や梁に使用される。温冷繰返し前後での、コンクリート強度とタイルの引張り試験の結果を［**図 5-2-8**］に示す [10]。水洗いの場合、温冷繰返し後の引張り強度が低下し、界面剥離の割合が増えており、普通コンクリートに比べ高強度コンクリートや超高強度コンクリートは剥離の危険性が増している。超高圧水洗浄法で目荒しを施すと、水洗いに比べて引張り強度の低下が少ない。界面剥離はほとんどない。超高圧水洗浄法による目荒しがより重要になる。

〈10〉吉岡昌洋ほか「下地コンクリートの高強度化が直張りタイルの接着耐久性に及ぼす影響」『日本建築学会大会学術講演梗概集（中国）』pp.113-114、2008年9月

〈11〉『建築工事標準仕様書・同解説JASS19陶磁器質タイル張り工事』日本建築学会、2012年

[表5-2-4] コンクリート表面の清掃および目荒し方法⁽¹¹⁾

名称	概要	清掃	目荒し
ワイヤーブラシ掛け	ワイヤーブラシでコンクリート表面を擦り、脆弱層を除去する方法	○	×
高圧水洗浄法	吐出圧30〜70N/mm^2、ノズル距離10cm以内、運行速度3〜5min/m^2	○	△
超高圧水洗浄法	吐出圧150〜200N/mm^2、ノズル距離5cm以内、運行速度はコンクリートの強度・材質により異なるので目荒しの程度は[写真5-2-8右]を目安とする	○	○
MCR工法	型枠に専用シートを張り、コンクリート表面に凹凸を付与して、それにモルタルが食い込むことにより、剥離を防止する	―	○

凡例 ○:可 △:一部可 ×:不可 ―:対象外

[写真5-2-8] 超高圧水洗浄法(左)と処理面(右)

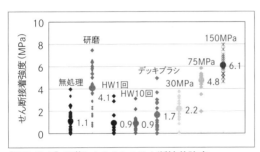

[図5-2-7] 目荒しとタイルのせん断接着強度

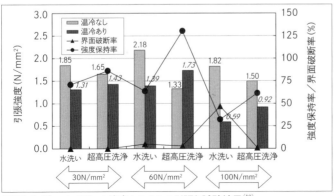

[図5-2-8] コンクリート強度とタイルの引張り試験結果⁽¹⁰⁾

6 張付けモルタルのオープンタイム

■プロセス検査の実践

　タイル張り完了後に打診検査を実施したところ、下地モルタルの浮きが見つかった。その場合、削孔しエポキシ樹脂の注入やピンニングを行う。浮きの程度によっては、せっかく仕上がったタイルを撤去して張り直しを行う。非常に多くの労力と時間と費用を要する。このような事態を回避するため、現在では作業の節目節目で適切に施工されていることを確認するプロセス検査が推奨されている。下地モルタルの施工後、打診棒やテストハンマーでの全面打診を施工計画に盛り込み実施する。

　プロセス検査の一つとして、張り付け作業中、例えば午前と午後に1回ずつ、[**写真5-2-9**]のようにタイルを一旦剥がして張付けモルタルの充填性を確認する。張付けモルタルが裏あしの中まで確実に充填されているのを適切とする。まだ張付けモルタルは硬化していないので、このタイミングならただちに張り直しができる。

■オープンタイムは大事

　JASS19では、張付けモルタルを下地面に塗り付けてからタイルを張り終えるまでを塗置き時間というが、タイル工事ではオープンタイムという呼び名の方が一般に定着している。なお、接着剤を扱う工事では、接着剤を塗布してから溶剤が揮発して初期接着力を発揮するまでの静置時間をオープンタイムと呼ぶので注意が必要である。

　日本建築学会陶磁器質タイル張り工事小委員会は、調合を変えた張付けモルタルA5とB3を下地にクシ目こてで塗り付け、床タイル（600 × 600mm）を圧着張りした際のオープンタイムと張付けモルタルの充填状況を確認した。張り付け後に剥がした床タイル裏面の写真を画像処理ソフトで二値化した結果を[**表5-2-5**]に示す[12]。①と②はモルタルを塗り付けたらただちにタイルを張った場合、③はオープンタイム15分でタイルを張った場合である。オープンタイムが長いと張付けモルタルの充填率が低下している。また、モルタル塗布から圧着までの時間（オープンタイム）と付着強度の

〈12〉竹中賢治ほか「ポリマーセメントモルタルを用いた大形床タイル施工のプロセス検査に関する検討」日本建築仕上学会大会学術講演会、2019年10月

関係を［図5-2-9］に示す。圧着までの時間が長くなると、付着強度は小さくなる。

　剥離、剥落を防ぐためにはタイルと張付けモルタルの一体性が確保されていることがポイントであり、張付けモルタルのオープンタイムが過度にならないよう、1回あたりの塗付け面積を計画することが大事である。

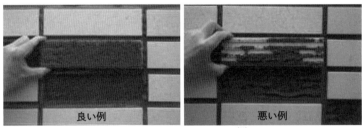

良い例　　　　　　　　　悪い例

［写真5-2-9］タイル裏面への充填性検査（密着張り）[11]

［表5-2-5］床タイルに対する張付けモルタルの充填状況の例[12]

No.　位置	①	②	③
B3			
A5			/

＊画像は、（一社）全国タイル業協会の凝集破壊面積判定ソフト「接着判定士Ver1.1」を使用し、床タイル裏面に充填された張付けモルタルを二値化処理した

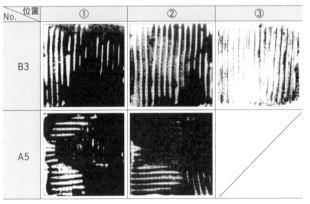

［図5-2-9］モルタル塗り付けから圧着までの時間と付着強度[13]

接着モルタル　S　N
質量含水率　7.8%　5.6%　4.3%
圧着厚さ　0mm　5mm　7mm

N（5.6%）
S（5.6%）
S（5.6%）
20℃ 60%
S（5.6%）
S（7.8%）
S（5.6%）
S（4.3%）

付着強度（N/mm²）
モルタル塗布から圧着までの時間（分）

<13>阪口あゆみほか「外断熱改修工法における躯体コンクリートと断熱材貼付けモルタルの付着強度、その4、接着モルタルの圧着力、塗付から圧着までの時間と付着強度」『日本建築学会大会学術講演梗概集（関東）』pp.559-560、2006年9月をもとに著者作成

7　吸水調整材は両刃の剣

■吸水調整材とは

　タイル張りに使用するモルタル中の水分が急激に下地に吸水されると、水和反応に必要な水分が不足し、［**写真5-2-10**］の右に示すようなモルタルの硬化不良を起こす。これをモルタルのドライアウトという。ドライアウトを防止するため、モルタルを塗りつける前に水湿しを行う。しかし、最近では、吸水調整材と呼ぶエチレン酢酸ビニル樹脂やアクリル樹脂などの合成樹脂エマルション材料を下地表面に塗布するのが一般的である。吸水調整材の品質基準を［**表5-2-6**］に示す。

■不適切な使い方によるタイルの剥離

　吸水調整材は3〜5倍に希釈して塗布するものである。それを正しく希釈せずに高濃度で塗布すると、［**写真5-2-11**］の左に示すように下地表面に樹脂の膜が形成される。モルタルは一旦付着するが、数年後にモルタル界面での剥離を起こす。かつて、左官用接着剤という名称で吸水調整材と同種の材料が流通していた時期があった。高濃度あるいは多量に塗布すると効果があると誤解しがちな名称であったため、しばしば誤用から剥落事故を引き起こした。［**写真5-2-12**］の事故では、コンクリートの表面から下地モルタルが完全に界面剥離した状況が見て取れる。

　また、吸水調整材はモルタルのドライアウトを防止するために使用するものである。効用を理解せずに弾性接着剤タイル張りの下地

［**表5-2-6**］**吸水調整材の品質基準**[14]

項目	品質
外観	粗粒子、異物、凝固物などがないこと
全固形分	表示値±1.0%以内であること
吸水性	30分間で1g以下であること
標準状態	著しくひび割れおよび剥離がなく、接着強度が1.0N/mm² 以上で、界面破壊が50%以下であること
熱冷繰返し抵抗性	
凍結融解抵抗性	
熱アルカリ溶融抵抗性	

〈14〉日本建築仕上学会材料規格M-101「セメントモルタル塗り用吸水調整材」2015年

表面に塗布すると、［**写真 5-2-13**］の右に示すように弾性接着剤の界面剥離を引き起こす[15]。製造会社の取扱説明書には注意事項、禁止事項が必ず記されている。取扱説明書をよく読み、正しく使うことが大事である。

〈15〉小川晴果ほか「コンクリートの表面処理が外装接着剤張りタイルの接着耐久性に及ぼす影響（その1）吸水調整材の影響」『日本建築学会大会学術講演梗概集（北海道）』pp.859-860、2013年8月

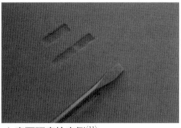

［写真 5-2-10］ マイナスドライバーを用いた表面硬度検査例[11]

［写真 5-2-11］ モルタルタイル張りの剥離例

［写真 5-2-12］
タイルが剥落した事例

［写真 5-2-13］ 弾性接着剤タイル張りの剥離例[15]

8 タイルの経年変化

■釉薬面の貫入

施釉のタイルは、釉薬と素地との熱膨張収縮の違いにより焼成直後に釉薬面に無数の微細なひび割れが入ることがある。これを貫入と呼ぶ。[写真5-2-14] のように釉薬を調整して、意匠として貫入を入れるタイルもある。一方、風雨に曝されて表面に貫入状のひび割れを起こしたタイルもある。この現象は、素地が雨水を吸水し膨張した結果である。寒冷地では凍害に発展する恐れもあるので吸水率の小さなタイルを使用する。

■凍害

屋外に使用するタイルはⅠ類またはⅡ類とし、JIS A 1509-9（セラミックタイル試験方法）の耐凍害性試験に合格した製品を原則とする。しかし、時として現実は試験より過酷な場合がある。ある北国の建物で、外壁の垂直面に張ったタイルには変化がないのに、繋ぎ梁の天端や笠木などの水平面に張ったタイルの表面にひび割れや剥離が生じた例がある。水平面は、雪や雨水が滞留し、放射冷却の影響も顕著に受ける。そのため、過酷な凍結融解が繰り返されて [写真5-2-15] のように凍害が進行したものと考えられる。

吸水率の大きい陶器質タイルは主に内装用に使われる。浴室やトイレの腰壁に100角の施釉タイルを張る例が多い。寒冷地域では厳冬期の夜間には屋内といえども氷点下になる場合もある。このような条件下では、湿潤した陶器質タイルの釉薬は容易に剥離してしまう。[写真5-2-16] は東京都下で見かけた例だが、水洗バルブからの漏水で濡れた壁面の100角タイルだけが凍害を起こし、釉薬が剥離している。

■虹彩

ラスタータイルは、釉薬をかけて焼成したタイルの表面に酸化チタンなどの金属の薄膜を焼き付けて製造する。光を受けると、見る方向により真珠や玉虫のような意匠性に富んだ光彩を発するのを特

徴とする。金属膜の上に雨水やセメントモルタル中の炭酸塩や硫酸塩が付着したまま放置すると、まだらな薄膜を形成し、光の干渉で異様な虹彩を呈する。この現象はラスタータイルばかりとは限らない。［写真5-2-17］に示すように一般的な施釉タイルの壁面の一部が同様の理屈であたかもラスタータイルのようになり、違和感を呈すこともある。

　ラスタータイルの清掃は、金属薄膜を痛めないように、習熟したクリーニング会社による作業が必要である。

■エフロレッセンス

　建築仕上げに悪影響を及ぼすエフロレッセンスは、タイルにおいても例外ではない。タイル張りでは下地モルタルや張付けモルタルといったセメント系材料を多用するため、目地の止水に不備があるとタイル裏面に雨水が浸入し、セメントから可溶性の塩類が溶出する。裏面に浸入した雨水は再び目地から染み出し、タイル表面を白色の析出物で汚す。吸水率の大きな陶器質タイルやれんがの場合、雨水に溶け込んだ塩類が材料内部を浸透して表面に析出することすらある。「白華」、「鼻たれ」、「粉ふき」、「エフロ」とも呼ぶ。

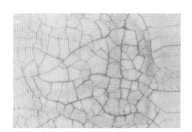
［写真5-2-14］貫入タイルの例

［写真5-2-15］梁天端のタイルの凍害

［写真5-2-16］内装タイルの凍害

［写真5-2-17］タイルの虹彩

9 タイル張り外壁の定期報告制度

■定期報告制度とは

　2008年4月、建築基準法12条に基づく定期報告制度が改正され、タイル張り仕上げの外壁は竣工および外壁改修から10年ごとに全面打診調査を行い、結果を報告することが建物の所有者および管理者の義務となった。同制度は2008年以前からあったが、所有者、管理者に義務付けられたこと、調査の項目や方法が法令上明確になったことにより、当時はニュース報道などで注目された。外壁からのタイルの剥落は第三者障害に直結する重大事故であり、維持管理には細心の注意義務が要求されるのは必然である。

■定期報告制度の見直し①

　長崎市グループホームなどの火災事故を受け、2016年6月、定期報告制度の一部が見直された。それまでは地域の実情に応じて特定行政庁（建築主事を置く地方公共団体）が報告対象を定めていたが、避難上の安全保障の観点から国が政令で一律に報告対象とするものと、従来通り特定行政庁が報告対象とするものに区分された。

　対象用途の位置や規模に条件はあるものの、病院や学校など不特定多数が利用する建物は全国一律で報告対象である。マンションやアパートなどの共同住宅は都道府県の建築指導課に確認が必要である。例えば、東京都では5階以上かつ1,000m²を超える共同住宅は定期報告の対象だが、隣の千葉県は報告対象外である。

■定期報告制度の見直し②

　弾性接着剤の普及に伴い、2018年5月、国土交通省住宅局から「建築物の定期調査報告における外壁の外装仕上げ材等の調査方法について」（技術的助言）が通知された。弾性接着剤タイル張りの場合、[**表5-2-7**] に示す条件と [**表5-2-8**] に示す施工記録がある場合、10年ごとの全面打診に代わり、引張り接着試験でも差し支えないという趣旨である。

■検査手法

　全面打診調査は、一級建築士、二級建築士、もしくは特殊建築物等調査資格者講習修了者等の資格を有する者が、テストハンマーでタイル表面を叩いたときの音質から剥離の有無や範囲を検知する。その際、ゴンドラ、足場や高所作業車等が必要である。（一財）日本建築防災協会の「特定建築物定期調査業務基準」には、赤外線装置を使用した調査方法が紹介されている[16]。中距離から撮影するため、ゴンドラや足場を必要とせず、広い面積を少人数で調査することが出来る。調査事例を［写真5-2-18］に示す。調査時の天候、調査対象の方位によって調査の精度が左右されるので、先ずは打診調査で健全部分と剥離部分を設定し、その部分の温度差が明確に示されることを赤外線装置で確認してから調査を行うことが重要である。

〈16〉（一財）日本建築防災協会「特定建築物定期調査業務基準（2016年改訂版）」、2016年9月

［表5-2-7］技術的助言の対象となるタイル張り外壁

材料	仕様
下地	コンクリート下地、押出成形セメント板下地 ①直張りしたもの ②JAI-18（外壁タイル張り用有機系下地調整材）で不陸調整したもの ③JIS A 6916（建築用下地調整塗材）に適合するセメント系下地調整塗材 CM-2で不陸調整したもの（1か所当たりの面積が0.25m² 未満に限る）
弾性接着剤	JIS A 5557（外装タイル張り用有機系接着剤）に適合する一液反応硬化形の弾性接着剤

［表5-2-8］外壁タイル張りの施工記録

種類	明示すべき事項
仕上表	下地材、不陸調整材、弾性接着剤の種類、メーカー名、商品名、など
立面図	弾性接着剤張りによる外壁タイルの位置
構造詳細図	外壁の断面、タイルの形状、など
施工記録	不陸調整の範囲、補修方法、など
検査記録	弾性接着剤の充填状況の検査記録、施工後の引張接着試験の記録、など

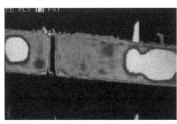

［写真5-2-18］赤外線装置の画像の例[16]
（提供：新潟ユデット）

◯：タイルの浮きが顕著な部分

6章 塗り壁材料

6-1 基礎知識

1 概説

　塗り壁材料は、消石灰、石こう、セメントなどの結合材と各種の細骨材や混和材料を水で練り混ぜスラリー状に調整し、こて（鏝）を駆使して塗布する伝統的な湿式建築材料である。塗り壁と表記するが、壁のみならず天井や床にも適用できる材料がある。伝統的な木摺り下地漆喰壁や木舞下地土物壁のみならず、こてさばきによる現代的な塗り仕上げなど、斬新な意匠や多用な表現を可能とする。

　施工には、現場作業であるために左官の習熟した技能を必要とする。昨今は、熟練左官の減少や技能の低下が懸念される。

2 種類

　塗り壁材料は、水の役目によって［**表6-1-1**］に示す気硬性および水硬性に区分できる。前者は、水の乾燥あるいは大気中の炭酸ガスとの継続的な化学反応で硬化が表面より徐々に進行する。後者は、水と結合材が混練直後より化学反応を起こし早期に硬化する。

［**表6-1-1**］**硬化機構による塗り壁材の分類**

分 類	硬化機構	材料の名称
気硬性	乾燥あるいは炭酸ガスとの継続的な化学反応により硬化	漆喰
		土物
		ドロマイトプラスター
水硬性	水との混練で化学反応により硬化	セメントモルタル
		石こうプラスター
		マグネシアセメント

3 原料および製造

結合材　消石灰は、国内で潤沢に産出する石灰岩を煆焼して生石灰とし、これを消化（この工程を「ふかし」と呼ぶ）して消石灰を得る。煆焼・消化の出来具合が塗り壁材料としての適否を定める。現在は、JIS 製品を用いる。石こうは、天然物が高価であることからリン酸石こうや排煙脱硫石こうのような副産石こうを用い、煆焼して半水石こうあるいは無水石こうとする。半水石こうは石こうプラスターに、無水石こうはキーンスセメント（硬石こうプラスターとも呼ぶ）他に用いる。セメントは、普通ポルトランドセメントが通常で、砂と混合しモルタルとして用いる。この他、苦灰石や菱苦土鉱を加工して得られる、それぞれドロマイトやマグネシアを利用する特有の材料がある。

骨材　土、砂、色土、蛭石、火山灰、けい藻土、ケイ酸白土など、塗り物によって特有の材料を用いる。

糊材　接着性、作業性、防水性の改善などの効果を示す。化学合成材料として、メチルセルロースやポリビニルアルコールのような水溶性樹脂を主として用いる。角叉、銀杏草のような海藻から煮沸抽出した糊材は漆喰用として不可欠である。

繊維材料　すさは、塗り壁材料に混合し、収縮ひび割れの分散、作業性の改善、曲げ強さの向上などの効果を有す。結合材の種類や用途によって、繊維の種類や切断長さなどを選択する。下げおは、塗り壁の剥落防止やちり際の補強に用いる。長さ 600mm 程度の麻やしゅろ毛の束で、下地に配し下塗り層に広げて塗り込む。

4 塗り壁の層構成

　塗り壁の塗り付けは、通常、下塗り、中塗り、上塗りの３工程に区分される。各工程の役割を［**表6-1-2**］に、使用材料を［**表6-1-3**］に示す。それぞれが左官技能の粋を極めた仕事であり、自然素材を用いて建築部位を構築することを可能とした。［**図6-1-1〜6-1-3**］に代表的な塗り壁の層構成および各工程での使用材料ほかを示す。

　塗り壁に用いる主要な材料は天然の素材であり、有害な揮発性有

機化合物の発生がない上に調湿性のある健康材料である。環境負荷も小さい。この特徴に着眼し、新たな用途の拡大が進んでいる。

5 性質

　塗り壁材料の硬化前および硬化後の性質は、結合材や混合物の種類によって大きな差異がある。特徴的な性質に絞って示す。

　塗り壁材料のこて仕上げを可能としているのは、主として材料の可塑性と粘性であり、両性質の維持には保水性の役割が大きい。気硬性材料の乾燥収縮は、表面より内部にかけて乾燥するため、乾燥部分がいち早く収縮する。下層の拘束があるため、ひび割れの原因となる。ひび割れは層を重ねて対処する。水硬性の石こうはほとんど収縮せず、一方、セメントは収縮が大きい。

　塗り壁の防火性は、一般に優れている。隣家からの延焼防止の目的で設けられた袖壁「うだつ」は、漆喰で塗り込められる。漆喰は、建築基準法で定める不燃材料17種の一つである。

　伝統的構法の建築物では、土壁が耐震要素となる。近年、数多くの実験研究が行われ、土壁の最大耐力を経て崩壊に至るまでの荷重・変形関係が解明されている。

[表6-1-2] 塗り付け工程の役割

工程	役割
下地調整	軽度の欠陥補修、下地の吸い込み調整
下塗り	下地との接着確保を主目的に塗り付け 下地の凹凸を緩和 寸法安定のため十分な養生期間が必要
中塗り	下塗りと上塗りを一体化するため寸法安定性が重要 平坦で吸い込みが一様になるように塗り付け 厚塗りが必要なときには中塗りを繰り返す
上塗り	化粧を目的として塗り付け ひび割れ防止の観点から薄く塗り付け
特殊仕上げ処理	凹凸のこて押さえや表面の研磨など、特殊な表現の要求された場合の仕上げ作業

[表6-1-3] 各工程での使用材料

塗り壁材料	下塗り	むら直し	中塗り	上塗り
石こうプラスター	石こうプラスター、砂	―	石こうプラスター、砂	石こうプラスター
漆喰	消石灰、砂、糊材、すさ	消石灰、砂、糊材、すさ	消石灰、砂、糊材、すさ	消石灰、砂、糊材、すさ
土物	荒壁土、切り藁	中塗土、砂、消石灰、すさ	中塗土、砂、消石灰、すさ	色土、砂、すさ(糊材)

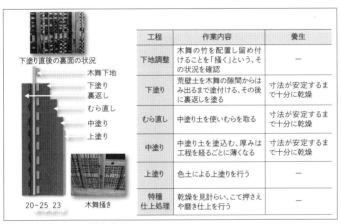

工程	作業内容	養生
下地調整	ラスボードの目違いや突付け部の納まりを確認する	—
下塗り	石こうプラスター：砂=1:1.5を木鏝押さえする	1日程度
中塗り	石こうプラスター：砂=1:1.2を木鏝押さえする	半乾燥まで
上塗り	混合石こうプラスター上塗り用を追っ掛けで金こて塗布する	水引加減を見て
仕上げ	仕上こてにて撫で上げる	—
水刷毛仕上げ	表面を撫でる→滑らかな純白仕上げ、刷毛を立てて撫でる→艶消し仕上げ	—

下地／下塗り／中塗り／上塗り
18　ラスボード下地

［図6-1-1］石こうラスボード下地石こうプラスター塗り壁

下塗り直後の裏面の状況

工程	作業内容	養生
下地調整	木舞の竹を配置し留め付けることを「掻く」という、その状況を確認	—
下塗り	荒壁土を木舞の隙間からはみ出るまで塗付ける、その後に裏返しを塗る	寸法が安定するまで十分に乾燥
むら直し	中塗り土を使いむらを取る	寸法が安定するまで十分に乾燥
中塗り	中塗り土を塗込む、厚みは工程を経るごとに薄くなる	寸法が安定するまで十分に乾燥
上塗り	色土による上塗りを行う	—
特種仕上処理	乾燥を見計らい、こて押さえや磨き仕上げを行う	—

木舞下地／下塗り／裏返し／むら直し／中塗り／上塗り
20~25　23　木舞掻き

［図6-1-2］木舞下地土物壁

工程	作業内容	養生
下地調整	下げお(長とんぼ)ほかの取付け	—
下塗り	下げおの数本を広げながら下塗り材を木摺りの隙間に食い込むように塗る	10日以上
鹿の子摺りむら直し	下塗りの平坦さを修正するために塗る、むら直しの際に、下げおを塗込む	10日以上
中塗り	上塗りの厚み分を控えて中塗りを行う	水引加減を見て
上塗り	下付けと上付けの2回に分けて上塗りを行う	—
特種仕上処理	乾燥を見計らい、こて押さえや磨き仕上げを行う	—

木摺り下地／下塗り／鹿の子摺り／むら直し／中塗り／上塗り
20　木摺り下地

［図6-1-3］木摺り下地漆喰壁

6-2 応用知識

1 乾燥するとひび割れる土を使って壁を塗る

■乾燥収縮

　土物壁の下塗りに用いる荒壁土は、事前に短く切断した藁すさ
（以下、すさ）を練り込み、藁の腐敗によって繊維をほぐし、浸出
液による粘性改善のために数か月ほど練り置く。中塗土は、荒壁土
に砂およびすさを混合して練り上げる。いずれも、調合比や混水量
は、荒壁土の特徴を熟知する左官の経験により決まる。一般的には、
荒壁土の粒度が粗いほど混水量は少なくなり、逆に、粒度が細かい
ほど混水量は増加する。［**図 6-2-1**］は、中塗土を調整する際に、粒
度とすさの混合量を因子として体積減少率を求めた実験結果である。
粒度が粗くなるほど体積減少率は小さくなる。すさの混入率は、体
積減少率に顕著には関連しない。別の実験では、すさの混入量が増
すほど圧縮強度は低下する⁽¹⁾。

〈1〉神品夏葉ほ
か「壁土の性質
に関する基礎的
研究 第18報 中
塗土の基本的性
質」『日本建築学
会大会学術講演
梗概集』pp.431-
432、2012年9月

　京都・広島・滋賀・埼玉の土を用いた実験では、練り上がり直後
の混水比（重量比）は、荒壁土で30 ～ 50％、中塗土で25 ～ 40％
である。［**図 6-2-2**］にこの土が乾燥していく段階での含水比と体積
収縮率の関係を示す。ただし、実験の手順から、すさ類は除去され
ている⁽²⁾。練り上がり直後の含水比を荒壁土 50％および中塗土
40％とすると、乾燥固化に伴う体積収縮率は、［**図 6-2-2**］よりそれ
ぞれ約 70％および約 75％となる。建築材料の中で、これほどの収
縮を示す材料は他に類がないであろう。それを使いこなし、壁体を
構築する技は、熟練した左官の存在があってのことである。

〈2〉奥石直幸ほ
か「主要産地に
おける荒壁土お
よび中塗土の性
質 小舞土壁に
用いる壁土に関
する研究 その
1」『日本建築学
会大会構造系論
文集』pp.1467-
1474、2008年9月

■塗り重ねの効用

　木舞下地土物壁の構成は、**6-1 基礎知識**で図示したように、所定
の厚みを確保するために幾層にも塗り重ねるが、その工程に土の乾
燥収縮によるひび割れを低減する工夫が盛り込まれている。

　荒壁土を用いた「下塗り」は、木舞下地裏面の「裏返し」の塗り

厚を加えると 45mm 前後の厚みとなり、体積収縮量は大きくなる。乾燥するに従い発生するひび割れが落ち着き、寸法が安定するまで十分な乾燥期間をとらなければならない。次工程の「むら直し」では、中塗土を用い、ひび割れを埋め、壁体の凹凸を修正する。乾燥後「中塗り」となる。乾燥収縮は「下塗り」より小さくなるが、寸法が安定するまで十分な乾燥期間をとる。乾燥時間は、施工時期、気象条件、壁厚などによって一様ではない。

　次工程は「上塗り」である。糊材の使用有無や表面仕上げの種類により、調合や塗り方は種々あるが、塗り厚は 3mm 前後、厚くても 6mm である。このように、ひび割れやむらを修正しながら、より収縮の小さい材料を塗り重ねていくことにより壁体としての完成度を高めている。塗り付け後は、通風を良くし、乾燥を促す。湿式材料であるため、凍結の恐れのある時期には施工を避けるのが賢明である。

　湿式工法である土物壁の完成までには、現在多用されている乾式工法からは想像できない月日が必要である。これが現代建築から土物壁を遠ざける一因となったが、労苦を惜しまない本格的な建築を目指す動きの中で生き続けている。

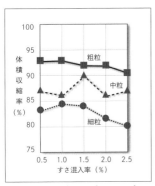

［図6-2-1］壁土のすさ混入率と乾燥硬化後の体積収縮率の関係[1]

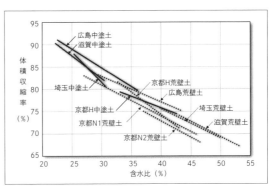

［図6-2-2］壁土の含水比と乾燥固化後の体積収縮率の関係[2]

2 塗り壁材をよく知る

■色土

　数寄屋座敷壁の侘び・寂びを演出するのは、天然の色土による上塗りがあってのことだろう。日本座敷は京都風を中心に普及したので、京壁、西京壁のような言葉が残っている。古来より、優良で著名な色土の産出地は京都であった。いずれの色土も顔料のように明度は大きくなく、むしろ顔料では表現できない渋い味わいをもつ。

　色土として高名なのは聚楽であろう。聚楽第の跡地から産出した。聚楽を塗った壁は、年を経るに従い色調に深みが表れ、黒ずんでくる。その経時変化こそが侘び・寂びとして珍重されたのである。聚楽第跡地はすでに市街地となり、色土を産出できない。現在では、近郊で産出する類似の土を聚楽と称している。［**表6-2-1**］に代表的な色土の種類と特徴を示す。

　土物壁の仕上げに「大津磨き」がある。色土、消石灰、紙すさを混合した上塗り材を塗布後、最終的には鏡面になるまで小振りの磨きこてで擦る。左官1人が1日をかけて3.3m^{2}程度の仕上げとなる。「一日持ち」と称する最上の仕事である[3]。

　様々な色調の要求に対しては、色土だけでは対応が難しい。その場合には、顔料を添加して調色することになる。［**表6-2-2**］に顔料の名称と成分を示す。有機顔料は、紫外線による褪色に留意する。

〈3〉鈴木忠五郎『誰にもわかる左官工学』ヤブ原商店出版部、1953年

■姫路城の内外壁

　1346年に赤松定範が姫山に本格的な城を築いたのを始まりとする姫路城（兵庫県）は、池田輝政により1601年から8年間の歳月を費やし、5層6階、地下1階の天守をもつ現在の姿に大改築された。13氏48代が城主を務めた。天守は江戸時代のままの姿で残る12の現存天守の一つであり、1931年に国宝に指定された。

　姫路城の主要な構造物は木造であり、外壁は土壁塗り白漆喰総塗籠仕上げである。屋根瓦の目地を覆うのも漆喰であり、城全体が白く煌めいて見えることから白鷺城とも呼ばれる。

　1956年から8か年計画で昭和の解体修理が着工された。そのと

きに外壁より採取された壁体が展示されている。［写真6-2-1］は大天守1階外壁の土壁で、厚さは36cmである。［写真6-2-2］は大天守3階千鳥壁の木舞であり、雑木の枝で組んである。漆喰は、防火・防水・化粧の役割を果たし、厚い土物は壁体の耐力を担うと共に鉄砲玉や火矢に対する防御に欠かせないものであったと想像できる。

　壁体を観察すると、写真に見える屋外側は総塗籠仕上げ（大壁）で、間柱部分の空間には貫と木舞の下地を組んで長めの切り藁を混入した土物が充填され、壁体全体が土で塗り固められている。表層に近づくにつれ、すさを混合した中塗りが現れ、表層の上塗りは厚さ約3mmの漆喰である。屋内側は柱が表に現れる真壁造りである。

［表6-2-1］代表的な色土の種類と特徴

名称	色	産地	特徴
聚楽	淡栗色、灰褐色	京都市内中心部	古来最高級品とされる、入手困難
浅黄七	灰緑色	京都、淡路、四日市	色は淡路、質は京都産が良いとされる
稲荷山	黄土色	京都大亀谷地区	土物壁以外に大津壁や漆喰にも利用
錆土	鉄錆色	京都	京都産は京錆、本錆と称す
		大阪	大阪産は大阪土ともいう
京白	白色	京都	単独より混合して用いる
根岸	茶褐色、灰色	東京	土と砂を焼いて着色、茶根岸、ねずみ根岸

［表6-2-2］顔料の名称と成分

色調	顔料の名称	発色成分
赤	べんがら	Fe_2O_3
	酸化鉄	Fe_2O_3
橙	酸化鉄	Fe_2O_3
黄	酸化鉄	$Fe_2O_3 \cdot H_2O$
緑	酸化クロム	Cr_2O_3
青	フタロシアニン	有機顔料
紫	酸化鉄	Fe_2O_3
黒	カーボンブラック	C
	酸化鉄	Fe_3O_4または$Fe_2O_3 \cdot H_2O$
白	酸化チタン	TiO_2

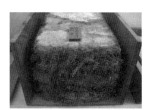

［写真6-2-1］大天守1階外壁の土壁

［写真6-2-2］大天守3階千鳥壁の木舞

3 風雨を凌ぐ土佐漆喰壁面

■土佐塩焼き石灰

　一般的な石灰は、国内で潤沢に産出する鉱物資源である石灰岩 $CaCO_3$ を数時間ほど重油燃料で煆焼（かしょう）して生石灰 CaO とし、加水により消化して消石灰 $Ca(OH)_2$ とする。一方、土佐漆喰に使用する石灰は、山肌に築かれた徳利型土中竈（かま）に高知県産の石灰岩と無煙炭を交互に投入し、少量の塩を添加して 3 ～ 7 日間にわたり焼成する塩焼き法により製造している。消化の工程は今でこそ装置化されているが、昔は俵に詰め時間をかけて消化していたという。

　塩焼きの長所は、不純物である鉄・シリカ・アルミナが除去され、消化時に水酸化カルシウムの六角平板結晶を発達させる効果がある。そのため、漆喰としたときに白色度が高くなり、また加水が少なくて済むので収縮量が小さくなる。消石灰の電子顕微鏡写真を〔**写真 6-2-3 ～ 6-2-4**〕に示すが、製造方法による結晶形態の差違が顕著に見てとれる。

■土佐漆喰

　土佐漆喰は、1 か月以上発酵させた藁すさ（ネズサと呼ぶ）と塩焼き石灰を水練りした後、3 か月以上熟成させる。発酵した藁すさからはリグニンが浸出し、粘性を付与する。そのため、一般的な漆喰と異なり原料に糊材が不要となる。藁すさの浸出液でクリーム色を呈しているが、実際に施工をすると半年から 1 年かけて褪色し白色に変化していく。

　一般の漆喰は、風雨に曝されると次第に糊材が溶出して脆化していくが、土佐漆喰は、糊材を含まないので耐水性に勝り、土佐のような太平洋に面し台風の襲来が頻繁な土地においても、江戸時代から連綿と続く伝統的な塗り壁材料として活用されている。

■室戸市吉良川町

　太平洋に鋭く突き出た高知県の室戸岬より北西に約 16 km、吉良川町は古くから農林業の盛んな土地である。明治時代前期に炭の生

産が始まり、大正時代にウバメガシを原料とした備長炭の製炭技術が発達し、高級炭として海路で京阪神に運ばれるようになった。その回船交易によって町は繁栄した。

　炭問屋や回船問屋のように財を成した家が館や蔵を建設するのに際し、台風の激しい風雨から家を守る構法が不可欠となり、土佐漆喰塗りと［写真6-2-5］に示す水切り瓦の外壁構法が発達した。水切り瓦は、漆喰面に叩きつけられる雨水とその流下を漆喰壁面より遠ざける雨仕舞上の役目の他に、その3〜4層に及ぶ層数は豪奢のシンボルでもあった。浜地区に残る1911年に竣工した松本家の表蔵の外観を［写真6-2-6］に示す。壁面の妻には5層、平には4層の水切り瓦を配している。腰壁部分は平瓦張りの目地を漆喰で塗り固めたなまこ壁であり、やはり土佐漆喰が活用されている。

　一方、強風が吹き荒れる丘地区では、家の周囲に「いしぐろ」と呼ばれる石垣の塀を巡らせている。石材は、海岸や河原から運んだもので、その積み方には独特の意匠・工夫がある。

［写真6-2-3］塩焼き消石灰の形態
（提供：田中石灰工業）

［写真6-2-4］重油煆焼消石灰の形態
（提供：田中石灰工業）

©Wikimedia Commons

［写真6-2-5］水切り瓦

©Wikimedia Commons

［写真6-2-6］松本家表蔵外観

4　自由自在のこてさばき

■鏝絵

　「鏝絵」は［**写真 6-2-7**］に示すように、漆喰塗り大壁の上や蔵扉の裏面にこてを駆使して漆喰を盛り上げ、龍、動物、風景などの浮き彫りを描く左官の技法である。土着の左官や出稼ぎの左官が腕を振るった結果、全国各地に鏝絵の傑作を見ることができる。気仙左官（岩手）、小杉左官（富山）、石州左官（山口）そして宇佐・安心院左官（大分）などの有名・無名の左官が名作を残している。左官の姓名が現代に伝わるのは鏝絵という類い稀な装飾技術が誕生したからであろう。鏝絵の造形美は、藤田の著作に詳しい〈4〉。

　残念なことに、鏝絵は建築様式の変化、乾式材料の席巻によって、いまや白壁とともに姿を消そうとしている。

〈4〉藤田洋三『消えゆく左官職人の技 鏝絵』小学館、1996年

■伊豆の長八

　静岡県松崎の貧しい農家に生まれた入江長八（1815 ～ 1889 年、通称「伊豆の長八」）は、手先の器用さで身を立てようと 12 歳で村の左官棟梁の元に弟子入りし、その後、23 歳のときに江戸に出て狩野派の絵を学んだ。両者を複合した彫塑の技を修め、漆喰を用いた新たな技法の創造を成し遂げた。

　東京・日本橋茅場町の不動堂再建にあたり、選ばれて 26 歳の長八が左右の向拝柱に一対の龍を彫塑した。これが鏝絵の始まりとされる。1877 年に明治政府が主催した「内国勧業博覧会」に漆喰鏝絵を出品し花紋賞牌を受賞、長八の名前は鏝絵と共に全国に知れ渡った。

■伊豆の長八美術館

　伊豆の長八美術館（静岡県松崎町、設計・石山修武）は、地元生まれの長八の鏝絵作品約 50 点を保存・展示している［**写真 6-2-8**］。［**写真 6-2-9**］に代表作「龍の図」を示す。建設に際し、全国の熟練左官が集結し、伝統的な技法や現代の斬新な技法を建物各所にちりばめている。左官技術の粋を鑑賞する場としても価値がある。

■なまこ壁

　伊豆の長八美術館の周辺を散策すると、至るところに「なまこ壁」を纏った建物や蔵が目に入る。窯業系や金属系の耐水・耐火性に優れる外壁材料の乏しかった時代には、風雨や火災から建屋を守る最善の建築構法であったのだろう。**応用知識3**でも述べた富の象徴としての意味も感じられる。

　平瓦は耐水性があるものの、多数の目地が防水上の弱点となる。屋根のように適度な水勾配があれば丸瓦と組み合わせて雨仕舞いの工夫ができる。また、屋根瓦同士の重ね目地を漆喰で塗り固め、より防水対策の工夫ができる。外壁の場合には、土壁の上に漆喰と竹釘で平瓦を固定し、目地を漆喰で塗り込めて盛り上げる。この漆喰の形状が、海産物のなまこ（海鼠）に類似していることから「なまこ壁」と呼ばれる。[**図6-2-10**]に示すように、なまこ壁の多くは、目地を水平・鉛直方向に取らず45度斜めにしているが、これは水切り効果が高まり目地の上に水が停滞しない雨仕舞いを意匠としたものであろう。

［写真6-2-7］鏝絵（拡大したもの）

［写真6-2-8］伊豆の長八美術館

［写真6-2-9］長八の「龍の図」

［写真6-2-10］なまこ壁

7章 メンブレン防水材料

7−1 基礎知識

1 概説

　室内への漏水はもちろん、コンクリートの鉄筋や躯体鉄骨の腐食を防ぐため躯体内部への雨水の浸入は避けねばならない。メンブレン防水材料は、連続的な膜（メンブレン）により防水を必要とする建物を覆い、水の浸入を遮断する。そのための材料には、シート状の定形材料および液体状の不定形材料があり、単層または積層して防水層を構成する。

2 種類

　JASS8（防水工事）[1] では、[表7-1-1] に示す4種の材料を総称してメンブレン防水材料と規定している。この他に、耐久性に優れたステンレスシート（厚さ0.4mm程度）をシーム溶接で一体化したステンレスシート防水や、けい酸質微粉末をポリマーディスパージョンで練り上げ躯体に塗布するけい酸質系塗布防水、エチレン酢酸ビニル系樹脂やスチレンブタジエン系樹脂を既調合したセメントモルタルを躯体に塗布するポリマーセメント塗膜防水、水に触れると膨潤するベントナイト防水、不飽和ポリエステル樹脂とガラスマットなどの補強材を積層したFRP防水があり、それぞれ適材適所に用いられている。

〈1〉『建築工事標準仕様書・同解説JASS8防水工事』日本建築学会、2014年

3 原料および製造

アスファルト系　アスファルトルーフィングは、[図7-1-1] に示すように各種の原紙や原反にストレートアスファルトを含浸させ、そ

種類	概説
アスファルト防水	溶融したアスファルトを使用し、複数枚のアスファルトルーフィングや改質アスファルトルーフィングを張り重ねて防水層を構成する。防水層の表面を露出のまま使用する露出仕上げと、コンクリートなどを施設する保護仕上げがある。また、室内の熱負荷を低減するため断熱材を敷設することもある
改質アスファルトシート防水	上記の熱工法の他に、トーチ工法と常温粘着工法がある。トーチ工法は、トーチと呼ばれるガスバーナーで改質アスファルトシートをあぶりながら張り重ねていく。常温粘着工法は、裏面に粘着層の付いた改質アスファルトシートを張り重ねていく。露出仕上げと保護仕上げ、断熱材ありと断熱材なしがある
合成高分子系シート防水	塩化ビニル樹脂系シートや合成ゴム系シート、エチレン酢酸ビニル樹脂系シートを使用する。プライマーと接着剤で下地に接着させる接着工法と、ディスクと呼ばれる特殊な金物を使用して下地に固定する機械的固定工法がある。露出仕上げが一般的、断熱材ありと断熱材なしがある
塗膜防水	湿気硬化形または反応硬化形のウレタンゴム系塗膜防水は主に屋根やベランダ、開放廊下に、エマルション形のアクリルゴム系塗膜防水は主に外壁に、ゴムアスファルト系塗膜防水は主に地下外壁に使用される。ウレタンゴム系塗膜防水とアクリルゴム系塗膜防水は露出仕上げが一般的だが、ゴムアスファルト系塗膜防水は土砂埋戻し時に損傷することを防止するため保護材を設ける

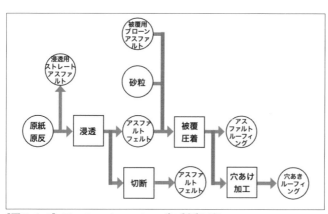

［図7-1-1］ アスファルトルーフィングの製造工程

の表裏面にブローンアスファルトを塗布し、さらに表面に鉱物粒を散布したシート材料である。製品には用途別に［表7-1-2］に示すような種類がある。改質アスファルトは、アスファルトに合成高分子を添加し、常温での施工の利便性を向上させた製品である。

合成高分子系　シート防水に用いられる材料は、塩化ビニル樹脂、合成ゴム、エチレン酢酸ビニル樹脂などを主原料として、充填材、顔料などの副原料と混練し、圧延成形した長尺のシートである。塗膜防水には、ウレタンゴム系やアクリルゴム系などがあり、これら

種類	特徴	用途
アスファルトルーフィング	天然有機繊維の原紙にアスファルトを含浸させたアスファルト防水の基本材料	防水層の基層に使用
ストレッチルーフィング	合成繊維を集積した原反にアスファルトを含浸させた。アスファルトルーフィングより強度や耐久性に優れる	防水層の基層に使用
砂付きルーフィング	アスファルトルーフィングの表面に鉱物砂粒を散着させた。防水層の簡易保護機能を果たす	露出仕上げのとき、防水層の最上層に使用
穴あきルーフィング	アスファルトルーフィングに規則的に並ぶ穴をあけた。アスファルトの塗布により穴部と下地をより強く付着させる	防水層の第1層目で絶縁工法用
網状ルーフィング	目の粗い麻、綿、合成繊維の粗布にアスファルトを含浸させた	立上り端部の張仕舞い材やドレン回りの増張り

の主原料を素練りし、副原料を加えて練り合わせた後に気密性の高い容器に封入した製品である。

4 メンブレン防水の層構成

　メンブレン防水の層構成の例を［**図7-1-2**］に示す。アスファルト防水は、アスファルトと同ルーフィングの複数層の積層によって構成される。ストレッチルーフィングの登場以降、材料の品質向上に伴い2層構成のものもある。改質アスファルトシート防水および塗膜防水は、単層もあり得るが防水の長期性能を期待するのであれば2層構成としたい。複層にするのは、環境条件が変動する現場施工に伴う不確実性や誤差を吸収し、防水層の信頼性を向上させ

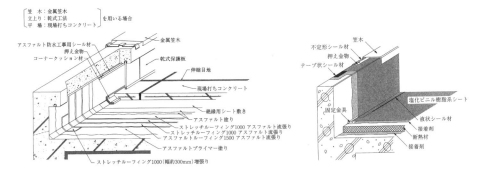

アスファルト防水　　　　　　　　　　　　　　　　　合成高分子系シート防水

［**図7-1-2**］**メンブレン防水の層構成の例**[1]

る意義がある。合成高分子シート防水は単層が基本となっている。防水層の最上面は、防水層を保護するための押さえ層を設置する場合と露出のままとする場合がある。後者は、非歩行用途とし、保護塗料を塗布する。

　以前は信頼性の面からアスファルト防水が国内の施工実績（面積）の過半を占めていたが、日本防水材料協会の 2019 年上半期の統計値では、信頼性が増し、施工性に優れる塗膜防水、特にウレタンゴム系塗膜防水やシート防水の施工実績が伸びてアスファルト防水と肩を並べるまでになった。

5 性質

アスファルト系　アルカリ・塩酸・乳酸などには強いが、酢酸・硝酸・濃硫酸・有機溶剤には弱い。長期間にわたりオゾン・紫外線・熱を受けると、酸化・重合反応が進み劣化して脆くなる。アスファルトの熱的性質は、二次製品の製造、防水工事、その後の耐久性などに係わる。温度依存性を評価するのに様々な指標が確立している。可塑性の限界は軟化点、コンシステンシーは針入度、加熱限界温度は引火点、低温下での脆さはフラース脆化点で評価する。

合成高分子系　一般的にゴム弾性体であり、耐薬品性・耐候性に優れ、広い温度範囲で伸び性能が良好である。下地と密着する塗膜防水は、下地のひび割れへの耐久性を改善するためにガラス繊維織布などの補強材と組み合わせるものもある。

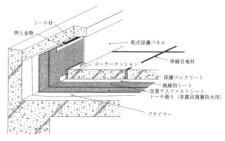

改質アスファルトシート防水

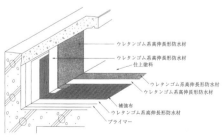

塗膜防水

7-2 応用知識

1 水は高いところから低いところに流れる

■水上と水下

「水の低きに就くが如し」という諺にもあるように、重力により水が低いところに流れるのは自然の成り行きであり、誰も止めることはできない。防水工事では高所を「水上（みずかみ）」、水が流れていく低所を「水下（みずしも）」と呼ぶ。屋上に降った雨水がきちんと排水できるよう、側溝や樋、ドレンは水下に配置し、水上から水下には水勾配を設ける。防水の種別ごとの水勾配を［**表7-2-1**］に示す。

水勾配は防水層の下地面に設けるのが基本である。押さえ層のあるアスファルト防水の場合に、押さえ層の厚み寸法を変えて水勾配とする例を見かけるが不適である。

■水下から水上に

防水層を敷設するときの順番を［**図7-2-1**］に示す。原則は「水下から水上に！」である。こうすると防水層の重ね合わせ部は、瓦葺きのように水の流れに逆らわず、仮に密着不十分な箇所があっても水が入りにくい。同様に、［**図7-2-2**］に示すように、パラペット立上りなどの垂直部分は、平場の防水層を延長し下から上に巻き上げながら施工する。防水層の敷設の原則は「水下から水上に！」である。なお、防水シートの4枚重ねは密着不十分で水が浸入する隙間ができやすい。［**図7-2-1**］のように長さ方向の重ね部分の位置をずらして、3枚重ね以下になるようにする。

■原則を忘れがちな例

吊り金具の不適切な取付けの例を［**写真7-2-1**］に示す。将来のメンテナンスのためパラペットのあご部に吊り金具を取り付ける建物は多い。吊り金具の根元はシーリング材が充填してあるが、十数

年後にシーリング材が劣化することは十分あり得る。吊り金具に付着した雨水が根元に向かって集まると、劣化したシーリング材から浸入し漏水を起こす恐れがある。[図7-2-3]に示すように雨水が先端から落ちるよう、本来、吊り金具の先端は根本より5mm程度低くして取り付ける。水は高いところから低いところに流れるので、この例に限らず、水の流れを加味してディテールを検討することが大事である。

[表7-2-1] 防水の種別ごとの水勾配

防水の種別	水勾配
アスファルト防水　保護仕上げ	1/100 ～ 1/50
改質アスファルトシート防水　露出仕上げ	1/50 ～ 1/20
合成高分子系シート防水	1/50 ～ 1/20
塗膜防水	1/50 ～ 1/20

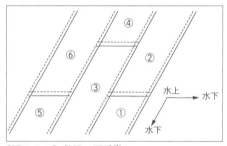

[図7-2-1] 敷設の順番[1]

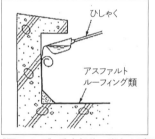

[図7-2-2] 垂直部分の巻き上げ張り

[写真7-2-1]
吊り金具の不適切な取付けの例

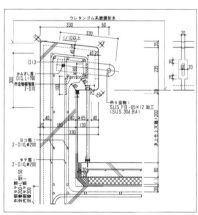

[図7-2-3] 吊り金具のディテールの例

2 下地が大事

■メンブレン防水の下地

メンブレン防水の下地は、現場打ちコンクリート、プレキャストコンクリート部材および ALC パネルが標準である。現場打ちコンクリート下地の表面は金ごてで押さえ凹凸がないように仕上げる。また、水の溜まることがないよう前項で示した水勾配を設ける。弱材齢のコンクリート下地や雨が降って間もない下地は水分を多く含んでおり、そのような下地に防水層を施工すると膨れ、剥がれを引き起こす。十分に乾いていることを確認する。

■出隅・入隅

JASS8 の出隅・入隅の下地の形状を［**表7-2-2**］に示す。出隅は防水層の下地への馴染みを良くし、過度の屈曲で破断しないようにするため角の面取りを行う。アスファルトルーフィングは厚くて曲げ難いので面取り幅は 30mm 程度とする。改質アスファルトシートや合成高分子系シートはアスファルトルーフィングより柔軟であるので面取りの幅は 5mm 程度とする。ガラス繊維と樹脂を積層する FRP 系塗膜防水は曲面に面取りする。

入隅は、モルタルを用い左官作業で所定の寸法と形状に仕上げる。断熱材の上に防水層を施工する工法の場合には、モルタルに代わり硬質ポリウレタンフォームのような柔軟性があり下地になじみやすい樹脂製の成形キャント材が用いられる。アスファルトルーフィングの面取り幅は 70mm 程度とする。入隅の面取りの幅が小さいもしくは面取りを忘れると、アスファルトルーフィングの接着が不十分になり、［**写真7-2-2**］のようにルーフィングが口を開けて漏水事故を引き起こすことがある。アスファルトルーフィングより柔軟で丈夫な改質アスファルトシートや合成高分子系シートは面取りなしで張り付けることができるとされているが、施工時の押さえが不十分だと、［**写真7-2-3**］に示すようにジョイント部が口を開け、漏水事故を起こす。

[表7-2-2] 出隅・入隅の下地の形状[1]

（単位：mm）

区分	アスファルト防水		改質アスファルトシート防水 （トーチ工法・常温粘着工法） 合成高分子系シート防水 FRP系を除く塗膜防水		FRP系塗膜防水		
出　隅 （垂直断面）	面取り	〔図 30〕	面取り	〔図 3～5〕	面取り および R　形	〔図 10R～30R〕	〔図 10～30〕
入　隅 （垂直断面）	三角形	〔図 70〕	直　角	〔図 直角〕	三角形 および R　形	〔図 10R～30R〕	〔図 10～30〕
立上り部 の出隅 （垂直断面）	面取り	〔図 30〕	面取り	〔図 3～5〕	面取り および R　形	〔図 10R～30R〕	〔図 10～30〕
立上り部 の入隅 （水平断面）	三角形	〔図 30〕	直　角	〔図 直角〕	三角形 および R　形	〔図 10R～30R〕	〔図 10～30〕

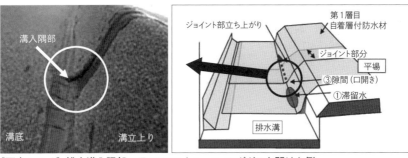

[写真7-2-2] 排水溝入隅部でアスファルトルーフィングが口を開けた例

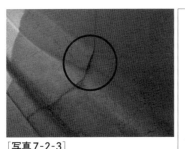

[写真7-2-3]
パラペット立上り入隅部で
シート防水が口を開けた例

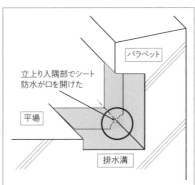

3 防水にとって台風は怖い

■シート防水の機械的固定工法

[図7-2-4] および [図7-2-5] に示すように、厚さ50mm以下の断熱材を、ディスクと呼ばれる直径90mm前後の金属製固定ビスで耐火構造の屋根下地に留め付け、改質アスファルトシート、塩化ビニル樹脂系シート、ゴム系シートのようなシート防水材料をディスク面に接着あるいは溶着して取り付ける防水工法をシート防水の機械的固定工法という。2000年の建築基準法の改正を受け建設省告示第1365号に機械的固定工法が仕様規定として追加されたのをきっかけに施工実績が増えた。

■防水層に作用する風圧力

建物に風が吹き付けると防水層を吸い上げる鉛直方向に風圧力（負圧）が生じる。とくに一般平部に比べてコーナー部や周辺部には大きな風圧力が作用する。したがって、露出防水では負圧に耐える下地への接着力が必要となる。機械的固定工法では、防水層の接着がディスク面だけとなるので、負圧に負けないようにディスクの数量と配置を設定する。しかしながら、台風に直撃された防水層に[写真7-2-4] のような被害を生じてしまうことがある。

日本建築学会が、宮古島に建設した機械的固定工法の実証建屋に六方向分力計と変位計を設置し、台風下でのディスクに生じる荷重を実測したところ、[図7-2-6] に示すように、鉛直方向とほぼ等しい大きさの風圧力が水平方向にも生じていることがわかった[2]。強風が吹いたとき、防水層全面が均等に吸い上げられるわけではなく、屋根の形状および風の方向や脈動により吸い上げにむらが生じ、[写真7-2-5] に示すように防水層が波打つ。その結果、[図7-2-5]のメカニズムにより水平方向の力が生じるものと考えられている。したがって、防水層の取付けに際しては、鉛直方向と共に水平方向の風圧力も作用することを加味し、ディスクの接着力のみならず取付け部の耐力評価を行い、ディスクの数量や配置を設定する。

〈2〉福田杉夫ほか「強風下における機械的固定工法による防水層の挙動（その5）防水シートのふくれとファスナーに加わる鉛直力・横力」『日本建築学会大会学術講演梗概集（北陸）』pp.19-20、2010年9月

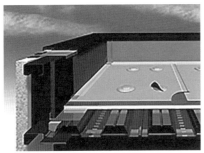

［図7-2-4］機械的固定工法の例

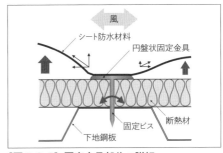

風

シート防水材料
円盤状固定金具
断熱材
固定ビス
下地鋼板

［図7-2-5］固定金具部分の詳細

［写真7-2-4］機械的固定工法の被害の例

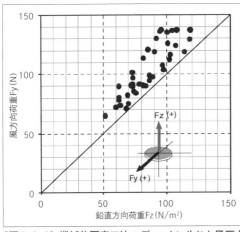

［図7-2-6］機械的固定工法のディスクに生じた風圧力[2]

Fz (+)

Fy (+)

風方向荷重 Fy (N)

鉛直方向荷重 Fz (N/m²)

［写真7-2-5］防水層の波打つ状況[2]

4 膜厚不足は不具合のもと

■工事仕様書の塗布量

　仕様書に記載される塗膜防水の膜厚は、硬化物の密度が明確でなければ塗布量として換算できない。一例として日本建築学会、建築工事標準仕様書・同解説JASS8防水工事のウレタンゴム系塗膜防水の塗布量を［**表7-2-3**］に示す。平場の塗布量は3.0kg/m²、立上りは2.0kg/m²と記されている。この塗布量は、硬化物密度が1.0mg/m³のときに平場の平均膜厚が3mm、立上りの平均膜厚が2mmになる例である。国内のウレタンゴム系塗膜防水材には硬化物密度が1.2mg/m³や1.3mg/m³の商品も多々ある。硬化物密度に照らして塗布量を換算することが必要である。換算を忘れるとできあがった塗膜は膜厚不足になる。同様に、JASS8のアクリルゴム系塗膜防水材の塗布量も固形分75％のときに平均膜厚が1mmになる例なので、商品の固形分に照らして塗布量の換算が必要である。

■下地の水勾配・不陸・凹凸の影響

　（一社）建築防水安全品質協議会が、ある屋上（平場面積676.4m²）の改修工事にて塗膜防水の膜厚を現地調査した結果を［**図7-2-7～8**］に示す[3]。施工の目標膜厚は1層目1.5mm、2層目1.5mmであった。調査の結果、1層目の平均膜厚は1.5mmであったが、約1割強が膜厚1mmを下回った。これは下地の水勾配、不陸、凹凸などの影響と考えられる。［**図7-2-7**］に示す膜厚不足の範囲を補修増塗りした後、2層目を塗ったら平均膜厚は3.7mmであった。下地はCADで描いた図面のように真っ平らな平面にはなり得ない。不陸などの影響を考慮して計画する。一般的には、単位面積当たりの塗布量から一工区ごとに使用する量を算定し、工区内で均一に塗り広げるが、［**写真7-2-6**］に示すような膜厚計で塗膜の厚さを確認しながら施工することも必要である。

■集合住宅で起きた事例

　［**写真7-2-7**］の集合住宅は築2年目。東棟と西棟の形状、寸法は

〈3〉法身祐治ほか「ウレタンゴム系塗膜防水の膜厚現場実測調査」『日本建築学会大会学術講演梗概集（東北）』pp.1205-1206、2018年9月

全く同じである。使用したコンクリートも、使用したアクリルゴム系塗膜防水材も、施工時期も同じである。しかし、東棟だけ塗膜防水材がコンクリートのひび割れに追従できずに破断し、雨水が浸入してエフロレッセンスが発生した。様々な調査の結果、東棟と西棟の違いは、東棟に施工した塗膜防水の膜厚が西棟よりも薄いことであった。

[表7-2-3] ウレタンゴム系高伸長形塗膜防水工法・密着仕様[1]

工程	平場(RC・PCa下地)(勾配1/50〜1/20)		立上り(RC下地)	
	材料	塗布量	材料	塗布量
1	プライマー塗り	0.2kg/m²	プライマー塗り	0.2kg/m²
2	補強布張付け(ウレタンゴム系高伸長形防水材)	3.0kg/m²	補強布張付け(ウレタンゴム系高伸長形防水材)	2.0kg/m²
3	ウレタンゴム系高伸長形防水材塗り		ウレタンゴム系高伸長形防水材塗り	
4	ウレタンゴム系高伸長形防水材塗り		ウレタンゴム系高伸長形防水材塗り	
5	軽歩行用仕上塗料	0.2kg/m²	軽歩行用仕上塗料	0.2kg/m²

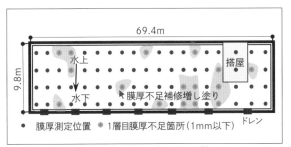

[図7-2-7] 膜厚測定位置と補修増塗り範囲[3]

[写真7-2-6] 膜厚計の例

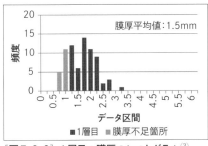

[図7-2-8] 1層目の膜厚のヒストグラム[3]

[写真7-2-7]
東棟だけ塗膜防水材が破断、エフロレッセンスが発生

5 地下のコンクリートは水の通り道

■地下防水

　建物の地下部分は、常時、地下水の影響を受ける。地下水や土壌成分がコンクリートに浸入すると躯体の健全性を阻害すると共に、室内側に漏水すれば室内環境を悪化させる。そのため、地下躯体の外側（外防水）または内側（内防水）に防水層を設ける。防水層には改質アスファルトシート防水、エチレン酢酸ビニル樹脂系シート防水、ゴムアスファルト系塗膜防水およびポリマーセメント系塗布防水などが使用される。

　地下二重壁は、浸入した地下水を二重壁内の側溝で受けて排水するという最も合理的な対策である。しかし、都心部で面積の限られた敷地を最大限まで利用する建物が増えるに伴い、地下二重壁の採用件数は減っている。

■水の通り道

　施工時に型枠を建て込むためのセパレーター、防水層を仮止めするための固定金物、躯体を貫通する様々なパイプ配管など、これらは防水層を貫通している。また、ボリュームの大きい地下躯体のコンクリートは一度に打設できないので必ず打継ぎ目地ができる。[図7-2-9]に示す外防水の各種貫通部分や不連続部分は、地下防水で特別な検討が必要である[4]。貫通する配管周りは最もウィークポイントになりやすい。配管の立上り部や立下り部はなるべく少なくし、できれば数本まとめて納めることを計画する。内防水の場合も同様である。

　貫通する配管は、水と反応して膨張する非加硫ゴム系シートを巻いておく。打継ぎ部分は、[写真7-2-8]に示す非加硫ゴム系止水板を予め打ち込んでおく。打設するコンクリートの圧力で非加硫ゴム系止水板がズレないよう、ダブル配筋の内側にしっかりと固定する。また、コンクリート硬化時の水和熱や乾燥収縮でひび割れが発生すると、防水層に破断が生じることもある。これら諸々の事情で地下のコンクリートに水の通り道ができると、[写真7-2-9]のように防

〈4〉日本建築学会『建築地下防水の設計と施工の考え方』p.19、2018年9月

水層が膨れるといった不具合が起きる。地下で不具合が起きるとその補修に要する労力と費用は地上の比ではない。それを考えれば、施工段階での検討にやりすぎはない。

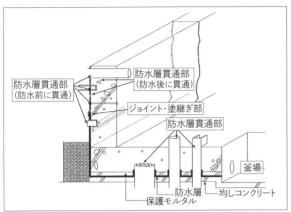

［図7-2-9］ 地下防水で特別な検討が必要な部位[4]

［写真7-2-8］ 非加硫ゴム系止水板の施工例

［写真7-2-9］ 水槽ピット内のシート防水の膨れ

6 ルーフドレンが枯葉で詰まると

■屋上緑化の盲点

　屋上緑化を採用する商業施設や教育施設が増えている。植物は人々の気持ちをリフレッシュするだけでなく、地域によっては緑地を公開することで容積率が一部緩和される。しかし［**写真7-2-10**］のように、枯葉やゴミがルーフドレンを閉塞すると排水が阻害され、屋上やベランダが水浸しになるという不具合に繋がる恐れがある。

■ルーフドレンの計画

　国交省大臣官房官庁営繕部の「建築設備基準の資料（令和元年改定版）」より、ルーフドレンの管径と受けもち得る最大屋根面積の目安を［**表7-2-4**］に示す。同表の前提は1時間当たりの降水量が180mmの場合である。千葉県香取市や長崎県長崎市でアメダスにより観測された1時間降水量の最大値153mmや長崎大水害時に長与町役場で記録した187mmを考慮して決められている。ルーフドレンは、特に各地の下水道事業者の指導がない場合、1時間当たりの最大降雨量をもとにドレンの管径とドレン一つが受けもつ最大屋根面積を検討する。しかし、屋上緑化した場合や周辺に樹木が多い場合は枯葉やゴミでルーフドレンが閉塞する危険性が高いため、計算上必要な数に1か所余分に加え、フェールセーフとなるルーフドレンを計画する。

　昨今、ゲリラ豪雨に代表されるような短時間で多量の降雨がしばしば観測されている。ルーフドレンだけでなく、［**写真7-2-11**］に示すスカッパー（壁用開口）やオーバーフロー管を計画する。また、ルーフドレンの詰まり防止のため、ストレーナとは別に防塵網（ゴミ除け）を設置する。

■メンテナンスの計画

　清掃やメンテナンス作業ができるよう、屋上緑化するエリアの外周はパラペット立上りから500mm以上は離す。ウッドデッキを敷く場合、［**写真7-2-12**］のような開閉式のグレーチング蓋などを使

用して、ルーフドレンがウッドデッキの下に隠れないようにする。建築的な対策を施しても定期的な清掃とメンテナンスは不可欠である。建物の所有者、管理者に3か月に1回以上の点検と清掃を申し送ることが大事である。

〈5〉国土交通省「建築設計基準の資料（令和元年改定版）」2019年

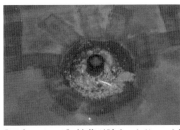

［写真7-2-10］枯葉が詰まったドレンと屋上の滞水状況

［表7-2-4］管径と受けもち得る最大屋根面積の目安[5]

管径 （呼び径）	最大屋根面積（m^2）		
	縦管の場合	横型ドレン	
		横走り管勾配 1/50	横走り管勾配 1/100
80	110	60	40
100	230	130	90
125	440	240	170
150	690	380	270

（最大降水量180mm/hの場合）

注1）屋上、庇などの上部に壁がある場合、壁面積の50%を屋根面積に加える
2）当該地域において、過去の10分間最大降水量が30mmを超える場合は、「最大屋根面積＝上表の最大屋根面積×（30/過去の10分間最大降雨量）」とする

［写真7-2-11］スカパー（壁用開口）の例

［写真7-2-12］グレーチング蓋の例

7 雑草が枯れたら漏水

■屋上の雑草

　いろいろな理由で築十数年の建物の屋上に上る機会がある。ドレンや側溝を見てみると、［写真 7-2-13］のように雑草が生育していることが多々ある。建物管理者に清掃をお願いしたいが、「下手に抜いてしまうと漏水を起こさないか？」と非常に悩む。雑草の生命力は逞しく、その根は通常の防水層を貫通する。貫通しても成長を続けていれば隙間ができずに水は浸入しないが、雑草が枯れたり、根もろとも抜いてしまうと防水層に穴があいてしまい、漏水に繋がる事例がある。

■根の力

　樹木が育ったため建物や歩道が損傷した例を［写真 7-2-14］に示す。街路樹として植えられた桜や銀杏のように大きく育つ樹木が舗道面を割ったり、縁石を押し出す状況をしばしば目にする。意外かもしれないが、植物の根が育つときに及ぼす力は非常に大きい。樹齢 21 年のソメイヨシノの根が太くなろうとするとき、根の長さ1cm あたり 440N の力が計測された[6]。また、植物の根は根酸と呼ばれる有機酸を表面に分泌しながら土壌内を楔状に成長していく。［写真 7-2-15］はパンチングメタルの容器に防水層を敷き込みクマザサを植えたものだが、1 年もしないうちに根が防水層を貫通した[7]。

■耐根シート

　JASS8 では T-401（屋上緑化用メンブレン防水工法の耐根性試験方法）を提案している。防水層の上に植栽を施す際、防水層が植物の根の力に耐えることができるか、防水性を確保することができるかを評価する試験方法である。屋上やベランダを緑化する際には、不織布をポリプロピレン樹脂などで両面コーティングした耐根シートを敷設し、本試験で耐根性が確認された防水層を採用する。

　耐根シートを敷設する代わりに、強度や耐酸性に優れた FRP 防水を採用する場合もある。FRP 防水材工業会は、ダイミョウチク

〈6〉石原沙織ほか「木本類植物の根の肥大生長を対象とした模擬根の開発と屋上緑化で用いられる部材の耐根性評価へのいくつかの適用」『日本建築学会構造系論文集』第 76 巻、第 660 号、pp.237-244、2011 年 2 月
〈7〉田中享二ほか「屋上緑化防水の耐根性試験方法の開発」『日本建築学会技術報告集』第14 巻、第 27 号、pp.13-16、2008 年 3 月

とクロチクを用いて T-401 により FRP 防水の耐根性を評価した。2年経過すると試験槽全体に根が繁殖したが、[**写真7-2-16**]および[**表7-2-5**]に示すように FRP 防水層に異常はなかった^{⟨8⟩}。

⟨8⟩若杉幸吉ほか「FRP防水層の耐根性能評価、その3、タケ類を用いた耐根性能評価」『日本建築学会大会学術講演梗概集（北海道）』pp.727-728、2013年8月

[**写真7-2-13**]
雑草が生えたドレン、側溝

[**写真7-2-14**] 樹木の根による
歩道の損傷（縁石のズレ）

[**写真7-2-15**]
植物の根による防水の損傷^{⟨7⟩}

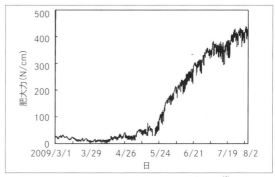

[**図7-2-10**] ソメイヨシノの根の肥大力測定結果^{⟨6⟩}

[**写真7-2-16**] ダイミョウチクの
根の状況と異常のない FRP 防水層^{⟨8⟩}

[**表7-2-5**] FRP 防水の耐根性試験結果^{⟨8⟩}

試験槽の種類	タケの種類	試験開始後経過月数（月単位）				
		0	6	12	18	
FRP	ダイミョウチク					異常なし
	クロチク					異常なし
アスファルトルーフィング940	ダイミョウチク					根の貫通
	クロチク					根の貫通

x

8 葉の表面は撥水性で葉は屋根材となる

■撥水性

　[**写真7-2-17**]は雨が降った後のハスの葉に溜まった水滴である。植物の葉には、このように高い撥水性を示すものがあり、代表的な植物としてハスやサトイモなどの葉が知られている。これらの葉の表面には微細な突起状構造と、表皮には植物が分泌するワックスの結晶が密に存在することが確認されている。この表面特性が水滴の接触角を大きくし、撥水性を発現する。この高い撥水性と微細構造は、葉に付着した汚れ粒子と葉の表面との接着力を小さくし、汚れ粒子と水滴との接着力が勝って汚れを洗い流す自浄作用を発揮する。この現象をハスにちなんでロータス効果と呼ぶ。このような生物がもつ優れた機能や形状を模倣する研究領域をバイオミメティックスと呼び、ハスの葉のように水接触角が150度以上の超撥水性をもつ素材が実現されている。航空機や電線などの着氷防止や高層建築物からの落雪防止としての応用が期待されている。

■浸透性吸水防止材

　撥水性を利用した技術は、1980年頃に欧州では石造建築物の酸性雨被害、米国ではコンクリート橋の塩害などの保護材として吸水を防止する材料の研究が始まった。この材料は無色透明な低粘度の液体で基材に浸透させるものとして、国内でもコンクリートなどの無機物に塗布する用途で多くの吸水防止材が開発された。

　現在では、耐久性の高いシリコーンの原料であるアルキルアルコキシシランやそのオリゴマーであるシラン・シロキサンを主成分とした材料が主流となっている。1988年、広島の原爆ドームの保存工事において、れんがの吸水防止を目的に全面に塗布された。塗布しても被塗布面の素材感を変えない仕上げと水による濡れ色が出ないことで、打放しコンクリートの保護仕上げやタイル目地、石材へも適用されている。

　アルキルアルコキシシランやシラン・シロキサンは、一般的なコンクリートでは1〜2mm程度浸透する。[**図7-2-11**]に示すように、

コンクリートの細孔を充填せず表面に固着して撥水性を呈する。水が触れると強力な界面張力で水は水玉状となり、接触面に勾配があれば流れ落ちる。しかしながら、撥水効果があっても防水性が確保されるわけではない。常に水が供給されるような地下外壁やピット内壁およびひび割れの入ったコンクリート面などへの適用は効果を発揮できない。

　コンクリート表面の撥水性は汚れの付着などで持続しないが、表面を削った内部の撥水性は残存する。浸透深さは重要な項目であり、主成分の分子量や有効成分量、基材の密度や塗布量によって異なるので、仕様を検討する上で留意が必要である。また、低粘度の透明液体のため、中毛ローラーで染み込ませる感覚で塗りむらが出ないように塗布することが均一な浸透深さを確保する上で重要である。

■植物の屋根材

　熱帯地域では、ヤシの葉が屋根葺き材に利用され、降雨から室内を守る建築材料となっている。ヤシの葉が入手できない日本では、屋根に萱が用いられてきた。伊勢神宮の内宮・外宮の藁葺き屋根や白川郷の合掌造り集落の茅葺き屋根は有名である。伊勢神宮は式年遷宮の 20 年、白川郷では 30 ～ 40 年に一度全面を葺き替える。火災には弱いが屋根材としての耐久性は優れている。

［写真7-2-17］植物の葉の水滴

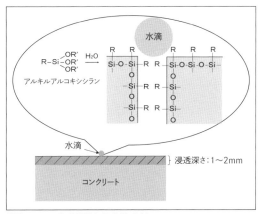

［図7-2-11］浸透性吸水防止材
（アルキルアルコキシシランの場合）

8章 シーリング材

8-1 基礎知識

1 概説

　シーリング材とは、各種の目地に充填し、主として水密性および気密性を確保するために用いられる高分子材料を主成分とした粘稠質の建築材料である。現在使用されているのは、硬化すると弾性体を形成する製品である。英語表記の Sealant からシーラントと呼ぶこともある。主成分や硬化機構によって特性が異なり、適材適所の使い方が求められる。

　弾性型のシーリング材の登場以前は、油性コーキング材やガラスパテが使用されていた。いずれも、経時変化で硬くなり、下地の変形に対する追従性に乏しい。現在では殆ど使用されていない。

2 種類

　[**図 8-1-1**] にシーリング材の種類を硬化機構他で区分して示す。また、[**表 8-1-1**] には主要なシーリング材の特徴と用途を示す。工業製品であるシーリング材は、JIS A 5758（建築用シーリング材）によって主成分、製品形態および耐久性の区分が示されている。

　日本シーリング材工業会の集計した 2019 年度の主成分別生産量を見てみると、変成シリコーン系が最大で 39,749 キロリットル、次いでポリウレタン系、シリコーン系の順であり、この 3 種で全体の約 96％を占めている。ポリサルファイド系は約 2.4％、それ以外は極少となっている。

　建築物の目地は、材料の取り合う箇所には必ず生じる接合部であり、外部であれば建築物の機能上から封止する必要がある。カーテ

ンウォール部材の接合部、サッシとガラスの取り合い部、ALC版や
押出成形セメント板の突付け部など、同種材料間、異種材料間の目
地が生じる。それらの材料に確実に接着し、目地の動きに追従し、
そして長期にわたる性能を保持するために、目地の材料（被着体）
や使用条件に合わせた多種多様の製品が誕生している。

3 原料および製造

　1955年に油性コーキング材の製造が開始されて以来、1958年に
は2成分形ポリサルファイド系が米国より輸入され、本格的な
シーリング材の時代に入った。大手化学会社も参入し、国内での開

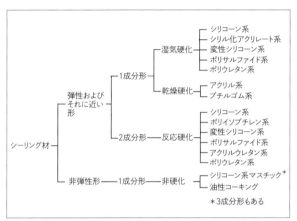

［図8-1-1］ シーリング材の分類

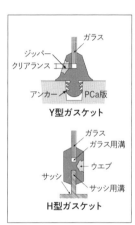

［図8-1-2］
構造ガスケット（断面図）

［表8-1-1］ シーリング材の特徴と主な用途

種　類	特　徴	主な用途
シリコーン系	硬化形式により、低弾性から高弾性まで種々ある	ガラス回り
変性シリコーン系	動きの有る目地への適用が拡大、プライマーへの依存性が大きい	動きのある各種目地
ポリサルファイド系	長い歴史がある、汚れが付着しにくい	各種目地
アクリルウレタン系	ガラス回りには用いない	ALC版の目地
ポリウレタン系	耐候性にやや劣るため表面塗装で処理する	窯業系サイディング材・ALC版の目地
アクリル系	唯一のエマルション形で乾燥硬化に伴う収縮が大きい	ALC版の目地
シリル化アクリレート系	ガラス回りへの適用を意図して新規登場した	ガラス回り
その他	ポリイソブチレン系、シリコーンマスチック、ブチルゴム系などがある	―

発に拍車がかかった。近年では、1998年に2成分形ポリイソブチレン系、2005年に1成分形シリル化アクリレート系の製造が始まった。

このように主原料は、新たに開発あるいは改良された高分子材料である。可塑剤・安定剤・硬化剤・溶媒・充填材・着色剤などが副原料となる。1成分形は、原料を所定の配合比で混合し、容器に密封して製品とする。2成分形は、混ぜ合わせた段階で反応が始まるために、主剤と硬化材に分けて容器に封入する。近年では、製造の効率化のために着色剤をカラートナーとして別容器化している。

4 性質

弾性形シーリング材の主要な性質を［**表8-1-2 〜 8-1-3**］に示す。同種材料でも、製造者によって、すなわち原材料の配合比によって性質に大きな違いが生じている。なお、50％引張応力が $0.2N/mm^2$ 未満を低モジュラス、$0.4N/mm^2$ 以上を高モジュラス、これらの中間を中モジュラスに分類している。

建築物に要求される性質を満たすため、様々な高分子材料が用いられている。その結果が多種類多品種のシーリング材である。このとき被着体との接着性を改善するために、プライマーの選定が重要になる。

5 類似材料

建築用ガスケット　シーリング材と同じように目地の防水性を確保する目的で開発されたのが、建築用ガスケットである。主用途は、［**図8-1-2**］に示す構造ガスケット（Y型およびH型）と称するサッシの溝が不要なグレイジング（ガラスの嵌込み固定）と水密性を両立した製品および目地ガスケットと称するPCa版の目地奥に挿入して水密性や気密性を発揮する製品などがある。構造ガスケットは、1965年に実施工に供され、その後に開発が進み、不燃性のクロロプレンゴム製ガスケットも誕生し、実施例も多い。

グレイジングチャンネル　戸建住宅用サッシへのガラスの嵌込みにシリコーン製のU字型成形品が使用される例もある。

〈1〉日本シーリング材工業会「建築用シーリング材ハンドブック2017」2017年をもとに著者作成

[表8-1-2] 1成分形シーリング材の主な性質[1]

性質	1成分形						
	シリコーン系			シリル化アクリレート系	変性シリコーン系	ポリサルファイド系	ポリウレタン系
	高・中モジュラス		低モジュラス	高・中モジュラス	高・中・低モジュラス	中・低モジュラス	高・中・低モジュラス
	脱酢酸形	脱オキシム形 脱アルコール形					
比重	1.0 ~ 1.7	1.0 ~ 1.7	1.2 ~ 1.5	1.2 ~ 1.7	1.0 ~ 1.6	1.3 ~ 1.6	1.1 ~ 1.5
指触乾燥時間 (hr)	0.1 ~ 1	0.1 ~ 1	0.5 ~ 5	1 ~ 8	0.5 ~ 8	2 ~ 16	0.5 ~ 30
50%引張応力 (N/mm^2)	0.2 ~ 0.8	0.2 ~ 0.8	0.05 ~ 0.2	0.3 ~ 0.6	0.1 ~ 1.0	0.1 ~ 0.3	0.1 ~ 0.7
最大引張応力 (N/mm^2)	0.6 ~ 1.5	0.4 ~ 2.0	0.2 ~ 0.7	0.4 ~ 1.5	0.3 ~ 2.5	0.3 ~ 0.8	0.3 ~ 2.0
伸び(%)	100 ~ 600	100 ~ 600	400 ~ 1,200	80 ~ 300	100 ~ 1,000	300 ~ 600	300 ~ 1,000
硬さ (JIS A 6253)	10 ~ 40	10 ~ 40	5 ~ 20	20 ~ 50	5 ~ 55	5 ~ 25	5 ~ 40
硬化後体積損失(%)	2 ~ 5	2 ~ 8	2 ~ 5	1 ~ 8	1 ~ 20	1 ~ 20	2 ~ 20

[表8-1-3] 2成分形シーリング材の主な性質[1]

性質	2成分形						
	シリコーン系	ポリイソブチレン	変成シリコーン系		ポリサルファイド系	アクリルウレタン系	ポリウレタン系
			一般型	応力緩和型			
	低モジュラス	低モジュラス	低モジュラス	中・低モジュラス	中・低モジュラス	中・低モジュラス	中・低モジュラス
比重	1.2 ~ 1.5	0.9 ~ 1.4	0.9 ~ 1.4	1.1 ~ 1.6	1.0 ~ 1.6	1.2 ~ 1.5	0.9 ~ 1.5
指触乾燥時間 (hr)	1 ~ 24	4 ~ 30	4 ~ 24	6 ~ 24	2 ~ 24	5 ~ 24	3 ~ 24
50%引張応力 (N/mm^2)	0.05 ~ 0.2	0.08 ~ 0.2	0.08 ~ 0.2	0.08 ~ 0.3	0.07 ~ 0.4	0.1 ~ 0.3	0.07 ~ 0.3
最大引張応力 (N/mm^2)	0.3 ~ 1.5	0.3 ~ 0.8	0.3 ~ 1.0	0.3 ~ 1.0	0.2 ~ 1.2	0.4 ~ 1.6	0.2 ~ 1.5
伸び(%)	400 ~ 1,200	300 ~ 800	400 ~ 800	300 ~ 800	300 ~ 1,200	400 ~ 1,000	400 ~ 1,000
硬さ (JIS A 6253)	5 ~ 20	5 ~ 20	5 ~ 20	5 ~ 25	5 ~ 30	5 ~ 25	5 ~ 30
硬化後体積損失(%)	1 ~ 5	1 ~ 6	1 ~ 6	1 ~ 6	1 ~ 10	1 ~ 8	1 ~ 20

8-2 応用知識

1 シーリング目地の基本

■目地の雨仕舞い
　雨仕舞いとは、構成材料の形態と配置に基づく水の制御といえる。雨水を室内側にまで到達させずに処理する経験知に基づく建築技術である。瓦葺き屋根や横羽目板張り外壁などに具体的な手法を見ることができるが、風雨の負荷によっては水密性に限界がある。水の移動に関連する力は、
- ・重力…下方への水の移動
- ・表面張力…横方向への水の移動
- ・毛細管張力…上方への水の移動
- ・風圧力…ドライビングレイン（横なぐりの雨）
- ・内外の圧力差…水の吸込み

であり、これらの力による現象を低減することで、原理的には水の浸入を防ぐことができる。すなわち、重力や表面張力は目地を屋外側に傾け、毛細管張力は目地幅を拡大し、風圧力は目地内に水頭差を設けることが対策になる。内外の圧力差は難題で、目地内に水の充満しない減圧空間を設け、室内側の目地開口を気密化する。

■シーリング目地
　シーリング目地は、雨仕舞いとは異なり、水の浸入口となる隙間を全て塞いでしまうため、風雨の負荷に対する限界は基本的にない。しかしながら、確実な水密性を確保するには厳格な材料の品質管理や施工手順の遵守が必須であり、さらに雨仕舞いに比べ短期間での定期的な更新が必要になる。シーリング目地とはいえ、目地構成に雨仕舞いの考え方を生かすのが有効である。

■シーリングジョイントの構成
　シーリング材を充填する目地の構成は、止水ラインが1段階と2

段階で区分できる。前者をシングルシールジョイント、後者をダブルシールジョイントと呼び慣わしている。

　シングルシールジョイントは、［図8-2-1］に示すような構成で、シーリング材に剥離や破断が生じれば、雨水は容赦なく室内側に浸入する。したがって、この種の目地を採用するのは維持管理や更新作業が容易なガラス間の突付け目地、ALCパネル間の目地、建具回りの目地などに限られる。

　ダブルシールジョイントは、［図8-2-2］に示すような構成である。1次側シーリング材の更新作業は可能であるが、室内側は柱や梁、あるいは内装材があるために更新の困難な場合が多い。そのため、室内側に近い2次側には、耐久性に優る環状ガスケットで納める例が多い。目地内には、雨仕舞いの考えを取り入れ、水頭差を設ける。PCaカーテンウォールの目地が代表的であるが、水密性を最優先する金属カーテンウォールの場合にもこの考え方を採用する。

■**排水機構**

　いずれのシールジョイントでも1次シールが破綻した場合には雨水が部材内へ浸入する。適切な排水機構を設けて雨水を部材内に停滞させない。集めた雨水は、室内側の排水管に導くのを基本とする。過去には、超高層建築物で結露水や浸入水を集めて外壁に開けた水抜き穴から排水していたが、冬期に氷柱を形成してしまい、落下による危険な状況を招いた例がある。

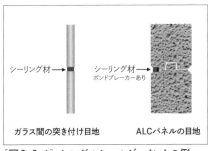

［図8-2-1］シングルシールジョイントの例

［図8-2-2］ダブルシールジョイントの例

2 シーリング目地の設計手順

■ムーブメントの算定

［**図 8-2-3**］に目地設計のフローを示す。最初に、目地に生じる温度ムーブメント δt（mm）を算定する。算定は、部材構成材料の長さ L(mm)、熱膨張計数 α（/℃）、部材の温度年較差 ΔT(℃)、部材の拘束率などにより決まる低減率 K を加味し、次式による。

$$\delta t = \alpha \cdot L \cdot \Delta T (1 - K)$$

層間変位ムーブメントは、躯体の剛性や構成部材の取付け方法などにより異なり、一様の算定が難しい。これらのムーブメントの詳細算定にあたっては、次に示す日本建築学会の技術資料に基づき行う。
- 『外壁接合部の水密設計および施工に関する技術指針・同解説』
- 『建築工事標準仕様書・同解説 JASS 14 カーテンウォール工事』

■目地幅の決定

目地幅の算定に先立ち、目地を構成する被着体との接着性が良好で、期待される寿命などに合致するシーリング材の種類を決定する。シーリング材には、JIS A 5758（建築用シーリング材）の耐久性区分より標準とする設計伸縮率・剪断変形率 ε が［**表 8-2-1**］のように定められている。設計目地幅 W(mm) は、次式により求める。

$$W \geq \delta t / \varepsilon \times 100 + |We|$$

なお、We は部材取付け時の施工誤差で、金属カーテンウォールで ± 3mm、合金鋳物および PCa カーテンウォールで ± 5mm を見込む。

最後に［**表 8-2-2**］を参考にし、W が適正かどうか確認する。過小・過大の目地幅は、シーリング材の充填や表面均し困難になる。

■目地深さの決定

目地幅と目地深さの最適な関係は、国内外での研究成果を踏まえ、［**図 8-2-4**］に示す指標を定めている。薄い目地は接着面積の不足で

〈2〉日本建築学会『建築工事標準仕様書・同解説 JASS8 防水工事』日本建築学会、2014年

剥離を生じやすく、深すぎる目地は、シーリング材によっては硬化の遅延や不良などの不具合に繋がる。

以上の過程を経て、シーリング目地の幅と深さが決定する。

[表8-2-1] シーリング材の設計伸縮率・剪断変形率〈2〉

シーリング材の種類	伸縮(%)		剪断(%)		JIS A 5758
	温度	層間変位	温度	層間変位	耐久性区分
2成分シリコーン系	20	30	30	60	10030
1成分シリコーン系(低モジュラス)	15	30	30	60	10030, 9030
1成分シリコーン系(中・高モジュラス・ガラス専用)	(10)	(15)	(20)	(30)	9030G
2成分変成シリコーン	20	30	30	60	9030
1成分変成シリコーン	10	15	15	30	8020
2成分ポリサルファイド系	15	30	30	60	9030
	10	20	20	40	8020
1成分ポリサルファイド系	7	10	10	20	8020
2成分アクリルウレタン系	20	30	30	60	9030
2成分ポリウレタン系	10	20	20	40	8020
1成分ポリウレタン系	10	20	20	40	9030, 8020
1成分アクリル系	7	10	10	20	7020

注)( )内の値はガラス回りの場合

[表8-2-2] 目地幅の適正範囲〈2〉

シーリング材の種類	目地幅の許容範囲(mm)	
	最大値	最小値
シリコーン系	40, (25)	10, (5)
変成シリコーン系	40	10
ポリサルファイド系	40, (25)	10, (5)
アクリルウレタン系	40	10
ポリウレタン系	40	10
アクリル系	20	10

注)( )内の値はガラス回りの場合

温度ムーブメントの算定
層間変位ムーブメントの算定
目地幅の設定
目地幅許容範囲の確認
目地幅の決定
目地深さの設定
目地深さ許容範囲の確認
目地深さの決定
目地形状・寸法の決定

[図8-2-3] 目地設計のフロー

目地深さD (mm)
30
25
20
15
10
5
0
ガラス回り目地
一般目地
0
10
20
30
40
50
目地幅W (mm)

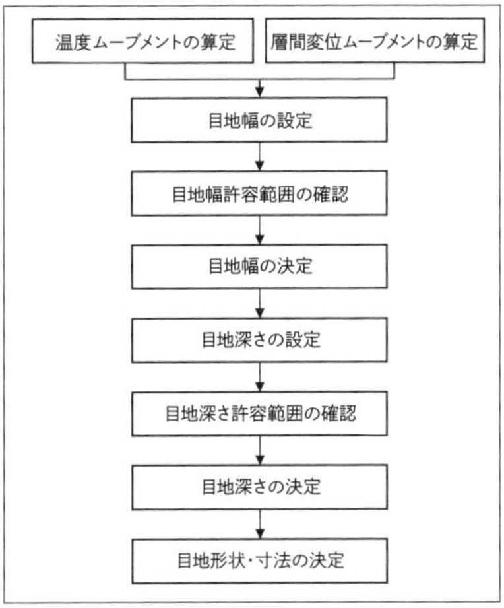

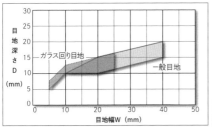

[図8-2-4] 適正目地寸法範囲〈2〉

3 シーリング材は気難しい

■隣接するシーリング材の未硬化
　シーリング工事の際に、ガラス回りにシリコーン系を充填し、その後すぐに窓枠回りにポリウレタン系を充填するような作業がある。住戸内での工事が想像できる。当然、ガラスが嵌め込まれており、室内の換気は十分ではない。このような場合に、ポリウレタン系が硬化不良を起こし、表面にべたつきが残ってしまうことがある。
　原因は、シリコーン系が硬化する際に放出するヒドロキシルアミンのような反応生成物がウレタン系成分のイソシアネートと反応してしまうためである。同様の現象は、ポリサルファイド系にも生じる。また、変性シリコーン系の場合にもアルコールのような反応生成物が他のシーリング材の硬化阻害要因となる。未硬化状態の複数のシーリング材が狭小室内に存在しないように施工計画を組む。

■薄層部分の未硬化
　2成分形の変成シリコーン系、ポリイソブチレン系およびシリコーン系に起きるのが薄層部分の未硬化である。シーリング材の充填工事では、目地の両脇にマスキングテープを張るが、張り方によっては［**図8-2-5**］のように端部にシーリング材の薄層部を生じる。
　原因は、薄層であるがために、シーリング材中の反応促進触媒が空気中の水分によって分解されやすく、硬化が阻害される。特に、梅雨時や多湿環境でのシーリング充填作業では、シーリング材に薄層が生じないよう、事前のマスキングテープ張りは正確に行う。

■施工直後に発生する界面剥離
　ポリイソブチレン系は、特に金属目地部において施工直後の段階で界面剥離を起こす事例が多発した。プライマーの選定や塗布が適正であったにもかかわらずであった。
　原因は、プライマーとポリイソブチレン系との接着力の発現よりもポリイソブチレン系自体の硬化に伴って発現する凝集力（硬化する際の体積収縮も関連）のほうが大きく、［**図8-2-6**］のように施工

直後に目地幅が拡大する動きを示すと一気に界面剥離を生じる。

　ポリイソブチレン系は、多種の被着体への接着性や変形追従性に優れ、既存品を凌駕する材料と期待されていた。しかしながら、この現象が判明したことをきっかけに生産量は頭打ちから減少をたどり、この数年は 50 キロリットル以下となっている。

■その他の現象

　「気難しさ」を表す事例は枚挙に暇がない。主としてシリコーン系による石材目地の汚染、ポリサルファイド系の含有成分であったフェノールの赤色化、ガラスを据えるゴム製セッティングブロックとの相互作用によるブロック直上部の汚染、目地上への塗装後に現れるシーリング材成分の染み出しなどがある。

　化学製品であるシーリング材は、ラボの中で開発が進められ、優れた結果を得たとしても、実際の施工現場に即した泥臭い検証が疎かでは新製品とはならない。将来性のある製品を失うことに繋がる。

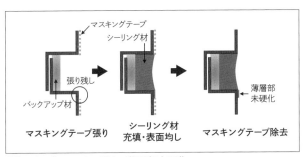

［図8-2-5］シーリング材の薄層部未硬化

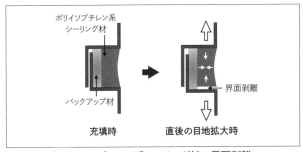

［図8-2-6］ポリイソブチレン系シーリング材の界面剥離

4 仲人役のプライマー

■プライマーとは

　シーリング材の主機能である防水性を発揮するには、被着体との接着が長期にわたり万全でなければならない。被着体となる材料の種類は千差万別であり、主だったものでもガラス、金属、セラミックス、セメント系材料などがある。さらにそれらの表面に金属膜を蒸着したり、塗装をしたりする。難接着性のフッ素樹脂焼付け塗装面すら対象となる。そのために、シーリング材の接着性を向上させる目的で、シーリング材の充填に先立ち被着体に塗布する材料をプライマーと称する。その概念を示すと［**図8-2-7**］のようになる。別名、カップリング剤とも呼ぶ。

■プライマーの役割

　プライマーは、シーリング材の副資材ではなく、シーリング材と同時に新規の開発あるいは既存品の改良を必要とし、シーリング材と一対になる材料である。適正なプライマーとシーリング材が組み合わさってこそ、シーリング材に期待する機能が確保できる。プライマーの役割を整理すると［**図8-2-8**］に示す4項目となる。

　①**接着性の向上**

　　述べるまでもなく、必要不可欠の役割である。ハスの葉に水滴を落とすと、水玉状になって転がり、ハスの葉は濡れない。ハスの葉のもつ強い表面張力が働くからである。中性洗剤のような界面活性剤でハスの葉を湿らせた後、水滴を落とすと水玉状にはならずに水が広がる。界面活性剤による濡れ性の改善である。この例えのように、シーリング材が接着しにくい被着体固有の性質をプライマーで改質すれば、接着性が向上する。

　②**表面層の強化**

　　多孔質で脆弱な被着体は、シーリング材の硬化に伴う凝集力で被着体表層の破壊の生じる危険性がある。プライマーは、被着体表層に含浸し、表層の強さおよび接着性を改善する。被着体によっては2度塗りを要する。塗装の分野ではシーラーと呼

ばれる機能である。

③水分の遮断

被着体表層を緻密に改質して水の浸透を阻止し、被着体界面に対する水分の経時的作用を防止する。

④可塑剤の移行防止

シーリング材あるいは被着体に含まれる可塑剤が移行すると界面部分の材質が劣化してしまうため、可塑剤に耐性のあるプライマーで防止する。9章**応用知識6**が参考となる。

■使用上の留意事項

プライマーは、シーリング材と一対になる材料と記したように、製造者の指定する組合せを厳守する。使用期限、塗布方法、塗布回数を守り、塗布後は有効時間内にシーリング材を充填する。

プライマーは通常、有機溶剤で粘度が調整されている。火気は厳禁であり、密閉空間での使用は強制換気が必要である。

被着体が乾燥硬化型塗料の場合、芳香族系、エステル系、ケトン系の有機溶剤は塗膜を溶解あるいは膨潤させ、接着性を著しく阻害する。希釈や被着体の脱脂清掃にも使用してはならない。

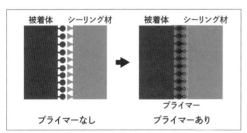

［図8-2-7］プライマーの機能

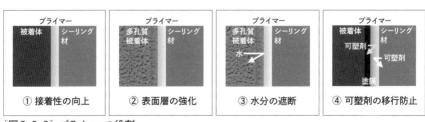

［図8-2-8］プライマーの役割

5 接着面が多いのはむしろ不利

■目地の動き

　建築物を構成する際に、異種材料間あるいは同種材料間には、ある一定の幅をもった目地を設けるのが通常である。目地に幅が必要なのは、防水、気密、遮音、耐火、意匠などの要求機能を確実に達成するためである。しかし、内壁の石張りのように、石材間の目地を眠り目地と称して、紙一枚程度の隙間しかとらない例外もある。

　目地の諸機能を確保するために、目地に充填する材料を選ぶには、地震、強風、部材の温度変化や湿度変化によって目地幅がどの程度の変形を示すかを見極めなければならない。金属パネルや寸法の大きな部材の場合には、部材自体が変形して破損しないように目地部分で変形を吸収する。地震や大きな風圧力を受ける場合には短期的に大きな変形速度と変形量を生じる。また、温湿度変化による変形は、長期にわたり繰り返しの日変動や年変動を起こしている。

　一方、打放しコンクリート壁面の伸縮調整目地や打継ぎ目地は、コンクリートの乾燥収縮ひび割れを目地部分に誘導するもので、目地幅はほとんど変化しない。

　シーリング材の分野では、前者をワーキングジョイント、後者をノンワーキングジョイントと呼称し区分している。また、目地の動きをムーブメントと呼称する。

■ワーキングジョイント

　金属カーテンウォールのワーキングジョイント幅の年変動は、熱膨張が優位である。外気温よりも日射を受ける方位に依存する。日射量は、春分・秋分時には東西面が卓越し、南北面は小さい。夏至には東西面および南面が大きくなり、冬至には南面が卓越する。

　超高層建築物の暗色アルミカーテンウォール方立て（部材長さ3,680mm）間の熱膨張によるムーブメントを各季節ごとに年4回測定した結果を［**図8-2-9**］に示す[3]。この例では、年間約3mmの変動を生じている。

〈3〉中山實ほか『これだけは知っておきたい　建築仕上材料の知識』鹿島出版会、1980年

シーリング材の伸び性能を十分に発揮させるには、［図8-2-10］上のように目地底にはボンドブレーカー（テープ状）あるいはバックアップ材（発泡体状）を挿入し、目地側面の被着体にのみ接着する２面接着が基本となる。同図下のように目地底に接着すると、目地の変形時に目地底部分が拘束されているので、目地底端部に応力が集中し、過大な部分変形を起こす。その繰返しによって、シーリング材が破断に至る。

ノンワーキングジョイントの場合には、［図8-2-11］のように３面接着が有効である。とくに、コンクリート目地の場合には、シーリング材打設後に目地底にひび割れが入る可能性があり、万が一目地に浸水があった場合にでも漏水を防止できるからである。

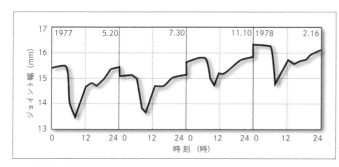

［図8-2-9］
方立て間の目地幅の
年間変動[3]

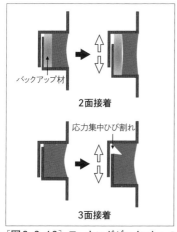

［図8-2-10］ワーキングジョイントへの
シーリング材充填

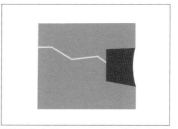

［図8-2-11］ノンワーキングジョイントへの
シーリング材充填

6 シーリング材をよく知る

■固まる前は塑性材料

　主要な1成分形シーリング材は、目地に充填されると空気中の水分を取り込んで表面から湿気硬化反応が始まる。ワーキングジョイントの場合には、目地幅が毎日変動するにもかかわらず、シーリング材内部の硬化が十分には進行していないことになる。硬化途上での圧縮や引張り変形が顕著となると、[図8-2-12]に示すように、シーリング材表面からは見えない目地裏面側に窪みやひび割れが発生し、寿命に悪影響を及ぼす例がある。

■耐久性の評価

　シーリング材は、有機材料でありながら建築物の外表面に露出するため、熱、紫外線、水、オゾンなどの劣化因子による繰り返しの影響を受ける。シーリング材特有のムーブメントを考慮するには、一般的な屋外曝露試験や促進劣化試験ではなく、試験期間中に目地幅が外界条件によって拡大・縮小する動曝露試験が有効である。シーリング材の耐久性区分は、この成果を加味して決められている。

■刻まれるしわ

　シーリング材は、耐久性の良い高分子材料が主成分であるが、この他に硬化剤や可塑剤のような副原料を混合している。屋外に施工すると、熱・紫外線・オゾンなどの気象因子や硫黄酸化物のような環境因子の影響を受け、あたかも人間が齢を重ねて皮膚にしわが刻まれるかのような変化を生じる。現実には、しわの進行速度ははるかに速い。剥離まで生じた過酷な状況を[写真8-2-1]に示す。

　基本的に、屋外に露出しているシーリング材は所定の期間ごとに更新してこそ防水機能を果たす建築材料である。超高層建築物建設の黎明期には、外壁カーテンウォールの目地に必ずシーリング材が充填されていた。シーリング材の更新作業は、長期にわたる難工事になった。現在では、シーリング材が目地表面に露出しない等圧空間を利用した目地構造に変わっている。

■避けたい打継ぎ

　本来、異種シーリング材の打継ぎは好ましくない。しかしながら、［図8-2-13］に示すように、カーテンウォール部材の工場シール箇所に現場で異種シーリング材を充填する場合もある。

　打継ぎ可否の早見表が整備されてはいるものの不確定要素が多いため、打ち継ぐための基本は必ず実際に用いる材料で試験施工を行い接着性の確認をし、施工の手順、使用材料を定める。

■カラスは苦手

　鳥類、中でもカラスは建築物に対して悪戯を働く。特に弾性体であるシーリング材やゴムガスケットなどをついばみ、損傷を与える。笠木やトップライト回りのシーリング材がむしり取られ、漏水に繋がった事例もある。［写真8-2-2］に悪戯された笠木の目地を示す。

　カラスが飛来する場所に防鳥ワイヤーやネット類を設置したり、忌避剤を塗布したりするが、カラスは人間の対策を嘲笑うかのような賢さを見せる。

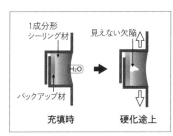

［図8-2-12］
1成分形シーリング材の内部欠陥

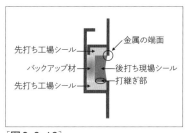

［図8-2-13］
シーリング材の打継ぎ

［写真8-2-1］
シーリング材に刻まれたしわ

［写真8-2-2］カラスの悪戯

9章 塗料・仕上塗材

9−1 基礎知識

1 概説

　塗料とは、流動性のある材料を刷毛、ローラー、スプレーで金属、コンクリート、木、プラスチックなどの表面に塗り広げて厚さ数10μmの連続した硬化皮膜を形成する材料である。色彩や光沢などの美観、防錆や耐薬品性などの保護および耐火性や遮熱性などの機能を付与する。常温乾燥タイプと工場塗装用の「焼付け」と呼ばれる熱処理を行う加熱硬化タイプがある。

　仕上塗材は、コンクリート、ALC、押出成形板などの内・外装および天井の表面に厚さ数〜 10mm 程度の造形的な模様を形成するために調整された粘稠質の材料である。多孔質ローラー、吹付けガン、こて（鏝）を使用して施工する。

2 種類

塗料　［**表9-1-1**］に建築用塗料の種類を示す。塗料は溶剤系塗料、水系塗料、粉体塗料の名称以外に、成分（ふっ素樹脂塗料、合成樹脂塗料など）、用途（金属用、木材塗料など）、機能（耐火塗料、防食塗料など）、工程（下塗り塗料、上塗り塗料）で様々な呼び方が使われる。

仕上塗材　JIS A 6909（建築用仕上塗材）で規格化された種類と呼び名が使われる［**表9-1-2**］に仕上塗材の種類を示す。JIS以外にもマスチック塗材や特殊な施工方法を用いる装飾仕上塗材がある。工程は「下塗材＋主材」または「下塗材＋主材＋上塗材」からなる。［**図9-1-1**］に仕上塗材の材料組成や塗布方法などによって表現され

〈1〉日本建築学会『建築工事標準仕様書・同解説 JASS18 塗装工事』日本建築学会、2013年

るテクスチャーの種類を示す。

[表9-1-1] 建築用塗料の種類

分類		塗膜形成	媒体	結合材	一般名称	
					上塗り	下塗り
液状	1液	酸化硬化	弱溶剤	乾性油	合成樹脂調合ペイント フタル酸樹脂エナメル	鉛・クロムフリーさび止めペイント
		湿気硬化	弱溶剤	ウレタン樹脂	1液形油変性ポリウレタンワニス	一液湿気硬化ウレタン樹脂プライマー
		常温乾燥	強溶剤	アクリル樹脂	クリヤーラッカー	アクリル樹脂シーラー
			弱溶剤	ウレタン樹脂 アクリル樹脂 エポキシ樹脂	アクリル樹脂非水分散形塗料	一液エポキシシーラー
			水性	ふっ素樹脂 アクリルシリコン樹脂 ウレタン樹脂 アクリル樹脂	つや有合成樹脂エマルションペイント 合成樹脂エマルションペイント ポリウレタンエマルションペイント	水系さび止めペイント 合成樹脂エマルションシーラー
		加熱硬化	溶剤	ふっ素樹脂 (ポリフッ化ビニリデン)	熱可塑形ふっ素樹脂塗料	―
	2液	反応硬化	強溶剤	ふっ素樹脂 アクリルシリコン樹脂 ウレタン樹脂 アクリル樹脂 エポキシ樹脂	常温乾燥形ふっ素樹脂エナメル アクリルシリコン樹脂エナメル 2液形ポリウレタンエナメル	反応形合成樹脂シーラー
			弱溶剤		弱溶剤系常温乾燥形ふっ素樹脂エナメル 弱溶剤系アクリルシリコン樹脂エナメル 弱溶剤系2液形ポリウレタンエナメル 2液形ポリウレタンワニス	変性エポキシ樹脂プライマー 弱溶剤系反応形合成樹脂シーラー 2液形ポリウレタンシーラー 2液形ポリウレタンサンジングシーラー
			水性		―	水性エポキシ樹脂プライマー
		加熱硬化	溶剤	ふっ素樹脂(FEVE) (フルオロエチレン・ビニルエーテル交互共重合体)	熱硬化形ふっ素樹脂塗料	―
粉体	1粉	加熱硬化	―	ポリエステル樹脂 ふっ素樹脂 (ポリフッ化ビニリデン) (フルオロエチレン・ビニルエーテル交互共重合体) エポキシ樹脂 アクリル樹脂	熱硬化形ポリエステル粉体エナメル 熱可塑形ふっ素樹脂粉体エナメル 熱硬化形ふっ素樹脂粉体エナメル エポキシポリエステル粉体エナメル アクリル粉体エナメル	エポキシ樹脂粉体下塗り塗料

注)下線はJASS18(塗装工事)における一般名称[1]

種類(呼び名)			参考		
			①用途 ②層構成 ③塗り厚	主たる 仕上げの形状	通称(例)
JIS A 6909 (建築用 仕上塗材)	薄付け 仕上塗材	外装薄塗材 Si	①主として外装用 ②下塗材+主材 　または主材だけ ③3mm 程度以下	砂壁状	シリカリシン
		可とう形外装薄塗材 Si		ゆず肌状	弾性シリカリシン
		外装薄塗材 E		砂壁状	樹脂リシン、アクリルリ シン、陶石リシン
		可とう形外装薄塗材 E		砂壁状、ゆず肌状	弾性リシン
		防水形外装薄塗材 E		ゆず肌状、さざ波状、 凹凸状	単層弾性
		外装薄塗材 S		砂壁状	溶液リシン
		内装薄塗材 C	①内装用 ②下塗材+主材 　または主材だけ ③3mm 程度以下	砂壁状	セメントリシン
		内装薄塗材 L		平坦状、ゆず肌状、 さざ波状	けい藻土塗材
		内装薄塗材 Si		砂壁状、ゆず肌状	シリカリシン
		内装薄塗材 E		砂壁状、ゆず肌状、 さざ波状	じゅらく
		内装薄塗材 W		京壁状、繊維壁状	繊維壁、京壁、じゅらく
	厚付け 仕上塗材	外装厚塗材 C	①外装用 ②下塗材+主材 ③4〜10mm程度	スタッコ状	セメントスタッコ
		外装厚塗材 Si			シリカスタッコ
		外装厚塗材 E			樹脂スタッコ、アクリル スタッコ
		内装厚塗材 C	①内装用 ②下塗材+主材 　または主材だけ ③4〜10mm程度	スタッコ状 掻き落とし状 平坦状	セメントスタッコ
		内装厚塗材 L			けい藻土塗材
		内装厚塗材 G			けい藻土塗材
		内装厚塗材 Si			シリカスタッコ
		内装厚塗材 E			樹脂スタッコ、アクリル スタッコ
	軽量骨材 仕上塗材	吹付用軽量塗材	①主として天井用 ②下塗材+主材 ③3〜5mm程度	砂壁状	パーライト吹付、ひる 石吹付
		こて塗用軽量塗材		平坦状	

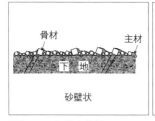
砂壁状

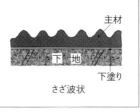
さざ波状

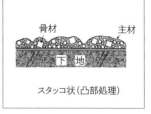
スタッコ状(凸部処理)

［図9-1-1］ 仕上塗材のテクスチャーの違い

種類(呼び名)			参考		
			①用途 ②層構成 ③塗り厚	主たる 仕上げの形状	通称(例)
	複層 仕上塗材	複層塗材CE	①内装および外装用 ②下塗材＋主材＋上塗材 ③3〜5mm程度	凹凸状 ゆず肌状 月面状 平坦状	セメント系吹付タイル
		可とう形複層塗材CE			セメント系吹付タイル (可とう形、微弾性、柔 軟形)
		防水形複層塗材CE			
		複層塗材Si			シリカタイル
		複層塗材E			アクリルタイル
		防水形複層塗材E			弾性タイル(複層弾 性)
		複層塗材RE			水系エポキシタイル
		防水形複層塗材RE			
		複層塗材RS			エポキシタイル
		防水形複層塗材RS			
	可とう形 改修用 仕上塗材	可とう形改修材E	①外装用 ②主材＋上塗材 ③0.5〜1mm程度	凹凸状 ゆず肌状 平坦状	微弾性フィラー
		可とう形改修材RE			
		可とう形改修材CE			
その他	マスチック 塗材	マスチックA	①外装用 ②下塗材＋主材＋上塗 材または下塗材＋主材 だけ ③3mm程度	さざ波状	
		マスチックC	①内外装用 ②下塗材＋主材＋上塗材 ③3mm程度	ゆず肌状	
	装飾 仕上塗材	特殊模様	①内外装用または内 装用 ②下塗材＋主材 ③4〜10mm程度	ローラー模様状 コテ塗り模様状	石材調
					陶石調
					タイル調
					土壁
					多彩模様

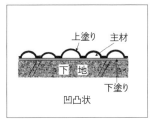

3 原料および製造

原料　［表9-1-3］に塗料の組成を示す。塗膜を形成する合成樹脂などの結合材、顔料（着色顔料や体質顔料）、増粘剤・分散剤・消泡剤などの少量添加剤および溶剤や水などの揮発成分で構成される。仕上塗材の組成も同じで、結合材にセメントも含まれる。塗膜の主要な性能である耐久性や接着性は結合材で決まり、色彩は着色顔料で、さらに塗料・仕上材料の安定性、作業性や塗膜の平滑性は少量添加剤で調整される。

製造方法　各原料を混練する製造方法が基本となるが、顔料分散が発色性、隠ぺい性などの塗膜品質に影響する最も重要な工程である。［図9-1-2］に一般的な塗料の製造工程を示す。水性塗料と溶剤系塗料では、顔料を分散する工程に違いがあり、前者は、分散剤・消泡剤・粘性調整剤などの添加剤とともに顔料を水を媒体としてミル分散させて顔料ペーストをつくる。後者は、水の代わりに分散用樹脂となる。

　顔料ペーストは、バインダーとなる樹脂と混合し、消泡剤・粘性調整剤などの添加剤を加えて原色塗料となる。原色塗料を混合して調色し、製品として出荷される。最近では、人が行っていた調色作業はコンピュータカラーマッチング（CCM：Computer Color Matching）と呼ばれるシステムを利用し、分光光度計で色を数値化し、コンピューターで配合を計算処理するようになっている。

4 性質

流動特性　塗布するために重要な性状である。刷毛、ローラー、スプレーなどの施工道具に応じた最適な粘度・粘性に希釈材で調整する。希釈率が違うと作業性、美観、塗膜性能に影響する。

塗膜形成　この材料分野では塗膜を形成する過程を乾燥といい、溶媒の乾燥、酸化重合、架橋反応などを含む。工場塗装は一定の乾燥条件で行われるため塗膜品質は安定するが、現場塗装では塗膜形成過程で温度、湿度や風などの影響を受けやすく、美観、塗膜性能に関係する。

接着性　塗膜の耐久性に重要な項目である。様々な被塗物に接着す

る塗料はなく、プライマーと呼ばれる下塗りが必要となる。逆に剥がしやすい塗膜としてストリッパブルペイントがある。

塗膜物性　結合材である樹脂の種類によって塗膜性能が異なる。樹脂には鎖状構造の熱可塑性樹脂と三次元網目構造を形成する熱硬化性樹脂に区分できる。前者は溶剤に溶けやすく、後者は溶けにくい。一般的な塗料は、熱硬化性樹脂が多く、化学的・力学的性質が熱可塑性樹脂よりも優れる。塗膜物性は、樹脂の硬さ・軟らかさや樹脂と顔料の配合比でも異なる。

塗料の取扱い　労働安全衛生法では、化学物質についてのリスクアセスメントが全ての事業者に対し義務となっており、塗料を扱う場合も対象となる。安全データシート（SDS）をもとにリスクの見積り、リスク低減対策を検討する。

［表9-1-3］塗料の組成

分類	種類	溶剤系塗料	水性塗料	粉体塗料
塗膜形成助要素	溶媒	強溶剤系：トルエン、キシレンなど 弱溶剤系：ミネラルスピリットなど	水	－
塗膜形成要素	結合材	乾性油、合成樹脂、天然樹脂	水溶性樹脂、エマルション樹脂	合成樹脂
	着色剤	有機顔料、無機顔料（酸化チタン）、染料、防錆顔料、金属粉、合成顔料など		
	体質顔料	クレー、タルク、炭酸カルシウム、亜鉛華など		
	添加剤	レオロジーコントロール剤表面調整剤、消泡剤	セルロース系増粘剤成膜助剤、消泡剤、防腐剤	表面調整剤、ワキ防止剤、硬化剤

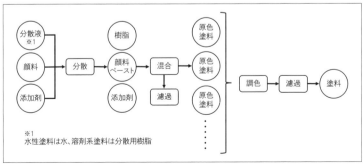

［図9-1-2］塗料の製造工程

9-2 応用知識

1 薄い塗料は温湿度に敏感

■塗膜に影響を与える諸因子

　加熱硬化形塗料は熱処理して塗膜を形成するため、焼付け温度や焼付け前のセッティング時間を管理することで安定した塗膜品質が得られる。一方、現場で塗装する塗料や仕上塗材は、作業環境（気温、湿度や風）が塗膜品質に及ぼす影響が大きい。例えば、材料の保管条件、塗装作業時の環境条件、塗布量・塗装間隔、希釈材の種類・量、未硬化塗膜の養生などに留意が必要である。

■材料の保管条件

　氷点下では水性塗料は凍結する。融解させてもエマルション樹脂粒子が融着して分散状態が破壊されるためゲル状となる。こうなると、塗料としては使い物にならなくなるので冬の施工では氷点下にならないように配慮が必要である。さび止め塗料などは比重の大きい顔料が長期間の保管で沈降して容器の底に固まるケーキングと呼ばれる現象が起こる。小分けして使用する場合は、上澄みだけを使わないように十分にかき混ぜて使用する。

　一液湿気硬化形塗料やイソシアネート系硬化剤は水と反応するため、容器を開封した後に保管する場合は大気中の湿気や水分が混入しないように密栓し、なるべく早く使うようにする。

■塗装の環境条件

　自然乾燥で塗膜を形成する塗料は、壁面などの垂直面ではダレないように、床などの水平面ではセルフレベリングするように品質設計されている。一般的に常温乾燥形で塗装・乾燥に適する温度・湿度は［図9-2-1］に示す範囲であり、乾燥・硬化に不利な低温や高湿度での塗装は避ける。

　溶剤系塗料を高温多湿条件で塗装した場合に白化（ブラッシン

グ）やつや引け（光沢低下）などの現象が生じる。これは、塗膜からの溶剤の揮散による蒸発潜熱によって塗膜表層と空気が冷やされて結露が生じ、小さな水滴が塗膜中に残り微小な穴ができたことによる。対策としては蒸発速度の遅い溶剤、例えば結露水を溶解させる働きもあるブチルアルコールなどの乾燥遅延剤（リターダー）をシンナーに混合する。水系の仕上塗材も風の影響で塗膜表面の乾燥が速くなると塗り継ぎが困難になる。塗料メーカーの乾燥を遅くする処方が必要となる。

■塗装作業

　塗料は寒いと粘度が高く、暑いと粘度が低くなる温度依存性のある材料である。施工時の気温、材料の温度によって作業に適した粘度になるよう、水性塗料の希釈は清水、溶剤系塗料は専用のシンナーや塗料用シンナーを用いて調整する。希釈範囲内で使用することで塗装作業性、仕上がりや塗膜品質が確保できる。

　塗膜の乾燥は、仕上塗材は厚塗りとなるため、内部まで乾燥・硬化するのに時間がかかる。表面が乾燥していても内部が未硬化状態の場合があり、雨水がかかると塗膜から白濁したエマルション樹脂の溶出が生じる。これを再乳化と呼ぶ。降雨が予想される場合は塗装作業は中止し、未硬化の塗装面は雨水がかからないように養生する。仕上塗材は十分な工程間隔をとる計画にするなどの配慮が必要である。

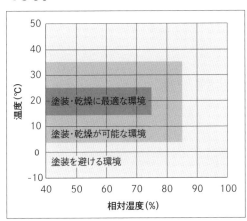

[図9-2-1]
常温乾燥形塗装に
適する温度・湿度

2 大きな面を均一に塗るのは大変

■大壁面の塗装仕上げを観察してみると

　塗料の仕上がりは作業環境や作業者の個人的な技能、塗料の種類によるところが大きい。［写真9-2-1］は、［図9-2-2］のような外壁足場の建枠および布板が吹付け作業の障害となって、足場むらが生じた事例である。

■吹付け・スプレー塗装

　［図9-2-3］のような塗装ガンで吹付けする場合、塗装ガンの吐出口が、自分の体の高さに対して正面の壁面には垂直に向き、高いところは上向き、低いところは下向きになると、上下方向に塗膜厚さにバラツキが生じる。足場上だと作業する場所が限られるため、どうしても建枠や布板がある部分は塗りにくくなる。熟練作業者は高いところは背伸びをし、低いところはしゃがみながら壁面に一定方向から均等に塗り付ける工夫をしてバラツキを少なくしている。

　塗料は刷毛・中毛ローラーや吹付けで塗装が行われる。吹付けは大面積を効率的に塗装できるエアレス式が一般的である［図9-2-4］。中・濃彩色の塗料をエアレス塗装した後に足場繋ぎなどを補修塗り

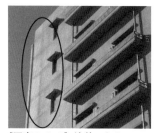

［写真9-2-1］塗装のむら

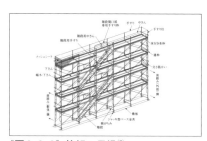

［図9-2-2］枠組み足場[2]

リシンガン　　タイルガン

［図9-2-3］塗装ガンの種類

［図9-2-4］エアレス式

〈2〉国土交通省大臣官房官庁営繕部監修、公共建築協会『建築工事監理指針 令和元年版』2019年

（タッチアップ）すると塗った部分が白くなり色違いを生じることがある。これはエアレス塗装では吐出口で塗料に剪断力が作用して顔料が分散された状態で塗膜となり、刷毛塗りや中毛ローラーでは顔料が凝集した状態で塗膜となるのが原因である。

■ローラー塗り

　［図9-2-5］の砂骨ローラーで模様を塗り付ける仕上塗材は、作業を中断した後に塗り継いだ部分で仕上模様に違いの生じることがある。塗膜の乾燥が著しく速い場合には、塗り継ぎが難しくなるので、模様が区切りよく繋がるように塗り継ぎ箇所を設定する。

■刷毛塗り

　刷毛塗りでは、使用する刷毛の種類や塗料の希釈による粘度調整で作業性や仕上がりに差異が出る。塗料粘度が高い場合は、作業性が悪く、過剰に希釈して塗料粘度を下げた場合は、"たれ"と呼ばれる部分的に下方に流れて厚い層ができる不具合や塗料中の顔料分散が不均等になり"色分かれ""つや不足"を生じる。必要以上に厚塗りせず、希釈し過ぎないように粘度管理が必要である。

■むらが出やすい塗料

　メタリック塗料はアルミニウム粉などのフレークが塗膜中で一様に分散配列して金属調の仕上がりとなる。スプレー塗装での塗料粘度や吹付け圧条件などにより噴霧微粒子が細かくならないと仕上がりにむらが生じることがあり、微調整に熟練の技を要する。

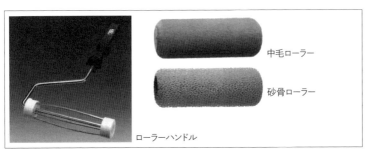

中毛ローラー

砂骨ローラー

ローラーハンドル

［図9-2-5］ローラーの種類

3 劣化した塗膜を手で擦ると白くなるのはなぜ

■白亜化

　塗膜は紫外線、熱、水、酸素などの外的因子の影響を受けて劣化し塗膜品質が低下する。これが経年で生じる塗膜劣化であり、現象は概ね［図9-2-6］のようになる。汚れは塗膜の凹凸や表面に付着して美観を低下させ、樹脂や顔料が劣化すると変退色や光沢低下が生じ塗膜本来の品質・機能が失われる。着色塗膜は白顔料（二酸化チタン）、黄土（酸化鉄）、赤錆（酸化鉄）などの無機顔料や有機顔料が結合材である樹脂に覆われた状態の層となっている。塗膜表面の樹脂が劣化すると［写真9-2-2］の上のように表層の結合材が喪失し顔料粒子が露出する。このような塗料表面が紛状になった状態を白亜化（チョーキング、chalking）と呼ぶ。チョークに由来する名称である。顔料を含まない透明塗料は樹脂が劣化しても白亜化の現象は生じない。

■塗膜の耐候性

　結合材の樹脂の種類や塗料配合で塗膜の耐候性は異なる。日本工業規格（JIS）の JIS K 5658（建築用耐候性上塗塗料）、JIS K 5659（鋼構造物用耐候性上塗塗料）、JIS K 5675（屋根用高日射反射塗料）や JIS A 6909（建築用仕上塗材）では、耐候性品質を3等級に区分している。耐候性評価は、所定の場所での屋外暴露試験や促進耐候性試験で行い、［表9-2-1〜2］のように塗膜表面の光沢保持率、見本品との色差（JIS K 5600-4-6）の比較、白亜化の等級（JIS K 5600-8-6）等で規定している。実際の塗膜の期待耐用年数は、同じ等級でも製造者や使用する地域、使用条件などで違うので留意する。

■外壁塗膜の劣化診断

　外壁塗膜の改修では既存塗膜の状態を把握するため、塗膜表面の劣化状態、塗膜内部の劣化状態、下地に起因する劣化状態を調査するが、白亜化の触診は上塗り塗膜の劣化状態を把握するのに簡便で効果的な方法として行われる。

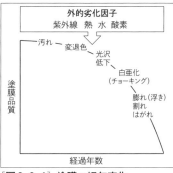

X20,000　1μm　　X20,000　1μm

初期塗膜　　　　　白亜化塗膜

［図9-2-6］ 塗膜の経年変化

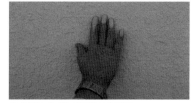

［写真9-2-2］ 塗膜の白亜化

［表9-2-1］ 塗料の耐候性評価

関連JIS	試験項目	等級		
		1級	2級	3級
JIS K 5658	促進耐候性	照射時間2,500時間後	照射時間1,200時間後	照射時間600時間後
		光沢保持率が80%以上	光沢保持率が80%以上	光沢保持率が80%以上
		規定照射時間後、塗膜に、割れ、はがれおよび膨れがなく、試料の色差が 見本品の色差と比較して大きくなく、さらに、白亜化の等級が1または0である		
	屋外暴露耐候性	光沢保持率が60%以上	光沢保持率が40%以上	光沢保持率が30%以上
		試料の色差が見本品の色差と比較して大きくなく、さらに、白亜化の等級が1または0である		
JIS K 5659	促進耐候性	照射時間2,000時間	照射時間1,000時間	照射時間500時間
		促進耐候性試験に耐える	促進耐候性試験に耐える	促進耐候性試験に耐える
	屋外暴露耐候性	光沢保持率が60%以上	光沢保持率が40%以上	光沢保持率が30%以上
		白亜化の等級が1または0である		
JIS K 5675	促進耐候性	照射時間2,500時間後	照射時間1,200時間後	照射時間600時間後
		光沢保持率が80%以上	光沢保持率が80%以上	光沢保持率が70%以上
		規定照射時間後、塗膜に、割れ、はがれおよび膨れがなく、試料の色差が 見本品の色差と比較して大きくなく、さらに、白亜化の等級が1または0である		
	屋外暴露耐候性	光沢保持率が60%以上	光沢保持率が40%以上	光沢保持率が30%以上
		白亜化の等級が1または0である	白亜化の等級が2、1または0である	白亜化の等級が3、2、1または0である
		塗膜に、割れ、はがれおよび膨れがなく、試料の色変化が見本品比較して大差なく、 さらに、近赤外波長域の日射反射率の平均が80%以上		

［表9-2-2］ 建築用仕上塗材（上塗り）の耐候性評価

関連JIS	試験項目	区分		
		耐候形 1種	耐候形 2種	耐候形 3種
JIS A 6909	耐候性B法	照射時間2,500時間後	照射時間1,200時間後	照射時間600時間後
		光沢保持率が80%以上	光沢保持率が80%以上	光沢保持率が80%以上
		規定照射時間後、塗膜に、割れ、はがれおよび膨れがなく、変色の程度が グレースケール3号以上であり、白亜化の等級は1以下		

4 透明塗料は色が変わる

■透明塗料とは
　塗料は、［**図9-2-7**］に示すように塗膜形成要素と揮発成分から構成される。塗膜形成要素には、着色顔料、体質顔料や防錆顔料、塗膜主成分の合成樹脂等の結合材、増粘剤、消泡剤などの添加剤が含まれる。揮発成分の溶媒は、水性塗料であれば水、溶剤系塗料はトルエン、キシレン、ターペンといった溶剤が用いられる。塗膜形成要素から顔料を除いた塗膜主成分と添加剤と揮発成分の混合物をビヒクル（展色材）と呼び、これが透明塗料の組成である。一般的にはワニスやクリヤーと呼ばれる。透明塗料はコンクリート打放し面、陶磁器質タイル面、金属パネルや木質系建材などに意匠性付与、保護を目的として使用される。

■塗膜の変色
　透明塗料は、時間の経過とともに透明（無色）から黄味を帯びる黄変を生じることがある［**写真9-2-3**］。この黄変は、塗料中の樹脂が紫外線を長時間受けたことによる化学構造の変化で生じる。特に不飽和度（分子中の二重結合の量）の高い動植物油ワニス、芳香族化合物を樹脂成分にもつエポキシ樹脂やウレタン樹脂は黄色に変化しやすい。下塗り用途に使用されるエポキシ樹脂やウレタン樹脂は紫外線による黄変性よりも接着性を重視して設計しているので、上塗りを透明塗料とする仕様は考えていない。透明塗膜を透過して黄変するだけでなく、上塗り塗膜のはく離の原因にもなるので注意が必要である。どうしても透明塗料に下塗りが必要な場合は、無黄変形の下塗りを選定するのが必須である。

■コンクリート打放し仕上げの濡れ色
　打放しコンクリートの美観や保護を目的とする塗装仕様では、透明塗料をコンクリート表面に直接塗ると濡れ色になり、コンクリートの質感を損なう場合がある。濡れ色を防止するためにシリコーン系やシラン・シロキサン系の浸透性吸水防止材を下塗りに使用し、

ふっ素樹脂、アクリルシリコン樹脂やポリウレタン等を主成分とした透明塗料を上塗りとする塗装仕様が一般的となっている。浸透性吸水防止材は低粘度の液体で、コンクリート表層数 mm に浸透して吸水防止（撥水）層を形成し、透明塗装による濡れ色を防止する。コンクリート地肌に補修跡があると、透明塗装だけでは色むらが生じるため、コンクリート色に調色した顔料ペーストまたは塗料を透明塗料に少量添加した半透明塗料（カラークリヤーと呼ばれる）を中塗りして仕上げることで地肌のむらをぼかす仕様もある。

■塗装後の白ボケ

　塗装後に塗膜が白く濁って透明性が悪くなる現象を耐水白化という。この現象は、下地の含水率が高い場合、塗料中に水分が混入した場合および1回の厚塗りや乾燥不十分な状態で塗り重ねた場合などが原因となり、塗膜中に水が介在して生じる。**応用知識 1** の白化（ブラッシング）とは区別される。透明塗料で耐水白化が生じてしまったら、塗膜層を剥離または研磨して除去し、再塗装するしかない。塗装時には水分の影響がないように注意し、乾燥を十分に取る工程を計画する必要がある。

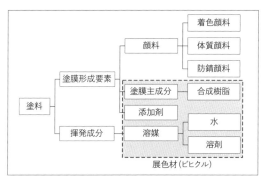

[図9-2-7]
塗料の組成

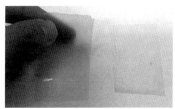

［写真9-2-3］ 塗膜の変色

5 塗膜の汚れを防ぐには

■ 物理的な汚れ

　［**写真 9-2-4**］の例は、開口部の水切り上面に堆積した塵埃が雨水で流されて筋状にできた跡で雨筋汚染（筋汚れ）と呼ばれる。雨筋汚染は、塗膜の表面性状と建物形状が大きく関係する。塗膜表面が撥水しやすいと、流水が水滴として残留して雨筋や親油性の汚れの付着が生じやすい。低汚染塗料は、親油性の汚れが付着しにくく、降雨による自浄効果も働くため、外部用塗料では主流となっている。一般的な低汚染塗料は、アルキルシリケートが湿気や水と加水分解して生成するシラノールの OH 基により塗膜表面の水接触角を低下させることで親水性を発現する。ただし、汚れの量が多い場合では塗膜面の自浄効果が追いつかないので、水平面に溝、あるいは段差を設けて雨水の流れを変える水切りなどの設置を検討することが必要である。

■化学的な汚れ

　化学的な汚れは、紫外線劣化によるチョーキングや［**写真 9-2-5**］のような顔料が変質したもの、金属の錆や［**写真 9-2-6**］のようなエフロレッセンスなどがあげられる。これらの対策としては、耐候性、耐久性のある塗装仕様の選定や水の滞留や浸透を防止する建築的対応も重要となる。

■生物的な汚れ

　生物的な汚れは、植物・藻類・カビの繁殖やハトやカラスなどの動物の糞による。［**写真 9-2-7**］は、淡色の塗装面に藻類が繁殖したものだが、青銅製の銘板下部が汚れていないのは、銘板から殺菌作用のある銅イオンが溶解した雨水が流下するためである。このように藻類や黒色に変色させるカビに対しては、殺菌成分の薬剤が添加された塗料の使用を検討する必要がある。薬剤は徐々に溶出して効果を発現するため、その持続性を考えておく必要がある。

■人為的な汚れ

　［**写真 9-2-8**］は、内装塗膜に手垢汚れが付着したものだが、手の皮脂の脂肪酸類が塗膜に接触・浸透すると軟化を生じ、塗膜剥離に至る場合がある。人の出入りが頻繁な鉄部の扉や手摺などに塗装された水性塗料や弱溶剤系塗料に認められる。皮脂に対して強い塗装仕様の選定が重要である。

　［**写真 9-2-9**］は階段蹴上げ部に見られる現象で、エマルション塗装面と靴との接触で靴底のゴムが摩擦熱によって溶着したヒールマークである。このような屋内のヒールマークを除去するのは大変である。この場合、平滑で高硬度の塗料で再塗装してヒールマークを付きにくくするか、カーペット系床材を蹴上げ部まで貼り付けるなどの抜本的な仕様変更をあらかじめ検討する必要がある。

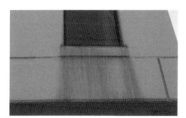

［写真 9-2-4］雨筋汚染

［写真 9-2-5］塗膜の変退色

［写真 9-2-6］エフロレッセンス

［写真 9-2-7］藻類の繁茂

［写真 9-2-8］手垢汚れ

［写真 9-2-9］ヒールマーク

6 しばしば目にする物質の移行

■可塑剤の移行

シーリング目地上の塗装　ALC版やサイディングなどの目地には雨水の浸入を防ぐためにシーリング材が充填される。外壁の塗装仕上げの際に目地にも塗装するが、シーリング材中の可塑剤が塗膜に浸透していく。この現象を移行と呼ぶ。移行は、可塑剤の濃度勾配に基づく拡散現象である。可塑剤は塗膜を軟化させると共に表面に粘着（タック）が生じ、周辺の塵埃などを付着して［**写真9-2-10**］のように目地部分だけが黒く変色する。このような場合には、可塑剤が移行しないノンブリードタイプのシーリング材を選定して塗装するか、可塑剤の移行を止める樹脂膜を形成するバリヤプライマーと呼ばれるプライマーを塗装することが必要となる［**図9-2-8**］。同じ樹脂系のシーリング材でもメーカー間で独自の配合技術があるため、シーリング材と塗料の組合せは、試験施工や室内試験により密着性や可塑剤移行の有無などの適性を事前に確認しておくことが重要である。

シート建材への塗装　屋上やバルコニーに施工されたシート防水材は塩化ビニル樹脂のような熱可塑性樹脂が使われるが、柔軟性や成形加工のために可塑剤が多く含まれる素材である。樹脂製のサンダルやゴム底の靴を置いておくと可塑剤が移行して粘着することがある。内装用の壁紙も塩化ビニル樹脂を可塑剤で軟らかくしてシート状に加工したものが多く、リフォームの際にその上から塗装をすると可塑剤が塗膜へ移行してタックを生じ、汚れが付きやすくなる。特に、艶消しよりも艶のある塗料のほうが、また、塗膜中の樹脂量が多いほど移行しやすい。塩ビ系壁紙を塗料で塗り替える場合には、可塑剤移行防止の下塗りを選定して塗装することが肝要である。

■その他の物質の移行

　ニコチンやタールが主成分のタバコのヤニで黄ばんだ喫煙室の壁面を水性塗料で塗り替えると、壁面のヤニが水性塗料に溶けて塗膜表面へ移行し、硬化後の塗膜にシミ状の汚れが出てしまう場合があ

る。溶剤系塗料や弱溶剤系塗料を使用していたときはヤニの浮き上がりはなかったが、VOCなどの室内空気質の問題から水性塗料で仕上げることが増えて顕著になってきた。対策としては、下地に付着しているヤニを水洗いなどで除去することが最善策だが、水洗いができない場合やヤニが残存する場合は、ヤニ止めのシーラーを下塗りに選定する。ヤニ止めシーラーは、カチオン系のアクリル樹脂系エマルションを主成分とし、水に溶けるとカチオン系の性質となるヤニをカチオン系塗膜で移行を止める働きがある。塩ビ系壁紙の場合は、ヤニ止めシーラーで可塑剤の移行を防止できないため、ヤニ止めシーラーを塗布後に前述の可塑剤移行防止の下塗りをする工程を増やす必要がある。

　同様に塗料に溶ける下地は移行を起こす。屋根葺き材のアスファルトシングルの塗り替えでは、含まれるアスファルト成分が溶剤で溶けるため、溶剤系塗料を直接塗装することができない。水性塗料の仕様で塗り替えが行われることが多い。

［写真9-2-10］シーリング汚染

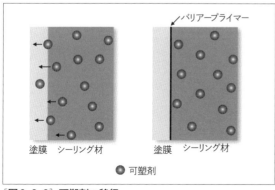

［図9-2-8］可塑剤の移行

7 めっき面の塗装は要注意

■亜鉛めっき

　めっきは金属または非金属の表面を金属の薄膜で密着被覆して仕上げたもので、耐食性や装飾性を付与する目的で用いられる。[**図9-2-9**]に代表的な亜鉛めっきの種類を示す。電気亜鉛めっきは、めっき液中で電気めっきを行い、通電量で亜鉛の付着量を制御する。家電製品などの用途が多く、亜鉛めっき後に化成処理被膜を行い塗装が施される。溶融亜鉛めっきは、[**写真9-2-11**]のように溶融した亜鉛浴に鉄骨部材などの鋼材を浸漬してめっき加工を施す。優れた鉄の防食材で、鉄塔などでは亜鉛地肌のまま利用されている。亜鉛は鉄に比べて電気的にイオン化しやすく、[**図9-2-10**]のように腐食環境下で鉄がイオン化する代わりに亜鉛がイオン化する犠牲防食作用として働き、鉄が錆びるのを防ぐ。屋外に露出する鉄骨や鋼板の防食に利用され、亜鉛めっき素地が露出した仕上げと塗装による仕上げがある。

■溶融亜鉛めっきへの塗装

　溶融亜鉛めっきへの塗装は、美観の付与や二重防食による耐久性保持を目的として行われる。亜鉛表面は活性が高く、平滑な表面のために塗膜の付着性が阻害される要因となっている。あまに油などの植物油を原料とする油性ペイントや油変性の塗料は、脂肪酸と亜鉛が反応して亜鉛石けんを生成し塗膜の付着性が継時的に低下し塗膜剥離が生じる。溶融亜鉛めっき鋼材の塗装に際しては、製造過程で付着した油類や汚れを除去後、リン酸塩溶液による化成皮膜処理またはエッチングプライマー（JIS K 5663、1種）の塗布により塗膜の付着性を向上させる。亜鉛めっきは長期間にわたり風雨に曝されると、金属光沢が喪失し亜鉛の腐食生成物である白錆が発生する。脆弱な白錆は塗膜の付着性を阻害するので、ワイヤーブラシ、スチールタワシ、スィープブラストなどで研磨して除去し、塗装に適する下地とする。亜鉛めっき鋼材面の下塗りには、鉛酸カルシウムさび止めペイントが亜鉛せっけんの生成を抑制する効果が高く、亜

鉛めっき面に優れた付着性を有することから使用されてきた。しかしながら、現在では鉛排除の環境要請からエポキシ樹脂プライマーが用いられるようになっている。エポキシ樹脂塗膜の内部応力は大きいので剥離しやすいため、亜鉛めっき用に内部応力を緩和させる処方を行ったエポキシ樹脂プライマーを使用する。

■ジンクリッチペイント

　亜鉛末を主体的な顔料として結合材で調合したものをジンクリッチペイントといい、重防食塗装の下塗りに用いられる。結合材にアルキルシリケートなどの無機系を使用した無機ジンクリッチペイントとエポキシ樹脂などの有機系を使用した有機ジンクリッチペイントがある。上塗り塗料との選択性はあるが、溶融亜鉛めっき面よりも塗装適性は良好である。

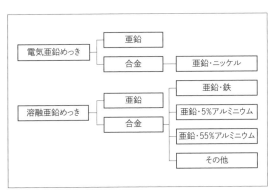

［図9-2-9］亜鉛めっきの種類

［写真9-2-11］
溶融亜鉛めっき工程

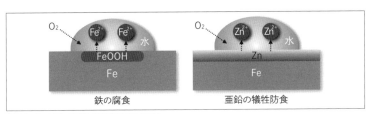

［図9-2-10］亜鉛の犠牲防食作用

8 キャンバスになる大壁面

■グラフィティ

イギリスのロンドンを中心に活動する有名なアーティスト "バンクシー" が世界各地で残したストリートアートは話題性があるが、［**写真 9-2-12**］のような街で見かけるストリートアートの大半は、ラッカースプレーで意味不明の文字や絵を書き殴った悪戯書きであり、世界各国の都市を悩ますできごとになっている。このような街の公共物や建物の壁に描かれた悪戯書きはグラフィティ（Graffiti）と呼ばれているが、日本語では「落書き」を意味する言葉である。

悪戯書きは容易に消すことができないため、家主にとっては放置せざるを得ない気の毒な状況になる。ところ構わず悪戯書きをすることは、もはや悪戯では片づけることができず、犯罪行為といっても過言ではない。また、建物にとっては、適切な防護策を講じ、さらに悪戯書きの被害を受けた場合にも素早く安価に除去できる洗浄性に優れる仕上げを施しておくことが、悪戯書きを自衛する手段となる。

■悪戯書きの除去

悪戯書きを除去するには、化学的方法と物理的方法がある。前者には、ラッカーやマジックを除去するクリーナーが用いられ、ホームセンターやインターネットショップでも販売されている。成分は、柑橘類から抽出した天然のリモネンとアルコールを成分とするものが多く、塗膜を軟化・溶解するタイプである。耐溶剤性が悪い下地には使用できない。物理的除去には、高圧温水洗浄や重曹ブラストを利用する方法が多用される。コンクリートなどの硬い下地には適するが、塗装仕上げの壁面に落書きされている場合は、除去が困難で上塗り塗料の再塗装で隠蔽する方法が適している。

■悪戯書きを防止する塗料

悪戯書きをされても除去を容易にする落書き防止塗料が各塗料会社より販売されている。落書き防止塗料は、塗膜表面に撥水性・撥

油性を有するシリコーン樹脂系やふっ素樹脂系をバインダーとした
クリヤー塗料が多く、貼り紙防止としての効果もある。悪戯書きを
除去する方法は、粘着テープなどで剥がすことも可能で、大面積の
悪戯書きの除去には、専用のストリッパブルペイントの塗布による
剥離や、溶剤で拭き取るなど、製品ごとに手段が工夫されている。
選定のポイントとしては、容易に除去しやすいこと、悪戯書き防止
性能の持続性が長いことに着目するとよい。この種の塗料は、塗膜
表面に撥水性・撥油性をもたせているので容易に塗り替えができな
いことを考えると、屋外環境下での塗膜の耐久性も重要である。

■景観材料

　悪戯書きは迷惑行為だが、例えば［写真9-2-13］のような銭湯浴
室の大きな富士山の風景画などは壁面をキャンバスとして意図的に
描かれると心を和ませる景観として好ましい。

　最近では、都市景観の維持・保全のために独自の景観条例を施行
する自治体が増え、外壁仕上げの色彩設計が重視されている。工場
や倉庫などの無機質な大壁面はキャンバスとして好適であり、単調
な色調を塗り分けるのではなく、塗料を絵の具として使ってイラス
トを配置できる。フェイクやエイジングなどの塗装技法を使い、擬
木や古色調の仕上げができる。また、装飾仕上塗材を用い、本物と
見誤る張り石面を再現できる。これらの塗装法を採用する際に、設
計者の設計意図を生かすには作業者の技量のみならず感性が重要と
なる。見本品や試験施工などで、設計者や施主の確認を取ることが
肝要である。

［写真9-2-12］悪戯書き

［写真9-2-13］銭湯の風景画

9 高温環境下に曝される部位の塗装仕上げ

■耐熱塗料

耐熱塗料は、高温に曝される金属表面に塗装し、高温下でも劣化しない塗膜を形成する。一般的なアクリル樹脂、ウレタン樹脂、ポリエステル樹脂などを結合材とする有機塗料は炭素骨格 -(-C-C-)- のため、150 〜 200℃付近において熱分解が始まり、塗膜は劣化する。そのため、耐熱温度の高いケイ素骨格 -(-Si-O-Si-)- をもつポリシロキサン樹脂の結合材や水ガラスなどの無機結合材が用いられる。ポリシロキサン樹脂は 200℃以下で縮合反応による皮膜を形成し、350 〜 500℃で側鎖のメチル（-CH$_3$）やフェニル（-C$_6$H$_5$）などの有機部分が熱分解して消失する。完全に有機部分が熱分解しても、-(-Si-O-Si-)- を骨格とする無機質の塗膜になる。耐熱性が求められる煙突、焼却炉、プラントなどの部位に適用される。耐熱温度は最高 600℃まで耐える塗料もあるが、適用できる素地は耐熱性が要求されるため、選定には十分注意する必要がある。

■耐火塗料

耐火塗料は、鉄骨部材の耐火被覆の代わりに意匠性も付与することを目的とした塗料である。アクリル樹脂やエポキシ樹脂などの結合材とポリリン酸アンモニウム、メラミンなどの発泡剤、多価アルコール、糖類などの炭化剤が配合されたものである。高温時に主成分の発泡剤が発泡すると共に、リンが触媒の働きをして炭化剤が断熱層を形成するメカニズムになっている。塗装は、さび止め層（下塗り）・中塗り層（発泡層）・上塗り層（意匠付与）で構成され、耐火塗料は中塗り層になる。火災の際、塗膜が燃焼し雰囲気温度が 200 〜 300℃になると、[図 9-2-11] のように中塗り層の発泡が始まり、炭化発泡層（チャー）を生成する。最終的には 25 〜 50 倍程度まで発泡し、これが断熱材の役目を果たして鋼材温度の上昇を防ぐ。

使用上の注意点として、屋外環境下に曝される部位では塗膜の膨れや剥がれなどの多数の不具合事例が報告されている。これは、発泡剤に使用されるポリリン酸アンモニウムが水に溶けやすいこと、

および1回の塗布量を規定より多く塗装した場合や乾燥が不十分な状態で中塗りの塗り重ねをしたことが原因である。1液型の中塗りは内部まで乾燥硬化するまで時間を要することから、乾燥硬化を速くする2液型の塗料が開発されているが、塗膜の耐水性は大幅に改善されたものでは出ないため、屋外の部位に使用する際には降雨に留意する必要がある。

■防火塗料（防火材料）

　建築基準法では、初期の火災の成長を遅延させ、火災の初期における安全避難を実現させると共に、火災が成長しても、煙の発生を少なくし、避難を妨げないように、特定の対象建築物について内装材料の種類を制限している。これらの建築物の壁・天井の屋内に面する部分の仕上材には、建築物の用途や規模に応じて、不燃材料・準不燃材料・難燃材料などの防火材料を使用しなければならない。防火塗料は、燃えやすい基材への着火や炎が燃え広がらないように不燃や難燃の性能を付与するものである。耐火塗料と同じように発泡するタイプと、炎や高温に接すると消火作用のあるガスを発生する反応タイプがある。ほとんどが水溶性成分のため、水がかりの部位には使用できない。日本防炎協会の防炎物品として認定を受けた塗料がある。防火材料などの指定がある建築物に対する内装用仕上材を選定する際には建築基準法に従う必要がある。

　塗料、仕上塗材などは、基材の表面に仕上材を施工した試験体で性能を評価し、不燃性能が認められれば、不燃材料として認定される。なお、旧建築基準法においては、「不燃材料」、「準不燃材料」の標準的な基材の上に施工された試験体で試験を実施し、その基材と同等以上の防火性能を有している仕上材を「基材同等」の材料と呼んでいる。

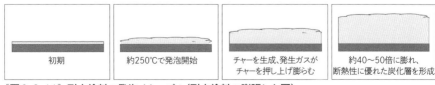

| 初期 | 約250℃で発泡開始 | チャーを生成、発生ガスがチャーを押し上げ膨らむ | 約40〜50倍に膨れ、断熱性に優れた炭化層を形成 |

［図9-2-11］耐火塗料の発泡メカニズム（耐火塗料の膨張した図）

10章 外壁用材料

10-1 基礎知識

〈軽量気泡コンクリートパネル（ALCパネル）〉

1 概説

　軽量気泡コンクリートパネルは、一般的に ALC (Autoclaved Lightweight Concrete) パネルまたは、ALC版とも呼ばれる、多孔質のセメント系無機材料である。1920年代にスウェーデンで開発され、欧州を中心に普及し、日本には1960年代に製造技術が導入されて今日に至っている。軽量で断熱性に優れ、住宅を中心に種々の建築物の外壁、間仕切り壁、床に広く用いられる。

2 種類

　JIS A 5416（軽量気泡コンクリートパネル（ALCパネル））は、形状により一般パネルと建物の隅部に用いられるコーナーパネルに分かれている。また、パネルの厚みおよび表面の意匠性による区分もある。JIS認定品ではないが、工場でタイルを張ったパネルも製造されている。

3 原料および製造

　［図10-1-1］に ALCパネルの製造工程を示す。けい石、セメント、生石灰、アルミ粉末を主原料とする。型枠内に防錆処理を施した鉄筋を配置し、原料を水で混合したスラリーを流し込んで成形する。アルカリ環境下で、アルミ粉末は水素ガスを放出し、気泡を形成する。硬化が始まった段階でピアノ線により所定の形状に切断する。切断後に180℃、10気圧のオートクレイブ養生で完全に硬化させて

パネルを製造する。硬化体の主成分は、トバモライトと呼ばれる板状もしくは笹の葉状結晶のけい酸カルシウム水和物である。

4 性質

基本性能　単位面積当たりの重量は、一般的な PCa コンクリートパネルと比較し 1/5 〜 1/6 と非常に軽量である。耐荷重性能は、パネルの許容荷重（N/m^2）で示される。ロッキング構法の外壁の標準的な値は、正圧 $2,000N/m^2$、負圧 $1,600N/m^2$ である。JIS 品には、曲げ試験で性能を確認された許容荷重が刻印されている。設計者は適用部位に応じ、風荷重、積載荷重等を考慮して設計荷重を設定する。使用するパネルの許容荷重は設計荷重を上回るものとする。

耐火性　ALC パネルは無機質材料のため、耐火性に優れる。国土交通省告示第 1400 号に規定されるコンクリートの扱いで不燃材料となる。耐火構造、準耐火構造とは、建築部位が所定時間火熱が加えられた際、所定の耐火性能を有すると認定された構造方法である。ALC パネルは同告示第 1399 号により、75mm 厚以上のものは、壁として 1 時間、屋根として 30 分の耐火構造と認められている。

遮音性　ALC パネルは独立気泡を含むため、軽量材料の中では遮音性は高いが、軽量であり、単材では共同住宅の界壁に必要とされる遮音性能（Dr-40）を確保することが難しい。ALC パネル 100mm の表裏面にモルタル、プラスターなどを 15mm 施工した壁構造は、告示第 1827 号で当該遮音性能を有する壁構造として認められる。

断熱性　ALC パネル中の独立気泡により、断熱性は比較的よいが、材料自体の吸水率が高く、湿潤すると断熱性能が低下する。JIS では断熱性能が規定され、絶乾質量に対する含水率 6％以下の試験体で試験した熱抵抗値で評価される。

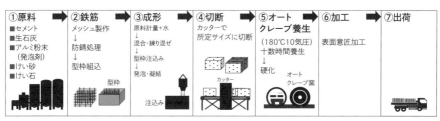

［図 10-1-1］ALC パネル製造工程

〈押出成形セメント板（ECP）〉

1 概説

　押出成形セメント板は、主に内外壁や床などに用いられる無筋の
セメント系パネルで、略して ECP（Extruded Cement Panel）と呼ば
れる。押出成形により製品断面内に大きな連続空洞を有することが
特徴である。中低層の事務所ビルなどではガラスと並んで主要な外
壁材料として使用される。

2 種類

　JIS A 5441（押出成形セメント板（ECP））では、主として表面の形
状により種類が区分される。［表 10-1-1］に ECP の種類を示す。汎
用的に用いられる表面の平滑なフラットパネル、意匠上の要求から
リブや凹凸（エンボス）を設けたデザインパネル、表面にタイルを
接着するための凹凸加工を施したタイルベースパネルがある。その
他に内部の空洞部分にロックウールを充填し断熱性能を高めたロッ
クウール充填品がある。

3 原料および製造

　ECP の製造工程を［図 10-1-2］に示す。セメント、けい酸質材料、
パルプ等の繊維質材料および水の混練物を製品断面状の金型から押
し出して製造する。成形したパネルは、硬化するのを待ち、所定の
寸法に切断し、180℃、10 気圧のオートクレイブ養生で完全硬化させ、
平滑に切削して製品とする。

4 性質

基本性能　JIS に諸性質が定められている。比重 1.7 以上、曲げ強
度 17.6N/mm^2 以上、含水率 8% 以下、吸水率 18% 以下、吸水によ
る長さ変化率 0.07% 以下が規定されている。その他に耐衝撃性、
耐凍結融解性、難燃性が規定されている。寸法安定性は高いが、吸
水や吸湿による寸法変化はコンクリートより大きく、ひび割れを誘
発する原因となる。

　空洞を横断しないひび割れはパネル強度に決定的な影響を与えな

いとの製造会社の実験結果があるが、当初からひび割れのあるパネルの使用は避ける。また、供用中のひび割れを回避するために、設計時には変形の逃げを考慮し、取付け時にはボルトの過剰な締付けを回避する。

耐火性　セメント系材料のため耐火性は高く、燃えない材料であるが、複雑な断面形状をもつことから、不燃材料としては各製造会社の個別認定となる。耐火構造、準耐火構造等が必要な建築部位に使用する場合は、要求される耐火性能を有する構造方法が必要となる。個別認定工法として認定書に記載の仕様を遵守する。

遮音性　空洞を有し、空洞以外の板厚が 15mm 程度なので、面密度が小さく、ECP 単材で建築基準法の共同住宅の界壁に必要な遮音性能を確保することは難しい。製造会社では、性能を満たす壁の仕様について個別認定を受けている。

断熱性　空洞の効果で断熱性能は比較的良いが、断熱材を吹き付けて必要な断熱性能を確保する。断熱材にはウレタンフォームがよく用いられてきたが、不燃化の要請から湿式のロックウールに移行している。寒冷地の外壁に用いる場合は、空洞内部に結露が発生しやすいので排水性の高い縦張りが好ましい。

［表 10-1-1］押出成形セメント板の種類

種類	記号	備考
フラットパネル	F	表面を平滑にしたパネル
デザインパネル	D	表面にリブおよびエンボスを施したパネル
タイルベースパネル	T	表面にタイル張付け用あり（蟻）溝形状を施したパネル
ロックウール充填品	R	中空部にロックウールを充填したパネル

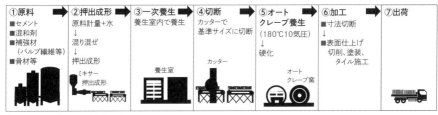

［図 10-1-2］ECP製造工程

10−2 応用知識

1 脆い目地には何を充填するか

■ALCパネルの母材破断
　ALCパネルは、多孔質の低強度の材料であるため、目地部分で取り合うシーリング材の選定には注意が必要となる。シーリング材は極めて変形性能が高く、適切なプライマーを塗布することで、下地との接着性は良好となる。シーリング材の種類によっては、変形により発生する応力がALCパネルの表面強度を上回り、目地部のALCパネルにひび割れ状の母材破断が発生する。

■シーリング材の種類
　同じ変形量では、硬いシーリング材には大きな応力が、柔らかいシーリング材には小さな応力が発生する。このようなシーリング材が変形した時に発生する応力特性を表すのがモジュラスである。日本シーリング材工業会の区分では、50％変形時の応力（50％モジュラス）が 0.2N/mm^2 未満のものを低モジュラスと呼んでいる。ALCパネルには、目地の防水性能を確保した上で、可能な限り低モジュラスの製品を選定する。シーリング材は、一般的に経年劣化で硬くなり伸び率が低減し、モジュラスが増大傾向になることに留意する。

■ALCパネルの引張強度
　ALCパネルの引張強度は、製造会社のカタログ値で 0.5N/mm^2 程度である。低モジュラスのシーリング材の最大応力は 0.4N/mm^2 程度であり、通常ならば母材破壊は発生しない。ただし、施工誤差、施工時の温度、供用下の気温、日射などの影響で、シーリング材の伸縮が想定以上となることもある。また、ALCパネルの強度も微細なひび割れや気泡の偏在などに起因したばらつきがあるので、余裕のある設計が必要となる。

■推奨応力

[**図10-2-1**] は、50％モジュラスの異なる5種類のシーリング材の引張試験時およびせん断試験時の破壊応力と破壊状況を示したものである[1]。引張り、せん断とも破壊応力 0.6N/mm² を境として、ALC パネルの母材破壊となる。想定されるシーリング材の変形量に対するモジュラスが、適切な安全率を掛けた材料強度を上回らないようなシーリング材を選定する。また、動きのある ALC パネル間の目地の場合は、繰り返し疲労試験の結果をもとに、50％ モジュラスが 0.3N/mm² 以下のシーリング材を選定するとよいと提案されている[2]。

構法に応じた選定も必要となる。ロッキング構法は地震時に目地が大きく変形するため、変形性能の高いポリウレタン系などを用い、目地底は絶縁し2面接着とする。また、目地を塗装する仕様では、追従性を阻害する場合がある。[**表10-2-1**][3] のように同じアクリル系でも結果が異なるので、追従性を確保できる製品を選択する。

〈1〉村田茂樹ほか「ALCに適したシーリング材の選定のための基礎的試験」『日本建築学会大会学術講演梗概集』pp.55-56、2008年8月

〈2〉村田茂樹ほか「ALCに適したシーリング材選定のための繰り返し疲労試験結果」『日本建築学会大会学術講演梗概集』pp.69-70、2009年8月

〈3〉林涛ほか「アクリル系シーリング材を用いたALC外壁目地の耐久性（屋外曝露6年後の疲労試験結果）」『日本建築学会大会学術講演梗概集』pp.71-72、2008年9月、をもとに著者改

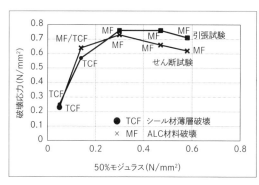

[**図10-2-1**]
シーリング材の
モジュラスと引張り・
せん断時の応力の関係[1]

[**表10-2-1**] 疲労試験結果（破壊形態）[3]

シーリング材	目地形状 （接着面）	塗装（複層塗材） の有無	曝露場所と破壊形態		
			陸別（北海道）	横浜	宮古島
アクリル系シーリング材 A（記号：TypeA）	2面	有	○	○	○
		無	○	○	○
アクリル系シーリング材 C（記号：TypeC）	2面	有	×	×	×
		無	○	○	○

凡例：○：シーリング破断　×：ALCパネル母材破断

2 外壁用パネルにタイルを張るには

■タイル仕上げのリスク

日本では、外壁仕上げにタイルが好まれる。高級感のある意匠を実現でき、中低層の集合住宅を中心に用いられるが、施工数量に比例して剥離や剥落も多く発生している。特に 1988 年に北九州で発生したタイル外壁面の剥落による通行人の死傷事故により、タイルの剥離落下に対する認識が大きく変わった。以降、剥落防止に関する研究が進展し、外壁パネルにタイルを張るための指針が定められてきた。

■ALCパネルにタイルを張るには

材料強度の低い ALC パネルを下地として、現場でタイルを張るには施工法、管理法を十分に検討し、次の諸項目を遵守する。下地となる ALC パネルを乾燥し、吸水調整材を塗布した上で、気泡孔を下地調整材で封止する。ALC パネル表面の低い強度に配慮し、表面に加わる重量を抑制するため、下地調整材は厚さ 3mm までとし、張付けモルタルおよびタイルを合わせたタイル層の重量を 30kg/m^2 以下に抑える。また、使用するタイルは、1 枚の面積が 120cm^2 を超えないものとし、ALC パネル内で割付けが完了する寸法・形状を選定する。タイル裏面は蟻足形状が必須である。

■ECPにタイルを張るには

ECP には、［図 10-2-2］に示したように、モルタルでタイルを張るときの足がかりとなる凹凸を表面に加工したタイルベースパネルがある。近年では、工場で製造するタイル張りパネルは、タイルとECP の伸縮差を緩和できる弾性接着剤を用いる工法が主流である。弾性接着剤張りの施工実績は、30 年を超え信頼性が増している。この弾性接着剤張りには、タイルベースパネルではなく接着面積を確保できるフラットパネルが適する。張付け工法により適切なパネルを選択しなければならない。

■目地の基本

　パネル下地にタイルを張る場合は、パネル間の目地に注意が必要である。タイルの割付けを重視し、下地である ALC パネルや ECP の目地を跨いでタイルを張る例が散見された。地震時の層間変位で目地部分が動き、[写真 10-2-1] のようにタイルにひび割れが発生する。近年では、パネル目地とタイル目地を合わせることは徹底されてきたが、[図 10-2-3] のように張付けモルタルをパネル目地の上にも塗り広げてしまう例が見られる。このような納まりでは層間変位への追従性が確保されないので、張付けモルタルも目地上で縁を切る。

■考慮すべき事項

　設計側の配慮として、建物の外壁に人が近づけないように植栽や水盤を配置し、剥落が起きても人的被害が起こらない方法もとられる。また、[写真 10-2-2] のようなタイル調の凹凸パターンを表面に施し、塗装して仕上げるパネルも商品化されている。

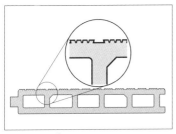

[図 10-2-2]
タイルベースパネルの例[4]

[写真 10-2-1] タイルの割れ[5]

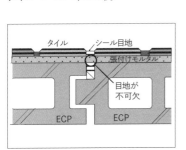

[図 10-2-3] 割り付け不良[5]

[写真 10-2-2] タイル調塗装パネル[6]

〈4〉ノザワ「アスロックハンドブック2010年版」p.20、2010年

〈5〉ノザワ「特報東北地方太平洋沖大地震（東日本大震災）とアスロックの状況」『NOZAWA news』p.4、Vol.19、2012年6月

〈6〉ノザワ「アスロック総合カタログ」p.21、2016年

3 押出成形セメント板の縦張りと横張り

■ECPの層間変位追従

　ECP の割付け方法には、［**表10-2-2**］のように ECP の長手方向を高さ方向に合わせた縦張りと長手方向を水平方向に合わせた横張りがある。縦張りと横張りでは、ECP 自体の材料的な差異はない。耐震上の違いとして、縦張りは、層間変位に対して ECP が回転することで変形に追従するロッキング工法であり、横張りは ECP が水平方向に移動することで変形に追従するスライド工法となる。

■縦張り

　縦張り工法は、ECP の四隅に設置した取付け金物を水平部材あるいは開口部の補強部材に緊結する。横張りに比較して経済的に施工ができる。また、ECP の空洞部が鉛直方向に向き、排水経路となるため水が滞留しにくく、防水性能に優れる。目地に浸入した水は、空洞を通じて建物の下部に排水できるなどの利点がある。

■横張り

　横張り工法は、ECP の寸法上の制約から、躯体柱間に取付け下地用の間柱が必要になるため、一般的に縦張りに比較して経済性に劣る。目地から水が浸入した場合空洞部に滞留しやすく、含水による局部的な膨張や、寒冷地の場合は浸入した水が凍結することで ECP の割れが発生する可能性が指摘されている。設計段階で内部への止水と万が一 ECP 内に水が入った場合の排水経路などの検討が必要となる。

■開口部の設け方

　ECP は、応力集中が起きることで大きく強度が変化する。このため、大きな欠き込みはつくらないのが原則である。開口部を設ける場合は、縦張りおよび横張りで開口の設け方が異なってくる。縦張りの場合は、可能な限り開口部の幅を ECP の幅寸法の倍数になるように設計する。また、横張りの場合は、可能な限り開口部の高

〈7〉押出成形セメント板協会「これだけは知っておきたいECPの魅力と基本」p.13、2016年

〈8〉押出成形セメント板協会「ECP施工標準仕様書2019年版（第6版）」p.32より著者作成

さを ECP の幅寸法の倍数とし、取付け下端位置は ECP の目地に合わせるように設計する。

[表10-2-2] 縦張りと横張りの比較

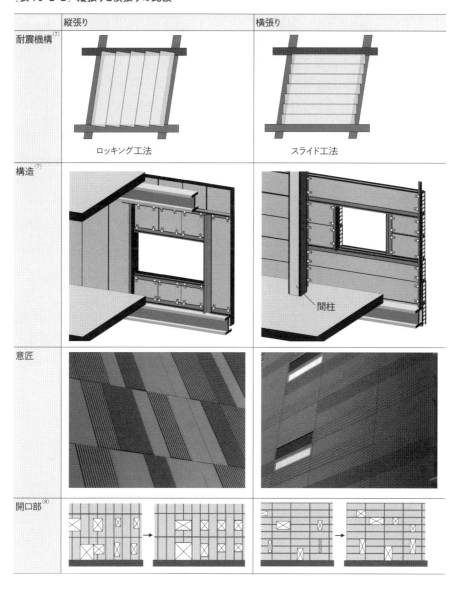

	縦張り	横張り
耐震機構[7]	ロッキング工法	スライド工法
構造[7]		間柱
意匠		
開口部[8]		

表10-2-2の画像。縦張りと横張りの耐震機構、構造、意匠、開口部を比較した図。

4 押出し成形セメント板のひび割れ

■ひび割れに注意すべき空洞部

ECPは肉厚が約15mmと薄く、ひび割れに注意する。目地部に欠陥が生じて空洞内部に雨水が溜まると、吸水膨張で寸法差が生じてひび割れの一因となる。同様に、パネルの室内側に湿式の耐火被覆を吹き付ける場合は、含水で反りが生じることでひび割れの遠因となる可能性がある。製造会社では専用シーラーを準備しているので、事前に吹付け面に塗布してECPへの吸水を防ぐよう対策する。その他、寒冷地の場合は、空洞内に水が滞留すると凍結融解でひび割れが発生する事例もあり、水には十分な注意が必要である。

■応力集中

ECPは、隅部の他、中間に取付け金物固定用の穴をあける場合がある。この穴に応力が集中し弱点となることがわかってきた。曲げ試験では、［写真10-2-2］のように穴を縫うように破壊し、曲げ強度は穴のないパネルの6〜9割に減少する。長尺のパネルを取り付けた際、風荷重によりパネルに発生する応力を減少させる目的でパネルの中間に支持点を増設する3点支持も、穴のある中間支持部に応力集中が発生し、かえってひび割れを誘発することがわかってきた。このため、3点支持は使用せず、パネルの割り付けを小割りに変更したり、厚みのあるパネルに変更するなどして対応する。

■下地部材の剛性不足

ひび割れを発生させないためには、パネルに応力を生じさせないことが重要となる。下地となる鉄骨などの部材に剛性が足りないと［図10-2-4］のように風圧力などの外力によって鉄骨が回転し、取付け金物を介してパネルに過剰な応力が発生し、ひび割れが発生しやすくなる。下地となる鉄骨などの部材には十分な剛性をもたせる必要がある。

■取付け金物

ECP の取付けには［図10-2-5］に示すZクリップを使用する。［図10-2-6］は縦張りを想定しているが、横張りともに、層間変位を受けた際のロッキングやスライドを吸収するため、ルーズホール内のボルトの締め付けは十分な移動代を確保できる位置とする。縦張りのロッキング代不足、横張りの横移動代不足は、それぞれ地震時の変形を拘束しパネルに負担をかけ、最終的に破損を引き起こす。また、金物が回転するとパネルの掛かり代がなくなり落下する可能性がある。このためルーズホールの中央部に適正なトルクで締め付け、最終的に 15mm 以上の長さの隅肉溶接でZクリップを溶接して金物自体の回転を防止する。

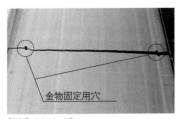

[写真10-2-2]
穴あきパネル曲げ試験後の状況

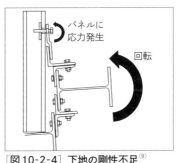

[図10-2-4] 下地の剛性不足[9]

<9> 押出成形セメント板協会「これだけは知っておきたいECPの魅力と基本」p.14、2016年

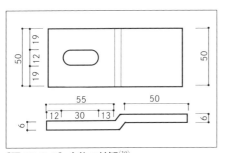

[図10-2-5] 金物の外観[10]

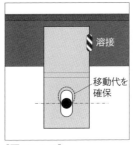

[図10-2-6]
金物の正しい取付け方[11]

<10> ノザワ「アスロックハンドブック2019年版」p.232、2019年より著者作成

<11> 押出成形セメント板協会「ECP施工標準仕様書2015年版」p.33、2015年より著者作成

5 地震に負けない外壁パネル

■東日本大震災で判明したALCパネルの事例

2011年の東日本大震災は、建築物にも甚大な被害を与えた。震災後に実施した、宇都宮市内のALCの被害状況[12]を［図10-2-7］に示す。［写真10-2-3］のような落下被害が18件認められた。18件中の縦張りロッキング構法で張られたALCの落下は2件で、他の16件は耐震性に劣るため現在は使用されていない挿入筋工法で取り付けられていた。なお、ロッキング構法を採用して落下した2件は、吹き抜けに面したパネルと階高の高いパネルで層間変形が特に大きく、その影響でパネルが落下したと考えられた。

また被害の大きかった仙台市内で、駅前の百貨店ビルの外壁に張られたALCパネルが落下した[13]。当該建物の一般部のALCパネルは、縦張りロッキング構法で、地震時の層間変位に配慮されていた。一方、落下したパネルの上部は横張りのALCパネルで、支持鉄骨にボルトで強固に固定され、躯体の変形への追従性がなかった。層間変位により、横張りALCパネルを固定していたボルトの一部が脱落し、横張りALCパネルが大きく変位して下部のALCパネルを押し出し、落下させたと考えられた。

■東日本大震災のECPの被害状況

ECPについては、震災後に製造会社による大規模な調査[14]が行われた。津波による不具合を加えても、比較的揺れの大きかった太平洋沿岸の宮城、福島、茨城の3県の被害率は3〜5％程度であった。また、被害の多くは開口部回りの軽微なひび割れであり、その他に［図10-2-8］に示すような鋼製下地の吊り天井が壁と衝突してECPが破損する状況が多く認められた[14]。この現象は、過去の宮城県沖地震、中越地震でも認められていた。内装材の地震時の挙動の解明や設計へのフィードバックが必要となる。

■外壁パネルの設計

外壁パネルは、これまでの地震からフィードバックされた設計・

〈12〉「2011年東北地方太平洋沖地震におけるALC帳壁地震被害調査報告」『日本建築学会大会学術講演梗概集』pp.65-68、2012年9月

〈13〉日本経済新聞「外壁パネル落下の推定原因が判明、仙台の百貨店」2011年4月11日付

〈14〉ノザワ「特報 東日本大震災とアスロックの状況調査結果の概要」『Nozawa news』Vol.19、p.3、2011年6月

施工手法を採用していれば、相関変位追従性能により、大地震に見舞われても大きな損傷は生じないことが実証された。しかしながら、他の部材との取合いで生じる拘束や、天井などの他部位の衝突などが原因となり、いまだ多くの損傷が発生している事実もある。建物の内外装をめぐる耐震性の向上は、今もって発展途上であり、取得した知識や情報を設計・施工指針として将来に反映していくことが重要である。

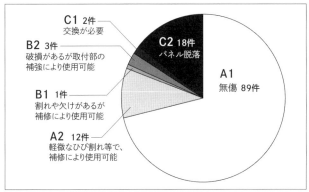

［図10-2-7］宇都宮市内のALC被害状況[12]

［写真10-2-3］
パネル落下（C2）の事例[12]
（［図10-2-7］のC2に対応）

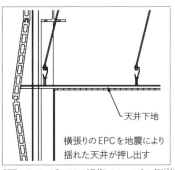

［図10-2-8］ECP損傷メカニズム例[14]

11章 壁・天井用材料

11−1 基礎知識

〈石こうボード〉

1 概説

　石こうボードは、耐火性、遮音性に優れることからオフィスビルや住宅等の壁・天井に広く用いられる。一般的に、木製や金属製の軸組にはビス止め、コンクリート下地には接着剤張りで取り付けられ、仕上げ前の面状下地として用いられる。

2 種類

　特性や用途に応じ、JIS A 6901(せっこうボード製品)では、11種類に区分している。普通ボード（GB-R）や耐水性に配慮したシージング石こうボード（GB-S）が多用される。吸音用穴あき石こうボード（GB-P）は普通ボードに所定のピッチで貫通穴を設け、背面空間での音の散乱や反射波との干渉での吸音効果を付与したものである。穴があるため防耐火性能が必要な場合は注意を要する。

3 原料および製造

　安定的な2水石こう（$CaSO_4・2H_2O$）は、焼成により水硬性の焼石こう（半水石こう、$CaSO_4・1/2H_2O$）となり、加水で再び2水石こうとなる。加水した焼石こう（スラリー）を表面用ボード原紙上に流し込み、その上面を裏面用原紙で包み成形しボードを製造する。製造工程を［**図 11-1-1**］に示す。

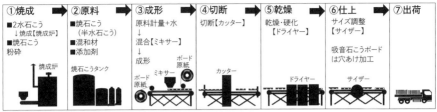

①焼成	②原料	③成形	④切断	⑤乾燥	⑥仕上	⑦出荷
■2水石こう ↓焼成【焼成炉】 ■焼石こう 粉砕	■焼石こう （半水石こう） ■混和材 ■添加剤	原料計量+水 ↓ 混合【ミキサー】 ↓ 成形	切断【カッター】	乾燥・硬化 【ドライヤー】	サイズ調整 【サイザー】 吸音石こうボード は穴あけ加工	

［図11-1-1］石こうボードの製造工程

4 性質

耐火性　結晶水を含むことから、火熱が加わると水が気化蒸発し温度上昇を抑制するため耐火性に優れる。国土交通省告示第1400号、第1401号では、9mm厚以上は準不燃材料に、12mm以上は不燃材料に該当する。石こうボードは、耐火構造や準耐火構造等の一部を構成する構成材となる。必要な性能を満たす仕様規定または個別認定工法を選択し、それぞれに規定された材料・工法を遵守する。

遮音性　建築基準法30条で、共同住宅の住戸間の界壁は、隣接住戸の生活音を衛生上支障のないよう低減する遮音性能をもつ必要がある。単材では、この遮音性能の確保は難しく、告示第1827号による界壁の仕様は、10cm以上の壁にロックウールを充填し、表裏面に12mm厚以上の石こうボードの2枚重ね張りが必要である。

〈ロックウール化粧吸音板〉

1 概説

　室内の音響条件の改善のために、内壁や天井に用いられるボード状の材料を吸音用ボードと呼ぶ。中でもロックウールを主原料とするロックウール化粧吸音板は、天井の仕上げ材として代表的な製品として広く用いられている。

2 種類

　吸音材の種類は数多く、JIS A 6301（吸音材料）に規定される。吸音材の形状は、ボードの他、フェルト、ブランケットなどがあり、用途に応じて用いられる。

3 原料および製造

ロックウールは、スラグを高温溶融し、均質な細い繊維状にした人工の鉱物質繊維である。ロックウール化粧吸音板は、この繊維材料にバインダーとして熱硬化性樹脂等を混入して成形・熱硬化させ、吸音用の表面の加工と塗装仕上げを行って製造する。［図11-1-2］に示すように、成形工程と加工工程に分けられる。

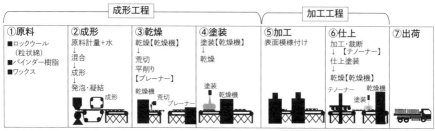

［図11-1-2］ロックウール化粧吸音版の製造工程

4 性質

耐火性　ロックウール化粧吸音板は、不燃材料であるが、耐水性の付与のため薬剤を添加すると、準不燃材料になるものもある。不燃材料が必要な避難階段等では材料の選択に注意しなければならない。

吸音性　ロックウール化粧吸音板は、会話の一般的な周波数領域（250〜2,000Hz）の音をよく吸収し居室等に用いられる。吸音メカニズムは、表面の多孔性によるので、塗装で細孔を埋めると吸音性能は低下する。やむを得ず現場塗装を行う際は注意が必要となる。

〈壁紙〉

1 概説

壁紙はクロスとも呼ばれ、内壁・天井面下地の表面を仕上げる材料である。歴史的建築物に使われた型押し、彩色等の装飾技術の粋を集めた工芸品のようなものから、印刷による大量生産品まで、多種多様なものが存在する。

2 種類

壁紙を素材で分類すると、［表11-1-1］となる。壁装協会の統計

資料（2018年度）から出荷量は、90％以上が塩化ビニル製であり、高分子材料でほぼ99％となる。紙製や布製もあるが、出荷量は合計して1％に満たない。JIS A 6921（壁紙）には、種類の規定がないため、便宜的な機能による分類では、防カビ壁紙、汚れ防止壁紙、表面強化壁紙、抗菌壁紙などがある。

3　原料および製造

代表的な塩化ビニル製の壁紙は、最初に塩化ビニル樹脂と可塑剤、充填材などの混合物を加熱・加圧溶融してペーストゾルを作成する。次に、コーティング法あるいはカレンダーロール法により裏打ち紙と一体化して原反と呼ばれるシートを製造する。その後、求められる意匠に合わせて、表面に凹凸を付けるエンボス加工および色彩や模様の印刷加工を施して製品の壁紙となる。

4　性質

耐火性　法規上、防火性能が必要な場合は、防火性能を満足する壁紙を使用する。壁紙の防火性能は大臣認定として、認定番号で確認する。大臣認定は下地材の種類や施工条件なども規定されるので仕様を遵守し、検査合格後に「防火施工管理ラベル」を貼付する。

ホルムアルデヒドの放散量　JIS A 6921（壁紙）では、デシケータ法の測定で0.2mg/L以下と規定されている。**応用知識2**に示す発散速度と相関関係があり、この値を満たせばF☆☆☆☆（フォースター）等級となる。

［表11-1-1］材料による壁紙の分類

分類		概要
紙	一般紙	原紙を張り合わせ印刷、型押し
	加工紙	中質紙に塗装。耐候性に劣る
	和紙	襖紙などを転用。鳥の子紙など
布	織布	各種繊維素材の織物
	不織布	フェルトが代表
	植毛	ベルベット風に短繊維を植毛
高分子材料	塩化ビニル	原反に印刷、型押し
	他	オレフィン樹脂などを用いた原反に印刷、型押し
その他		ガラス繊維繊維織物・木質素材など

11-2 応用知識

1 有害なカビ

■真菌類

　建築物の生物的な汚れとして、真菌類の付着があげられる。真菌は、光合成を行う「藻類」と行わない「カビ」とに大別される。藻類は、光合成が必要であることから屋外の植栽に近接する湿潤面に繁殖しやすい。カビはワインやチーズをつくるときに利用されるものもあるが、健康障害を起こすカビ毒を生成するものもある。カビは［表 11-2-1］に示すように日常的には黒カビや青カビなどの色で呼ばれている。

■カビが発生しやすい場所

　カビは、温度 20 〜 30℃、湿度 70％以上、ホコリなどの栄養分がある場所に繁殖する。住宅内では風通しが悪く、湿度が高い浴室などに繁殖する。モルタル目地、樹脂部材、金属面にも繁殖し、［写真 11-2-1］のように黒ずみとなり意匠的に見苦しく、根を張ると落ちにくい。対策は、カビの繁殖条件の温度、湿度、栄養分のうち一つでも断つことである。

■石こうボード直張り工法の接着部のカビ

　コンクリート躯体を下地として、軸組下地を設けずに石こうボードを接着剤で取り付ける直張り工法がある。接着剤は、石こう系の硬化剤に軽量骨材などを配合したもので、［図 11-2-1］のように、接着剤を下地面に等間隔で団子状に塗り付けた後、石こうボードを位置調整しながら押し付けて固定する。当初、石こうボード裏の密閉空間内の温湿度がカビの繁殖に適した環境となるため、接着剤に接する石こうボード面にカビが多発する事態を招いた。現在は、接着剤に防カビ剤が混入されているが、下地や接着剤の乾燥に留意が必要である。開発メーカーによる GL 工法という呼称が定着している。

■カビによる健康障害

　カビによる健康被害には、中毒、感染症、アレルギーがある。中毒はカビの生成する毒素（マイコトキシン）によって引き起こされる病状を指す。重度の中毒を引き起こすものとして、一部のアスペルギウス属菌に起因するアフラトキシンが知られ、大量に摂取すると肝障害を引き起こす恐れがある。

　感染症はカビそのものに感染して起こる症状で、健康被害が大きいものは、クリプトコックス症が国内の症例としては多い。主に肺から感染し、脳髄膜炎などを起こした事例もある。

　アレルギーは異常な免疫反応により引き起こされる健康被害で、個々の体質により症状や反応物質も異なる。体に無害な物質でも起こり、カビによるアレルギー症例も報告されている。

[表11-2-1] カビの種類

種類	特徴
黒カビ	「クラドスポリウム」という名称があり、アルコールや熱に弱く、そのものに毒性はないが、アレルギーや気管支疾患の原因になる
青カビ	空気中に常に浮遊しているので、パンやお菓子などに発生する。毒性はないが、赤カビなどの有害なカビも生えている場合がある
白カビ	湿気を好み、湿気のある場所に発生する。食べ物や建材などに発生し、人体への影響や建材の劣化の原因となる
赤カビ	「フザリウム」と呼ばれる植物病原菌の一つで、植物を枯らしたり腐敗させる作用があり、人間や家畜にも有毒な「マイコトキシン」というカビ毒を産生する
緑カビ	湿気の多いところに繁殖する。畳の裏や木材に生え、木材の劣化や腐敗を引き起こす。カビ毒を発生させるので、多く吸い込むと腹痛や下痢といった中毒症状を起こす
黄カビ	空気中の湿気を養分として、乾燥した場所のガラスやフィルムに発生する

[写真11-2-1] カビの繁殖状況

接着剤

[図11-2-1] 石こうボードの直張り工法

2 建築材料から発生する物質

■ VOC

　住宅の高気密化、高断熱化により、建築材料などから発散する化学物質が室内空気を汚染して「シックハウス症候群」と呼ばれる健康影響が顕在化し、厚生労働省より［**表11-2-2**］に示す13物質の室内濃度指針値が示された。これら揮発性の有機化合物は英語のVolatile Organic Compounds の頭文字から VOC と呼ばれている。この中でホルムアルデヒドについては 2003 年に建築基準法が改正され、ホルムアルデヒド発散速度に応じた等級区分と使用する面積制限が定められ、放散速度 $5\mu g/m^2h$ 以下のものは F☆☆☆☆と表され、使用制限がない［**表11-2-3**］。天井裏などは、下地材をホルムアルデヒドの発散の少ない建築材料とするか、機械換気設備により天井裏なども換気できる構造とする必要がある。

　また、厚生労働省では、総揮発性有機化合物量（TVOC）を規制することで、該当物質以外の化学物質の放散を抑えようと暫定目標値として $400\mu g/m^3$ を示している。

　ホルムアルデヒドは、ユリア樹脂、メラミン樹脂やフェノール樹脂などの原料として用いている。これらの樹脂は、家具などの木材加工製品、合板や集成材などの建築材料の接着剤として用いられるため、シックハウス症候群の原因となっていた。建築材料メーカーではホルムアルデヒドを使用しない、あるいはホルムアルデヒド吸着剤などで発散を低減させるなどの対策を講じている。一方で防腐効果のあるホルムアルデヒドが使われなくなったことで、カビの室内発生が多くなっており、カビの発生を防ぐため温湿度の管理が重要となっている。

■ アスベスト

　アスベスト（石綿）は繊維状けい酸塩鉱物で「せきめん」「いしわた」とも呼ばれる。アスベストの繊維は、肺線維症（じん肺）、悪性中皮腫の原因になるといわれ、肺がんを起こす可能性があることから製造が原則禁止された。原料として用いた際の物性が良いこ

とや安価であることからスレート板などのボード類、防音材、断熱材、保温材、仕上塗材など多岐に用いられ、古い建物に残ったままになっていて、そのストックの量も多い。現存するものはアスベストが飛散しないように封じ込めているが、建物を解体する際には周辺に飛散しないように負圧養生を施す必要がある。労働安全衛生法の規制もあり、新たな除去技術や無害化処理などの技術が求められている。

[表11-2-2] 室内濃度指針値（2019年改定）

揮発性有機化合物	室内濃度指針値
ホルムアルデヒド	$100\mu g/m^3$(0.08ppm)
アセトアルデヒド	$48\mu g/m^3$(0.03ppm)
トルエン	$260\mu g/m^3$(0.07ppm)
キシレン	$200\mu g/m^3$(0.05ppm)
エチルベンゼン	$3800\mu g/m^3$(0.88ppm)
スチレン	$220\mu g/m^3$(0.05ppm)
パラジクロロベンゼン	$240\mu g/m^3$(0.04ppm)
テトラデカン	$330\mu g/m^3$(0.04ppm)
クロルピリホス	$1\mu g/m^3$(0.07ppb)
	小児の場合$0.1\mu g/m^3$(0.007ppb)
フェノブカルブ	$33\mu g/m^3$(3.8ppb)
ダイアジノン	$0.29\mu g/m^3$(0.02ppb)
フタル酸ジ-n-ブチル	$17\mu g/m^3$(1.5ppb)
フタル酸ジ-2-エチルヘキシル	$100\mu g/m^3$(6.3ppb)

[表11-2-3] ホルムアルデヒドの発散速度と区分

区分	性能基準 （夏期ホルムアルデヒド発散速度）	対応するJIS・JAS	内装仕上げへの使用制限
第1種ホルムアルデヒド発散材料	$0.12mg/m^2\cdot h$<発散速度	不適合	使用不可 （建築基準法施行令第20条7の一）
第2種ホルムアルデヒド発散材料および第1種のうち第2種ホルムアルデヒド発散材料とみなす建築材料	$0.02mg/m^2\cdot h$<発散速度$\leqq0.12mg/m^2\cdot h$	JIS・JASに適合するF☆☆等級	住宅または非住宅により異なる居室の換気条件等によって定まる係数を使用面積に掛けた値が居室の床面積を超えないこと （建築基準法施行令第20条7の二の2項）
第3種ホルムアルデヒド発散材料および第1種または第2種のうち第3種ホルムアルデヒド発散材料とみなす建築材料	$0.005mg/m^2\cdot h$<発散速度$\leqq0.02mg/m^2\cdot h$	JIS・JASに適合するF☆☆☆等級	
上記の建築材料に該当しないものおよび建築基準法施行令第20条の7の二の4項に該当する建築材料(大臣認定)	発散速度$\leqq0.005mg/m^2\cdot h$	JIS・JASに適合するF☆☆☆☆等級	使用制限なし

3 結露は天井をも落下させる

■結露による不具合

　結露は空気中の水蒸気がその露点温度以下の部位に接し、凝縮して水となる現象である。結露の種類として、どこで結露したかで表面結露と内部結露があり、原因の違いから冬型結露と夏型結露に分けることができる。冬型結露は、部位の断熱性向上や外気換気などによる室内湿度の低減が有効な対策となるが、夏型結露の場合は結露の発生原因となる水蒸気の供給源が外気であるため、外気換気はむしろ結露量の増加につながる。

　結露は、壁や天井材のシミ汚れ、壁紙の剥がれ、金属の腐食、木材や石こうボードの劣化、さらにはカビの繁殖などの様々な不具合をもたらす。天井材は木製や金属製の軸組下地にビスだけで留めている場合が多いため、天井材の経年劣化に加え、発生する結露水による重量の増加、ビスの腐食の進行、含水によるボードの強度低下などの複合的な要因により天井落下に至る。

■屋内プールの天井

　結露による天井材の落下は、屋内プールを中心に多くの事例が知られている。屋内プールは一年中湿度が高く、常に水分の影響を受ける環境にある。特に、空調が停止する場合は、屋根裏に思わぬ温度差が発生し結露が助長されることがある。［図11-2-2］は競技場に併設された屋内プールで発生した天井落下の模式図である。共用時、25℃湿度90％の高湿度の空気が屋根裏に侵入、年末年始の長期休業で屋根裏空調が停止し屋根裏の温度が15℃程度まで下がったことで天井裏で結露、湿潤によるボードの強度の低下や、含水による重量の増加で天井に張られたけい酸カルシウム板が破壊して落下した。鋼製下地には、錆が大量に発生し、天井裏のボードには錆汁による汚れやカビによる変色および白華による析出物があり、多大な水分の影響がみてとれた。対策としては屋根裏空調は常時運転とし、定期点検時の天井裏の濡れ跡や錆など、結露の痕跡をチェックすることが重要となる。

■夏型結露

　建物の空調室と非空調室が並んでいる場合は、非空調室側が露点温度に達すると結露する。このような現象を夏型結露と呼ぶ。［**図11-2-3**］は、冷蔵空間である1階の荷捌き室（15〜18℃）と2階の加工室（15〜18℃）に挟まれた1階の天井裏（非空調空間）に、外壁の隙間から高湿の外気（露点温度25℃）が侵入し、2階スラブ下および1階天井裏のけい酸カルシウム板面で結露し、天井材のけい酸カルシウム板が飽水し、ビスの支持力が失われ脱落した事例である。

　夏型結露は、空間温度が低いところに結露しやすい高湿度の外気が流入することによって生じるので、「断熱」より「除湿」と「外気流入の抑制」が有効となる。

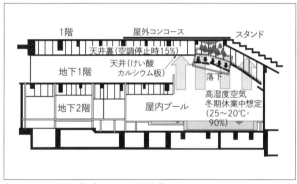

［図11-2-2］屋内プールの天井材落下

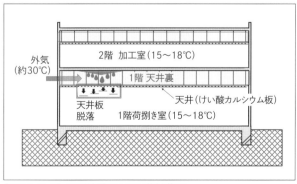

［図11-2-3］夏型結露による天井材落下

4 規則的な汚れ跡

■汚れの付着

　空気中に浮遊する塵埃は、時間の経過と共に内壁面や天井材面に付着し、次第に目につく汚れとなる。付着の原因は、凹凸への物理的な付着、静電気で塵埃が引き付けられる電気的な付着および表面と汚れ物質の分子間の親和性による化学的な付着などがある。

■建築材料の構成の差異による汚れ

　塵埃は、低温部に付着しやすい。天井や壁の汚れは、表面と周辺空気との間の温度勾配の差にあるといわれ、表面温度が低いほど、またその温度差が大きいほど、汚れが著しい。このため、［**図11-2-4**］に示すように断熱性の高い木製の野縁は、野縁より周辺の温度が低くなり汚れる。一方、熱伝導率の高い鋼製野縁は、野縁直下の温度が低くなり汚れを呼ぶ。

　また、仕上材があたかもフィルターの役目を果たし汚れを目立たせる。透気性の高い材料の場合はこのような汚れが発生する可能性が高く、目地処理に使用するパテとの透気性の差で、パテ部分が仕上面に白く浮かぶこともある。［**写真11-2-2**］は、繊維系表面材を張った壁面パネルに発生した汚れで、濃色部が汚れの付着した部分である。透気性の低い下地が白く格子状に、また、背面の設備の形状も浮き出している。透気性の高い仕上げの場合、下地全面にパテしごきをし透気を抑制したり、仕上裏と等圧とすることが、汚れ防止につながる。

■空気の流れによる汚れ

　部屋の中の空気は汚れと密接な関係にあり、塵埃は空気の流れによって運ばれる。空調の吹出口やコンロなどの熱源の上部などは、気流に沿った汚れが生じやすい。

　［**図11-2-5**］は、エアコンの稼働したキッチンの中央下部に熱源となるIH調理器を設置した空間の気流シミュレーション結果である。エアコンの気流でフード左側の天井面に渦が発生し、気流が天

井に衝突し汚れを助長する。[図11-2-6]はエアコンがなく、フードの吸込みにより、壁面方向からフードに流入するような気流となり壁面は汚れにくくなる。気流の流れや空調などの環境の影響を理解することが汚れ防止に繋がる例である。

■生活に伴う汚れ

　部屋のスイッチカバー周辺が黒ずんでいるのをしばしば目にする。人の手が触れることで汚れや皮脂などが付着する。また、喫煙者の生活する部屋の壁面は、タールが付着しやすいが、一様かつ全面的に汚れるため目につきにくい。しかし、置かれていた家具などを移動すると、壁面にその形状で汚れていない部分が白く浮かび上がる。定期的に仕上材に影響しない中性洗剤などで洗浄する必要がある。

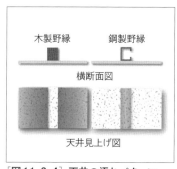

[図11-2-4] 天井の汚れパターン

[写真11-2-2] 壁の規則的な汚れ

〈2〉坂口淳ほか「数値流体解析による住宅厨房の温熱空気環境に関する研究その1」『日本建築学会北陸支部研究報告集』Vol.51、pp.201〜204、2008年7月をもとに著者作成

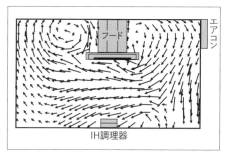

[図11-2-5]
気流シミュレーション（エアコンあり）〈2〉

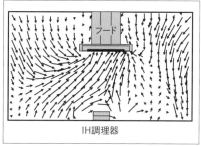

[図11-2-6]
気流シミュレーション（エアコンなし）〈2〉

5 地震でも安全な天井の仕組み

■天井の被害と特定天井

大地震を経験するたびに天井落下の被害が報告されている。2001年の芸予地震では、非構造部材の脱落で負傷者が発生し、初めて技術的助言が国土交通省から発信された。その後も2003年の十勝沖地震では釧路空港の天井が崩落した。2011年の東日本大震災において、九段会館（東京都千代田区）の天井落下は死傷者の出た大きな災害となった。

これらを受け、2013年に国土交通省告示771号にて特定天井が制定された。特定天井は、天井材の質量2kg/m²、面積200m²、設置高さ6mの全ての条件を超える不特定多数の人が立ち入る場所にある吊り天井を指し、仕様または計算による安全検証が必要となる。

■天井落下の原因と対策 ①天井構造

天井が地震により落下する原因の一つは、［図11-2-7］に示す野縁を支持するクリップやハンガーの仕組みにある。工具を使わずに固定でき、静的な強度も高く、広く使用されてきた。被害の分析から、天井が大きく揺れ、クリップやハンガーの一つが外れると荷重が次々と隣接する金物に加わり、雪崩のように大面積の天井落下が起きることが判明した。吊り長の大きい天井材はブレースを適切に設け、揺れを抑制する。また、脱落しないように［図11-2-8］のようにクリップやハンガーをボルト固定とすることも効果がある。

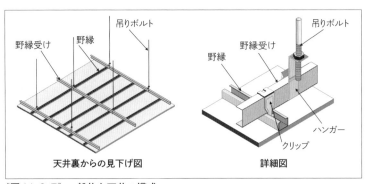

［図11-2-7］ 一般的な天井の構成

■天井落下の原因と対策 ②天井材の衝突

　外壁などのコンクリート躯体に揺れた天井材が接触することで起きる天井落下がある。これらを防止するために、揺れても外壁に接触しないように天井と壁の間に十分なクリアランスをとる。国土交通省告示 771 号では、特定天井のクリアランスを 6cm 以上取るとされている。

■安全な天井 ①フェイルセーフ

　天井自体が万が一外れても人体に危害を与えないという、フェイルセーフの考え方に基づく設計も可能である。その例として、機械的にネットやワイヤーで固定し、クリップやハンガーなどの固定金具が外れても、落下しないことを意図したものがある。この場合、天井材の脱落時の衝撃に耐えられるように十分な強度をもち、取付け部分の強度も確認しなければならない。また、直天井として天井材そのものを撤去する考え方もある。

■安全な天井 ②徹底した軽量化

　東京湾岸の埋立地にある日本科学未来館（東京都江東区）は東日本大震災で吹抜けの天井が一部落下した。天井の修復にあたり、グラスファイバーで補強した織布で天井を張る手法で、徹底した軽量化を図り、二次被害を抑制する超軽量（400g/m²）天井を実現した。天井面を布で覆う場合、透気性の差異による汚れ防止策を考慮しなければならないが、［写真 11-2-3］に示す改修例は、一部を垂れ幕状とし、すき間を設けて圧力差を回避している。

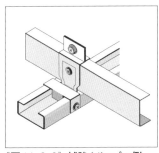

［図11-2-8］補強クリップの例

［写真11-2-3］超軽量化天井改修例

12章 床用材料

12−1 基礎知識

1 概説

　床用材料は、建物用途ごとの床に要求される様々な機能を保持する。基本機能は、日常生活での安全性や快適性、作業や動作環境の確保にあり、オフィスビルや宿泊施設などでは多種・多用な色彩や模様に代表される意匠・テクスチャーの豊富な張り床や敷き床、生産施設では耐薬品性や耐摩耗性に優れる塗り床が用いられる。

　本章では、有機系材料を用いた床材を主に扱い、石材やタイルのような無機系の定型材料の床使用に関しては言及しない。

2 種類

張り床・敷き床　高分子系素材の張り床にはタイルやシートがあり、[**表12-1-1**] に示す種類がある。カーペット系は [**表12-1-2**] に示す種類がある。これらは、主に屋内用途で使用され床の要求性能に応じて選定される。素材が軟らかいこともあり、オフィスや居室などへの適用が多い。

塗り床　塗り床材には合成樹脂系と無機系があり、施工方法は塗布型、一体型、浸透型がある。合成樹脂系塗り床はこてやローラーで施工する塗布型で、[**図12-1-1**] の上段に示す工法がある。合成樹脂系塗り床には [**表12-1-3**] に示す種類があり、床の要求性能によって種類や工法が選定される。最近では食品工場などに耐熱水性に優れる低臭気の水性硬質ウレタンが環境面の理由から多く使用されている。ただし、硬化初期の収縮による反りが大きいため、一定間隔の目地切りが必要となる。無機系はポリマーセメント系の塗布

［表12-1-1］ 高分子系素材の張り床材の種類

分類	種類		内容
床タイル	ビニル床タイル	単層ビニル床タイル	均一なビニル層からなる。バインダー含有率30%以上
		複層ビニル床タイル	着色や模様を有する表層を有する。バインダー含有率30%以上
		コンポジットビニル床タイル	炭酸カルシウムなどの充填材を大量に含み、意匠を有する。バインダー含有率30%未満
		置敷きビニル床タイル	ガラス織布またはガラス不織布を積層し、寸法安定性を高めた厚さ4.0mm以上のもの
		薄形置敷きビニル床タイル	厚さ4.0mm未満のもの
	ゴム床タイル		天然ゴムまたは合成ゴムを主原料としたもの
	レジンテラゾ		天然石の砕石と充填材をポリエステル樹脂やエポキシ樹脂で成形したもの
	コルク床タイル		天然コルク外皮を主成分とし、塩化ビニル樹脂またはウレタン樹脂で加工したもの
	特殊機能床タイル	帯電防止床タイル	帯電防止材を練り込み、電気抵抗値を小さくしたもの
		導電床タイル	導電性充填材を練り込み、電気抵抗値を小さくしたもの
		視覚障害者用床タイル	表面に凹凸のあるもの。警告型と誘導型の2種類がある
		防滑性床タイル	床面の水濡れなどによるすべり転倒を防ぐため、表面にエンボス形状や硬質粒子を配向したもの
		蛍光誘導床タイル	表層に蛍光顔料を含むもの
床シート	ビニル床シート	単層ビニル床シート	均一なビニル層からなる
		複層ビニル床シート	着色や模様を有する表層を有する
		発泡複層ビニル床シート	発泡層があるもので、密度が650kg/m² 以上のもの
		クッションフロア	発泡層があるもので、密度が650kg/m² 未満のもの
	特殊機能床シート	帯電防止床シート	帯電防止材を練り込み、電気抵抗値を小さくしたもの
		導電床シート	導電性充填材を練り込み、電気抵抗値を小さくしたもの
		防滑性床シート	床面の水濡れなどによるすべり転倒を防ぐため、表面にエンボス形状や硬質粒子を配向したもの
		耐動荷重性床シート	キャスターなどの移動荷重による耐久性を高めたもの
		耐薬品性床シート	酸・アルカリ・有機溶剤に対し、一般ビニル床シートより変化が少ないもの
		抗菌性床シート	抗菌性のある薬剤や銀イオンなどを混入したもの

［表12-1-2］ カーペット系の種類

分類		名称など	概要
パイル有り	織りカーペット	段通	基布の地縦糸ごとにパイルを手で絡ませて結びつけカットしながら織る、ペルシャ(絹)・鍋島(綿)などが高名
		ウイルトン	パイル密度が細かく地経糸、緯糸、覆縦糸で交差するように強く締め付ける、パイル抜けがなく耐久性に優れる
		アキスミンスター	ウィルトン・カーペットと同じ製法の織りカーペット、多色使いが可能、高級デザインカーペット
	刺繍カーペット	タフテッド	基布に刺繍のようにミシン針でパイルを刺し、抜け止めため裏面に合成ゴムラテックスを塗り、化粧裏地を張る
		フックドラグ	タフテッドと同じ製法だが、一本の刺繍針でパイルを差し込んでゆく手工芸的な方法
	編みカーペット	ニット	織物
	ボンデット	コード	基布にパイルを接着して固定
	カーペット	電着(フロック)	接着剤を塗布した基布に短繊維を静電気の吸引力で固定
パイル無し	圧縮カーペット	ニードルパンチ	短繊維を薄く広く伸ばしたものを重ね合わせ、多数のニードル(針)で突き刺してフェルト状にする
	織りカーペット	平織り	羊毛を紡いだ糸で平織物、カーペットの起原に通じる

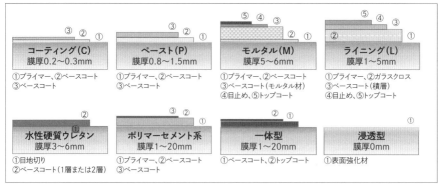

[図12-1-1] 塗り床材の工法

[表12-1-3] 合成樹脂系塗り床材の種類

種類	C	P	M	L	概要	主用途
アクリル樹脂	○	-	-	-	アクリル樹脂を溶解あるいは懸濁した溶剤あるいは水の揮散により硬化。速乾性・耐候性に優れるが、薄塗しかできず摩耗しやすい	一般事務室・レジャー施設
エポキシ樹脂	○	○	○	-	エポキシ樹脂と硬化剤のアミンあるいはポリアミドとの混合で硬化。接着性・耐薬品性に優れるが、耐候性・低温硬化に劣る	各種工場・実験室・倉庫・厨房
ポリウレタン	○	○	○	-	イソシアネートと硬化剤のポリオールなどの混合で硬化。弾力性・耐摩耗性に優れるが、高温下で発泡しやすい	一般事務室・学校・体育館・介護老人保健施設
メタクリル樹脂	-	○	○	○	メタクリル樹脂と硬化剤のベンゾイルパーオキサイドなどとの混合で硬化。速硬性・低温硬化・耐薬品性に優れるが、施工臭気がある	冷凍倉庫・食品工場
ポリエステル樹脂	-	○	○	○	不飽和ポリエステルと硬化剤のベンゾイルパーオキサイドなどとの混合で硬化。耐酸性・速硬性に優れるが、硬化収縮がある	化学工場・食品工場
ビニルエステル樹脂	-	○	○	○	ビニルエステル樹脂とベンゾイルパーオキサイドなどとの混合で硬化。耐薬品性・耐熱性に富み高耐食性であるが施工臭気がある	化学工場・めっき工場
水性硬質ウレタン	-	○	○	-	主剤(水分とポリオール)と硬化剤(イソシアネート)と粉体(セメントとけい砂など)の3種類を混合して反応硬化。耐熱水性・耐衝撃性・耐摩耗性に優れるが、硬化収縮がある	食品工場・厨房・重量物を扱う工場・倉庫

注)C、P、M、Lは[図12-1-1]上段に対応する

型の他に一体型と浸透型がある。一体型は、コンクリートの床押さえ時にセメント系粉体を表面に散布し、こてやトロウェルなどでモノリシック仕上げとして、コンクリート表層に馴染ませる。耐摩耗性に優れ、剥離しない特長があり、倉庫などの物流施設の床に用いられる。浸透型は、コンクリートに塗布含侵させて表面層を改質するもので、水ガラスなどのけい酸塩系やエポキシ樹脂系などの材質があり、「表面強化材」と呼ばれる。着色はできないため、コンクリート地肌の外観となる。耐摩耗性・防塵性が向上するため、工場、倉庫、物流施設に用いられる。けい酸塩系はセメント中の水酸化カルシウムと次のように反応する。

$$Na_2SiO_3 + Ca(OH)_2 \rightarrow CaSiO_3 + 2NaOH$$

反応後に強アルカリ性の生成物ができるため、床に溜まった過剰な塗布液は回収し、水洗いを行う必要がある。

3 原料および製造

張り床　ビニル床タイル、ビニル床シートは、塩化ビニル樹脂を主成分とし、充填材・可塑剤・顔料を加熱、混練し、流動性のコンパウンド状にした後、加熱したカレンダーロールで連続的に引き延ばしてシート状に成形するカレンダー法で製造される。タイルはシートを所定の寸法・形状に裁断して製造される。カーペット系は、絹・綿・羊毛などの天然繊維、アクリル・ナイロン・ポリエステル・ポリプロピレンなどの合成繊維が用いられ、種々の織り・編み・刺繍方法で製造される。

塗り床　合成樹脂系塗り床材の原料や製造方法は、9章の塗料とほとんど同じである。塗料との違いは、塗り床には耐摩耗性・耐薬品性が要求されるため、結合材は硬質のものが多く、主材・硬化剤に分かれた2成分系の配合になることと、基本的に水平面に塗り広げやすくするためセルフレベリングに調整される。

4 性質

張り床は、接着剤で下地に貼り付けて施工するのが一般的であり、柔らかい材質のため歩行感は優れる。

カーペットは、繊維によって基本的性質に差違があり、合成繊維は耐摩耗性・防虫・防カビ性に優れ、羊毛は防汚性・難燃性に優れる。塗り床は、主としてコンクリート面に施工して目地のない均一な仕上げが得られ、アクリル樹脂系を除いて反応硬化型の熱硬化性樹脂であり、3次元の網状構造を形成する。樹脂の種類によって耐薬品性や耐摩耗性の性能は異なる。床の用途による要求性能は耐薬品性・耐摩耗性・帯電防止性など対象施設に応じて様々であり、床材の種類、材質や工法を選定して適材適所で選定する。

12-2 応用知識

1 塗り床の膨れは浸透圧か

■膨れの発生メカニズム

不透水膜を構成する合成樹脂系の塗り床の表面には、[**写真12-2-1**]に示すような直径数mmから30mm程度の水溶液で満たされた無数の膨れを生じた例が散見される。この現象の発生メカニズムの解明のために、多くの調査・研究が行われた。[**図12-2-1**]は、塗り床の膨れ内部の圧力を測定した実験結果であり、圧力は最大で0.06MPaを示している[1]。これは大気圧のほぼ半分の圧力が膨れの内部に発生することを意味する。同じく不透水膜を有する屋上防水は、日射で加熱されると界面に閉じ込められた水分が蒸発し、その水蒸気圧で大きな膨れを発生する。防水層には伸張性があるため、その圧力は0.01MPa程度であり、塗り床の膨れとはメカニズムが異なる。

膨れ内部の水溶液には、[**図12-2-2**]に示すように塗り床材の有機成分の溶出が判明した。界面に蓄えられた水分中の有機成分の濃度は次第に高まり、コンクリート内部の水分との濃度勾配が顕著になる。コンクリートはその細孔構造により半透膜の役割を果たすと考えられ、濃度を平衡に保つように界面への水分の浸透を生じさせる。その結果、測定例のような高い圧力が発生し、塗り床材を押し上げた[1]。すなわち、浸透圧が主原因で、水蒸気圧は副次的な作用を及ぼすとの理論が定説になっている。

■膨れの対策

膨れが一度発生すると、塗り床を除去する補修となり、多大な労力と費用を要する。[**図12-2-3**]は、排水溝周辺からコンクリートに水が浸入し、塗り床に膨れが生じた事例である。塗り床と他部材との取り合い部から水分の供給がないか確認し、塗り床施工時の下地コンクリートの含水率を管理する。

<1> 田中享二ほか「塗り床のふくれ発生機構の一考察」『日本建築学会構造系論文集』第488号、pp.25-30、1996年

含水率を低くするためには、コンクリート打設後の乾燥養生期間の確保が必要であり、乾燥中は通風を良くし、冬期の工事ではジェットヒーターなどで強制的に乾燥させるなど対策を講じる。資材保管時の床養生にビニルシートなどをコンクリート面に敷くと、局所的に乾燥が進まなくなる。計画段階での配慮が必要である。

　十分な乾燥養生期間を確保できない場合、塗り床メーカーが準備している膨れ対策用の下地調整材が有効である。この下地調整材は、エポキシ樹脂エマルションやウレタン樹脂エマルションを混和剤とするポリマーセメント系材料で、遮水性を有し、内部の発生圧力を材料内で分散させる働きがある。湿潤下地や若材齢のコンクリート下地への適用も可能であるがコストは増加するため、エポキシ系やウレタン系塗り床の膨れが懸念される場合は設計段階から検討しておくとよい。

［写真12-2-1］ 塗り床の膨れ

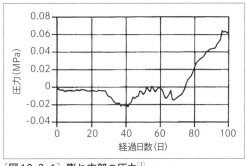

［図12-2-1］ 膨れ内部の圧力[1]

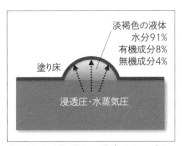

［図12-2-2］ 膨れの発生メカニズム

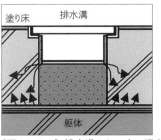

［図12-2-3］ 排水溝からの水の浸入

2 下地コンクリートの含水率管理方法は

■含水率測定方法

　合成樹脂系塗り床は下地コンクリートの含水率が高いと、**応用知**
識1で述べた膨れや、接着力低下による剥離が発生しやすくなる
ため、含水率は重要な品質管理項目である。［**表12-2-1**］に含水率
測定方法の種類を示す。床1m²程度に新聞紙を敷き、その上から
ビニルシートを被せて目張りし、翌日に結露の有無や新聞紙の湿潤
度合いから含水率を推測する経験的な方法が従来から用いられてき
たが、電気的方法や変色・発色紙や湿度センサを用いる方法が開発
されてきた。

　現在は静電容量式含水率計による定量的な評価が一般的である。
［**写真12-2-2**］に示すケット科学研究所の高周波静電容量式水分計
HI-500・HI-520・HI-520-2（通称：ケット水分計）が普及している。
測定は含水率計をコンリート表面に当てるだけなので容易でかつ時
間を要しない。その際、電源投入時のキャリブレーションを必ず空
中で行い、測定では水分計を手でコンクリートに軽く押しつけて密
着させないと、含水率が小さく表示されるので注意が必要である。

■管理値

　管理値は［**表12-2-1**］の含水率測定方法によって異なる。一般的
に使用されているケット水分計の管理値は、表示値5％以下といわ
れている。この由来は、旧型の水分計CH-2を用いて厚さ30mmの
1：2.7モルタル（W/C=55％）のキャリブレーションで決められて
いた含水率8％が新型のHI-500のコンクリートモードで何％にな
るかを塗り床メーカーで実験を行い、実現場での検証・実績をもと
に含水率5％として定着したようである。

　日本塗り床工業会では、2006年度の『塗り床ハンドブック』の改
定で下地の乾燥状態については「高周波静電容量式水分計：ケット
水分計HI-500・HI-520のコンクリートレンジの表示値5％以下」と
特定の機器を指定して施工判断の基準を定めている。[2]

〈2〉日本塗り床
工業会『塗り床
ハンドブック平
成18年度版』工
文社、2006年

■地盤からの水分供給

　下地の乾燥状態5%以下の管理値は、塗り床施工後に外部から水分が供給されないことを前提としたものである。［写真12-2-3］は、ウレタン系塗り床に竣工1年後に膨れや剥離が生じたもので、剥離した箇所のコンクリートの含水率は7.5%以上であった。原因は土間コンクリートの防湿層の不備により土間床下の地盤から水分が供給されたものと推定された。土間床では防湿シートを床下にシート幅の半分を重ねて敷き詰める仕様とし、砕石上に防湿シートを敷くと破損しやすいため捨てコンを設けてから防湿シートを敷くとよい。さらに、海外の埋立て地の建物では、防湿シートではなくメンブレン防水層を設けた事例もある。

［表12-2-1］含水率測定方法の種類

方式	電気的方法				湿度（結露）		
	電気抵抗式		静電容量式		変色・発色紙	不透湿シート	湿度センサ
	埋込み・挿入	押し当て	埋込み・挿入	押し当て	貼り付け	貼り付け	埋込み・挿入
市販品	コンクリート・モルタル水分計 HI-800など	モルタル水分計 PM-100i、プロティメーターなど	市販品なし	コンクリート・モルタル水分計 HI-520など	乾燥度試験紙	経験的な方法	CMEX IIなど
概要	定量的評価 事前・事後の作業が必要	定量的評価 操作が簡易	定量的評価 事前・事後の作業が必要	定量的評価 操作が簡易	簡便な方法 判断基準が不明	含水状態を把握できない	定量的評価 事前・事後の作業が必要

［写真12-2-2］水分計
（ケット科学研究所HI-520）

［写真12-2-3］塗り床の剥離

3 HACCP対応は要求事項の把握が重要

■HACCPとは

　食品業界では、食の安全の見地から HACCP（Hazard Analysis and Critical Control Point）や ISO22000（食品安全マネジメントシステム）を導入し、管理の厳格化が進んでいる。HACCP は、危害性要因分析重要管理点と訳され、原料調達から生産、加工、保管、流通、販売までの全工程で、発生の恐れのある生物的・化学的・物理的危害要因を確認・分析し、継続的に対策することにより危害発生の制御を重視した管理手法である。

■床に求められる性能

　HACCP においては、清潔区・準清潔区・汚染区に応じて、［**表12-2-2**］のような様々な性能が求められる。食品工場の床では、定期的に製造設備や床の洗浄や殺菌が行われるため、薬品溶液や消毒薬が頻繁に床に流出する。また、設備からの熱や熱水による熱衝撃が床に加わるため、耐熱性や冷熱繰り返しに対する耐疲労性も要求される。原料や製品を運ぶためパレット等の重量台車が頻繁に往復し、方向転換のため車輪のひねりが床材に加わることから、耐台車走行性も考慮する必要がある。床が常に濡れ、脂肪分などが付着する場合は、防滑性も必須となる。

　さらに、塗り床が破損した際は、衛生状態を保つため早急に補修する。補修は、塗り床材を除去して下地の乾燥と表面処理を行い、塗り床を新たに施工し、所定の期間養生するため、粉塵や臭気の問題から稼働中の工場では困難なことが多い。

　このように、製造ラインによって要求事項が様々であることから、設計段階において使用条件を詳細に確認すると共に、同種施設の施工実績や経年劣化状況を重視して床材を選択する。また、使用環境や薬液が特定できる場合、試験体を用いて耐久性や使い勝手を確認するとよい。

■**事例**

　一般的なエポキシ樹脂系や硬質ウレタン樹脂系塗り床では上記の要求性能を満たすことが難しく、特別仕様の厚膜型のエポキシ樹脂系など、耐熱性を考慮した塗り床が用いられることが多かった。近年は、耐久性に優る水性硬質ウレタン系塗り床の採用が増加している。水性硬質ウレタンは、施工時に有機溶剤のプライマーが必要ないため臭気が少なく、補修が容易である。その優れた特性からエポキシ樹脂系塗り床を上回る生産量となっている。

　乳製品工場では、欧米の工場で採用事例の多い食品工場用のセラミックタイル張り仕上げが伝統的に用いられることがある。コンクリートスラブ面に耐薬品性のあるエポキシ樹脂などでメンブレンを構築した後、耐薬品性のある接着剤でタイルを張り付ける。

　［**写真12-2-4**］は、高温の洗浄液が排出される塗り床に剥離が発生している状況である。食品工場では特定位置に負荷が集中することが多いため、排出口の直下にステンレスパンを設ける、あるいは［**写真12-2-5**］のように排水時にはゴムマットを敷くなどして温度ショックを緩和するなど、床材以外の付加的な手段で対応する方法もある。

［**表12-2-2**］床に求められる性能

区分	要件
衛生面	清掃しやすい
	水溜りができにくい
安全面	滑りにくい
	台車の走行性がよい
	疲れにくい
	F☆☆☆☆認定品
	帯電防止性がある
耐久面	耐水性が高い
	耐薬品(酸・アルカリ・油)性が高い
	耐熱性が高い
	耐摩耗性が高い
	耐剥離・耐衝撃・耐台車走行性が高い
補修面	補修が容易で臭いが出ない

［**写真12-2-4**］
排水口付近の塗り床の剥離

［**写真12-2-5**］ゴムマットによる対策

4 薬品や紫外線による変色

■薬品による白濁

　食品工場では、洗浄・殺菌のため高濃度の洗剤や次亜塩素酸ソーダ希釈液などの漂白剤が多用される。例えば、食肉加工場の加工工程では、飛散した食肉類を腐敗しないうちにすみやかに清掃するため、毎日8％の苛性ソーダや5％の次亜塩素酸ソーダで洗浄後、60℃程度の温水で水洗している。塗り床は、事前に耐薬品性を確認しており、通常の使用条件であれば問題は生じにくい。しかし、誤って高濃度・高温の薬剤を使用した場合や、［図12-2-4］のような水勾配が不十分で薬液が滞留し接触時間が長くなり、さらに滞留した薬液が水分の蒸発で濃縮された場合に、［写真12-2-6］のような塗り床が浸食され白濁する可能性がある。

　白濁の原因は、薬品による塗り床材中の顔料の脱色や、塗り床表面の微細な粗面化による光の乱反射である。また、熱水が長時間作用して、水分子が表面から内部に浸入することも白濁の原因となる。

■紫外線による変色

　塗り床の種類によっては、太陽光・照明・殺菌灯からの紫外線で変色することがある。［写真12-2-7］は外光が入る室内において塗り床が変色し、床マットが長期間設置されて紫外線が当たらなかった箇所と色の差が生じている状況である。特に近年普及が進んでいる水性硬質ウレタン系は変色が激しいため、変色が目立ちにくいメーカー標準色以外の色を選択する際は特に注意が必要である。変色を最小限にするためには、変色防止のトップコートを追加する。

■耐薬品性の評価

　床材の耐薬品性は、以下の試験方法を用いることが多い。
　・床材を薬品に長期間浸漬させる方法
　・床材表面に薬品を数滴滴下して蓋をする方法（JIS A 5705）
　・床材表面にロートを取り付け、薬品を注ぐ方法（NNK-007）[3]
　塗り床の耐薬品性データや類似した施工実績の調査を元に塗り床

〈3〉日本塗り床工業会『塗り床ハンドブック平成24年度版』工文社、2012年

を選定し、実際に使用する薬品を用いて、想定される温度環境に近い条件で試験を行う。促進試験と称して実際よりはるかに高濃度や高温の薬液を用いた試験は、現実と乖離した結果を得ることとなり、経済性を損ねた仕様の選定に繋がりかねない。

　［**写真12-2-8**］は、排水ピットを想定した試験の事例である。薬品が漏れた際に流入するピットの防食材を評価するため、プラスチックボックス内部にビニルエステル系塗り床材を施工して、所定濃度の薬品を内部に流し込み、数日間静置して評価を行っている。

　耐薬品性の評価は、洗浄して水分を除いた後、床材の膨れ・剥がれ・浮き・変色を目視で観察する。一定の評価基準はないが、床材の硬さなどを薬品接触部と非接触部で比較する。使用目的に応じて評価基準が異なるため、建物管理者と試験体の変化を直接確認し、許容する変化について合意を形成する。

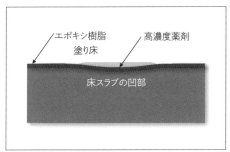

［**図12-2-4**］高濃度薬剤の滞留

［**写真12-2-6**］白濁の事例

［**写真12-2-7**］塗り床の変色

［**写真12-2-8**］
使用環境を模擬した耐薬品性試験

5 ドアレバーに触れると火花が飛ぶ

▓静電気の発生

　冬期の乾燥した室内でドアレバーを触れた瞬間に、人体に帯電した静電気が一気に放電し、スパークが飛んで電撃を感じることがある。人間にとっては不快な現象ではあるが、精密機器の生産工場、サーバールーム、病院の手術室においては精密機器の誤作動、電子機器の破壊、可燃性ガスの引火など、深刻な問題を引き起こしかねない。また、床材が帯電するとほこりが付着しやすくなる。

　静電気による不具合を防止する手段には、①室内の湿度調整、②イオナイザーによる除電、③静電気を床に逃がすなどの方法がある。①は湿度 40 ～ 50％以上であれば物質の表面にミクロな水膜ができて表面抵抗が下がり帯電しにくくなるが、コントロールの難しさや加湿による結露のような弊害の理由から実際の適用は難しい。②は専用装置が必要で有効範囲が狭い問題がある。したがって、③導電性のある床材を用いて人体に帯電した静電気を床に逃がす方法が一般的に用いられる。

▓床材の帯電防止性能と施工

　床材の帯電防止性能試験は、［**表 12-2-3**］のように表面抵抗値などで評価する。一般に帯電を防止するためには、［**図 12-2-5**］のように床の表面抵抗値が $1 \times 10^8 \sim 10^9$ Ω以下であることが要求される。一方で、静電気導電材料のように、1×10^5 Ω以下になると急激な静電気放電が起きるため、帯電防止床材は $1 \times 10^5 \sim 1 \times 10^8$ Ωに調整する必要がある。さらに、電撃を防ぐため、人体帯電圧を1kV 以下に抑えることが求められる。

　一般的な長尺塩ビシートやエポキシ樹脂系塗り床材は、表面抵抗率の高い静電気絶縁性物質であり、静電気を拡散できない。床の帯電防止は炭素繊維などの電導物質を配合した帯電防止床材を選択した上で、床材の下にアース線や導電板を一定間隔で施工する。

　現場での施工状況によって帯電防止性能の発現が異なるため、床施工完了後に実際の床で表面抵抗値などを検査する。特に塗り床は

現場で仕上げるため、施工および養生環境が帯電防止性能の発現に影響する。［図12-2-6］より、帯電防止性能の一つである半減時間（JIS A 1455）が養生環境により2倍になること、28日程度で性能が安定することがわかる⁽⁴⁾。したがって、帯電防止性能を検査する際には適切な養生環境と期間を確保する。

　塗り床の施工にあたっては、材料を攪拌する際に導電性を付与する炭素繊維が絡まり塊になりやすい。塗り床の厚みが薄い仕様や、傾斜部で塗厚が薄くなる箇所は塊が視認しやすく、仕上がり不良となりやすい［写真12-2-9］。

〈4〉三浦勇雄ほか「環境対応型帯電防止床材・工法の開発　その4」『日本建築学会学術講演梗概集』第A-1号、pp.741-742、2007年

表面抵抗率RS(Ω)	10^0　　10^2　　10^4　　10^6　　10^8　　10^{10}　　10^{12}　　10^{14}
静電気シールド性材料	
静電気導電性材料	
静電気拡散性材料	
静電気絶縁性材料	
建築材料	シリコン　コンクリート　アクリル　エポキシ / アスファルト / ウレタン / 塩ビシート / 帯電防止床材範囲

［図12-2-5］表面抵抗値と帯電防止床材の範囲

［表12-2-3］
帯電防止性能の試験方法

評価項目	試験規格
表面抵抗値 漏洩抵抗値 (接地抵抗値)	・JIS K 6911(熱硬化性プラスチック一般試験法) ・静電気安全指針 ・National Fire Protection Association (NFPA), ANSI/NFPA99
人体帯電圧	・JIS L 1021-16(繊維製床敷物試験方法) ・ANSI/ESD STM97.2-1999
最大帯電電位 半減時間	・JIS A 1455(床材及び床の帯電防止性能：測定・評価方法)

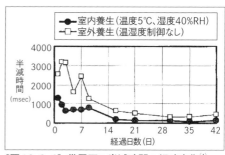

［図12-2-6］帯電圧の半減時間の経時変化⁽⁴⁾

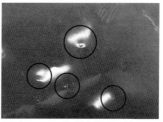

［写真12-2-9］炭素繊維の塊による仕上り不良

6 下地の色が床表面に浮き上がる

■施工前の汚れによる変色

　［図12-2-7］は竣工後2年経過した建物のビニル床シート表面に、青色の変色が部分的に発生した事例である。ビニル床シートを剥がすとシートの裏面、下地モルタルにも同じシミがあることが確認された。この青色のシミの原因は、塩ビ配管を接合する際に用いた接着剤を床シートの施工前に床に垂らした跡であることがわかった。塩ビ配管の接合は揮発性有機溶剤のテトラヒドロフランを主成分とする接着剤が用いられ、樹脂を溶かして融着させる。透明な液体だと塗った範囲がわからないために青色や赤色の染料[5]で着色された製品が市販されている。工事現場では、内装の塗装や設備配管など様々な業種の工事関係者が作業をしており、少し汚しただけが大きな不具合となる。

〈5〉水または溶剤に可溶な色材を染料という。水や一般の溶剤に溶解しない微細な粒子状の色材を顔料という

■可塑剤の功罪

　ビニル床シートは、塩化ビニル樹脂に可塑剤、安定剤、充填材、着色材を混入してシート状に成形している。可塑剤はポリマー分子間に浸透してポリマーの分子間力を弱め、柔軟性を付与し、塩化ビニル樹脂の加工性や床材としての弾力性などを改善する役割がある。塩化ビニル樹脂にはDOP（フタル酸ビス（2-エチルヘキシル））などのフタル酸エステル類の可塑剤が用いられる。DOPの沸点は386℃であり常温での揮発性はほとんどなく、樹脂との相溶性が良く、添加量によって自由に柔軟性をコントロールでき、多くの用途に適用されている。しかし、可塑剤は塩化ビニル樹脂に対し多量に配合されるため弊害が生じる。

　［写真12-2-10］の事例は、竣工後5年経過した建物のビニル床シート表面に、工事中の墨出しに用いたラッカースプレー塗料の文字がぼんやりと浮かび上がったものである。［図12-2-8］にビニル床シートの変色現象を模式図に示した。可塑剤は有機系材料との相溶性が良いので、ビニル床シート中から接着層へ移行する。さらに接着層内で拡散し床下地表面まで達すると、ラッカーの有機染料が

徐々に溶出して可塑剤を伝って表面に浮き上がる。この現象は濃度勾配によって引き起こされ、温度が高いほど可塑剤の移行、有機染料の移動が速くなる。

可塑剤は、接触しているものに移ろうとするとともに樹脂を軟化させる特徴があるため、可塑剤が移行することによりゴム系溶剤形接着剤等はいつまでもネバネバした状態になり、本来の接着強度が発揮できなくなる場合もある。9章 **応用知識6** には、シーリング材や塩ビ系壁紙の事例を紹介している。

DOPなどの可塑剤の移行を抑制するには、可塑剤との相溶性がないバリヤー層で制御することが有効であるが、DOPに比べ非揮発性、耐油性、非移行性に優れる高分子量のポリエステル系可塑剤を使用したシート材料もある。

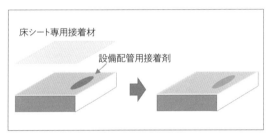

［図12-2-7］ビニル床シートの変色事例

［写真12-2-10］ビニル床シート表面への文字の浮き上がり

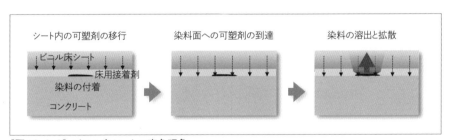

［図12-2-8］ビニル床シートの変色現象

13章 接着剤

13−1 基礎知識

1 概説

　接着剤は同種または異なる素材の接触面の中間に介在し、互いを接着接合させる材料である。この接着接合は、建築・土木、航空機、自動車、医療、電気・電子機器などに広く利用されている。建築分野では、外装材、防水材、床材、壁材、天井材、断熱材などの非構造部材や集成材などの構造部材に使用されている。接着剤は塗布時には液状で、固化・硬化して初めて接合物としての機能を発揮する材料である。

2 種類

　[図13-1-1] に接着剤の硬化機構を示す。接着剤の固化・硬化には、溶剤が揮散して固化し接着力が発現するものと、化学反応によって硬化し接着力が発現するものに大別できる。1液反応形は、熱、光、水分などで主成分が反応を開始して硬化する。取扱いが容易である。2液反応形は、主剤と硬化剤を混合すると硬化が起こるものである。硬化速度が速く、接着強度が大きいので構造用接着剤に用いられる。また、被着材の種類によって、コンクリート用、金属用、木材用、プラスチック用などの接着剤がある。

3 原料

　接着剤の原料は、[図13-1-2] に示すように成分から無機系と有機系に大別される。無機系は主に水ガラスなどのけい酸塩系やアルミナセメントを原料としている。有機系は天然、半合成および合成

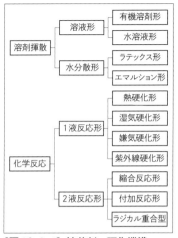

[図13-1-1] 接着剤の硬化機構

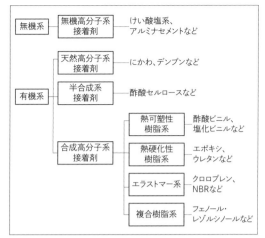

[図13-1-2] 接着剤の成分による分類

高分子材料を原料としている。合成高分子材料は、熱可塑性樹脂、熱硬化性樹脂、エラストマー系など、様々な材料が利用できる。熱可塑性樹脂は加熱すれば溶融し、冷却するとはじめの状態に戻るもので、酢酸ビニル樹脂やアクリル樹脂などがある。熱硬化性樹脂は加熱すれば不溶不融になり、冷却しても始めの状態に戻らない特徴があり、反応形のエポキシ樹脂やウレタン樹脂などがある。エラストマー系にはクロロプレンゴムなどがある。

4 性質

接着剤の基本は流動性があり、被着材に対して濡れ性が良好で、硬化後は強い凝集力と接着力をもつことが必要である。接着性試験は、[表13-1-1] に示す試験方法が目的や用途に応じて用いられる。接着性の評価は破断強度と破壊状態で行い、この破壊状態には JIS K 6866（接着剤−主要破壊様式の名称）で、接着剤層の破壊（凝集破壊）、被着材の破壊（被着材破壊）、接着剤と被着材の界面での破壊（界面破壊または接着破壊）で示される [図13-1-3]。理想的な接着は、接着界面の条件で決まらない被着材破壊あるいは凝集破壊が良いとされる。

接着のメカニズムは、機械的もしくは化学的な結合に分類される。前者はアンカー（投錨）効果やファスナー効果と呼ばれる [図13-1-

[表13-1-1] 接着試験方法

接着試験方法	JIS
引張り接着強さ	JIS K 6849
引張りせん断接着強さ	JIS K 6850
圧縮せん断接着強さ	JIS K 6852
割裂せん断接着強さ	JIS K 6853
はくり接着強さ	JIS K 6854
衝撃接着強さ	JIS K 6855
曲げ接着強さ	JIS K 6856

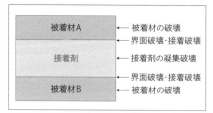

[図13-1-3] 破壊状態の名称

[図13-1-4] 機械的接着

4]。接着剤が被着材の凹凸部に流入固化してアンカーのように作用する場合や、接着剤が凹部に食い込んで弾性的な締付け力が作用するものがある。後者は、接着剤の官能基が被着材と化学結合するものや分子レベルでの物理化学的な分子間力（水素結合、ファン・デル・ワールス力）によって接着するものがある。実際の接着は、これらが単独で作用するだけでなく複合的に作用しており、その割合は接着剤の種類や被着材の材質によって異なる。

　接着剤の分類別の主要な性質を［表13-1-2］に示す。無機系は耐熱性や耐候性に優れるが、硬く脆い材質であるため耐衝撃性などが劣る傾向にある。有機系は原料の種類によってその性質が異なる。建築分野では構造材や非構造材に広く利用されており、要求性能や使用環境に応じて選択する。

5 類似材料

　接着剤と類似のものに粘着剤がある。粘着剤はアクリル系やゴム系があり、終始粘弾性体（ゲル状固体）のままで、その粘着力によって被着物に貼着する［図13-1-5］。粘着力は、原材料の配合技術により調整ができる。支持体に粘着剤を塗布した貼着と剥離の容

易な粘着テープ、両面粘着テープおよびマスキングテープなどがある。粘着剤の技術開発は目覚ましく、テープ類だけでなく内外壁を装飾するフィルムシートとしてその用途は拡大している。

[表13-1-2] 接着剤の分類による性質

分類			種類	特性					
				耐水性	耐薬品性	耐寒性	耐熱性	耐衝撃性	耐候性
無機系	セメント系		ポルトランドセメントなど	◎	×	△	◎	×	◎
	けい酸系		水ガラスなど	○	△	△	◎	×	◎
有機系	天然系		でんぷん、にかわ、カゼイン (水溶液形)	×	×	△	×	△	△
			アスファルト	◎	○	△	△	○	△
	合成系	熱硬化性樹脂	ユリア樹脂、メラミン樹脂、フェノール樹脂、レゾルシノール樹脂(反応形)	△～○	△～○	△～○	○	△	△～○
			エポキシ樹脂(反応形)	○	○～◎	○	○	△～○	○
			ウレタン樹脂(反応形)	○	○	○	○	○	△～○
			ポリエステル樹脂 (ホットメルト形、反応形)	△～○	○	△～○	△～○	○	○
		熱可塑性樹脂	酢酸ビニル樹脂 (溶液形、エマルション形)	×～△	△	△	△	○～◎	○
			ポリビニルアルコール系 (水溶液形)	×～△	△	△～○	△～○	○	△～○
			ポリビニルアセタール系	○	△	△～○	○	○～◎	○
			アクリル樹脂系 (溶液形、エマルション系)	△	△	△～○	○	○～◎	○
			シアノアクリレート系 (反応形)	△	△～○	△	○	○	△
		エラストマー系	クロロプレンゴム系 (溶液形、ラテックス形)	△～○	△～○	△～○	△～○	○～◎	△～○
			ニトリルゴム系 (溶液形、ラテックス形)	△～○	○	△～○	○	○～◎	○
			SBR系 (溶液形、ラテックス形)	△～○	△	△	△	○	○
			ブチルゴム系 (ラテックス形、溶液形)	△	△	△	○	○	○
			ウレタンゴム系(反応形)	△～○	○	△～○	○	○	△～○

◎:優　○:良　△:可　×:不可

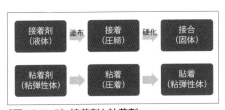

[図13-1-5] 接着剤と粘着剤

13-2 応用知識

1 接着は被着材表面が重要

■接着の基本
　液体やペースト状の接着剤を被着材表面に塗布し、同種または異種の被着材同士を貼り合わせる際、接着剤が被着材表面に均一に付着することが重要となる。被着材表面は物理的・化学的な状態により異なるため、そのため、表面の性質に合わせた接着剤の選定が重要となる。また、接着剤を塗布する前の接着面の清浄化が基本的に重要となる。

　接着性は、接着剤の選定や濡れ性以外に被着材の強度や接着剤の凝集力に依存する。接着の不具合で問題となるのは、被着材との界面破壊が起こる場合で、これらの多くは被着材の表面に原因があり、接着に適した表面調整を事前に検討しておく必要がある〔**表13-2-1**〕。

■表面の清浄化
水分　被着材表面に付着している水分は接着強さを低下させるので、乾いた布などで水分を拭き取り十分に乾燥させる必要がある。一般的に、木材は8〜15％の平衡含水率、コンクリートでは5〜6％の含水率が適切とされている。
汚れ　被着材についた塵埃などは、接着性能を低下させる原因になるのでブラシや乾いた布で除去する。
油分　油分を除去するにはアルコールや石油系溶剤（ベンジン）などの溶剤類を用いて拭き取る。また、苛性ソーダ、炭酸ソーダなどのアルカリ水溶液による除去が行われる場合があるが、後の水洗いと乾燥を充分に行う必要がある。脱脂と呼ばれる。

■脆弱層の除去
　金属の錆は、機械的方法（サンドペーパー、ワイヤーブラシ、バフ、ディスクサンダー、サンドブラストなど）や化学的方法（硫酸、

塩酸、硝酸などで洗浄）により除去する。

コンクリートのレイタンス、エフロレッセンスなどは力学的に弱い境界層となるため、本来の接着強度を発現するためには、これらの力学的に弱い境界層を機械的方法により除去する。

■最適な表面形態

接着性は、接着剤固化後の強さ（凝集力）と界面接着力のバランスで決まり、①機械的結合（投錨効果）②物理化学的相互作用（ファン・デル・ワールス力）③化学的相互作用（化学結合）の3つが関係する。接着剤が被着材に対し②③の効果が弱く接着しにくい場合は、表面調整により①に適した表面形態にすることがある。例えば、亜鉛めっき表面などの接着しにくい材料にサンドペーパーなどによる研磨をすることで接着強さが向上する。

■表面改質

被着材の材質表面が弱く、十分な強度が得られない、あるいは接着剤の親和性の不足で強度が得られない場合、被着材の表面を改質する目的でプライマー処理を行う。プライマーは被着材の表面強度を補強すると共に接着剤と被着材の双方に接着効果をもたせる役割がある。手間を省かず、適切な表面処理、表面調整を行うことが耐久性のある接着接合への近道である。

［表13-2-1］ **表面処理方法**

方法	方法	対象	操作
表面の清浄化	乾燥	水	乾いた布での水分の除去
	洗浄	汚れ、油分	水、有機溶剤による拭き取り
脆弱層の除去	機械的	金属の錆など エフロレッセンス レイタンス 塗膜	サンドペーパー、ワイヤーブラシ、バフ、ディスクサンダー、サンドブラスト
	化学的	金属の錆など	硫酸、塩酸、硝酸などで洗浄
表面形態	物理的	難接着材料 （亜鉛めっきなど）	サンドペーパーなどによる研磨
表面改質	プライマー処理	強度が弱い材質 難接着材料	プライマーの塗布

2 混合比率は慎重に

▦反応硬化形接着剤

　主剤と硬化剤の2液に分かれる反応硬化形接着剤は、［図13-2-1］に示すように主剤Aの反応基Xと硬化剤Bの反応基Yがお互いに化学反応によって化学結合XYとなることで硬化する。反応基Xと反応基Yが1：1となるように主剤と硬化剤の反応基の当量を求めて接着剤の混合比率が決められる。

　エポキシ樹脂を例とすると、

　　主剤Aの分子量380、反応基2個⇒エポキシ当量190

　　硬化剤Bのアミン当量80

　　配合重量比＝主剤：硬化剤＝190：80

　主剤と硬化剤の混合比率は、メーカーが指定する比率を使用する直前に正確に計量して混合することが重要である。混合比率が守られていないと、接着剤強度が落ちるだけでなく、接着剤の硬化不良の原因となる。

▦エポキシ樹脂系接着剤

　エポキシ樹脂は、エポキシ基を含む化合物の総称で、代表的なビスフェノールA型エポキシ樹脂には、常温で液状から固形まで分子構造の違いや分子量の異なる多くのグレードがある。エポキシ樹脂は単独で使用することはなく、硬化剤と組み合わせて鎖延長や架橋による3次元の網目構造を形成することで優れた強度特性と接着性能を発現する。エポキシ樹脂系接着剤は主剤のエポキシ樹脂と硬化剤の他に、可使時間（使用時間）を調整する硬化促進剤、作業性を改善する希釈剤、充填剤などが配合されたものが製品となっている。硬化剤はアミン系化合物が一般的に用いられるが、その種類によって硬化物の強度などの特性が異なる。硬化剤の量が少ないと硬化不良や硬化物の強度発現はしない。硬化剤の量が多いと硬化するが、未反応の硬化剤が残存することで接着力の低下の原因となる。異なるエポキシ樹脂系接着剤の主剤や硬化剤を混ぜても主剤と硬化剤のバランスが崩れるため接着強度や本来の性能が発現しない。

■ポリウレタン系接着剤

　ポリウレタン系接着剤は、イソシアネート基（NCO基）の反応で硬化する接着剤で、一般にはポリオール（水酸基：OH基）とイソシアネート（NCO基）の反応よりウレタン基（-NHCOO-基）を分子構造中にもつものである。ポリオールやイソシアネートの組成を変えることによって、ゴム状弾性から硬質までの優れた力学特性を発現する。また、イソシアネート基はアミノ基（NH$_3$基）、水酸基（OH基）、水（H$_2$O）などの活性水素化合物とも反応するので、様々な用途に使われている。

　ポリウレタン系接着剤では、イソシアネート基の反応性が高いため、空気中の湿気と反応して硬化しやすい。使用中や使用後の接着剤は開封したまま長時間放置すると使えなくなるため、一度に使い切る必要がある。また、硬化前の過剰な水分は硬化不良を起こすので、被着材の水分が多すぎる場合は下地の乾燥の促進や防湿対策を取る必要がある。また、湿気と反応する際に生じるガスによって膨れを生じることがあり、塗りすぎに注意する。

　これら反応硬化形接着剤の主剤と硬化剤の混合比率を正確に計量しても主剤と硬化剤を均一に混合しないと［**図13-2-2**］に示すように未反応の硬化剤が残り接着強度を発現しない硬化不良となる。

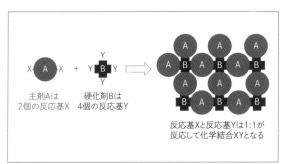

［図13-2-1］2液反応硬化形接着剤の反応モデル

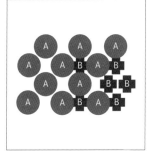

［図13-2-2］2液反応硬化形
接着剤の混合不良

3　固まる前でも使用時間は限られる

■時間管理が重要
　接着作業の流れは、［図13-2-3］に示すように接着剤の調整から硬化までにポットライフ、オープンタイム、セットタイムがあり、それぞれ温度・湿度など施工環境に大きく左右される。これらの時間を守ることがよい接着品質に繋がる。

■ポットライフ
　エポキシ樹脂系接着剤のような反応硬化形の接着剤が使用できる時間のことを「ポットライフ（可使時間）」という。主剤と硬化剤の規定量を均一に混合すると、時間の経過と共に徐々に固くなり硬化する。ポットライフは混合後に塗布作業ができる時間である。ポットライフは接着剤によって違うが、使用温度でも変わる。接着剤は作業時の温度環境に敏感で、温度が高いと硬化時間が短く、温度が低いと長くなる。また、材料温度に依存するので、1回の混合量が多いと内部発熱がこもり、ポットライフが短くなる。暑い時期は、混合量を少なくするか冷却して発熱温度の上昇を抑えると良い。逆に寒い時期は硬化時間が長くなり接着剤の粘度も高くなるので、主剤と硬化剤を少し温めると作業がしやすくなる。

■オープンタイム
　接着剤を塗布してから被着材を貼るまでの時間を「オープンタイム」という。例えば、自転車のパンク修理では、接着する部分を紙やすりでこすって表面をザラザラにした後でゴムのりを薄く塗りつけ、2〜3分放置する。水分や有機溶剤は濡れ広がりやすくする一方で、残存すると接着を邪魔する要因となる。オープンタイムは塗布後に接着剤に含まれる水分や有機溶剤を揮散（蒸発）させ、強力な接着力を発現させるのに重要な作業である。
　［表13-2-2］に各種接着剤のオープンタイムを示す。ホットメルト接着剤は高温で溶融して被着材に塗布するので、オープンタイムは被着材に塗布したときから温度が下がって粘着性がなくなるまで

の時間となる。

　エポキシ樹脂系接着剤のオープンタイムは一般に 30 ～ 40 分の範囲があるが、高湿度のときはなるべく早く貼り合わせたほうがよい。エポキシ樹脂系接着剤では、アミン硬化剤（R-NH₂）が空気中の炭酸ガス（CO_2）および水（H_2O）と反応して重炭酸塩（R-NH₃⁺HCO₃⁻）を生成し、アミン当量が減少する。

$$R\text{-}NH_2 {}^+CO_2 {}^+H_2O \rightarrow R\text{-}NH_3 {}^+HCO_3 {}^-$$

　高湿度下では上記の反応が起こり、反応に寄与するアミン当量が減少すると接着剤の強度が低下する。さらに、アミンの重炭酸塩は 80℃以上の高温環境下で炭酸ガスを発生するため、接着面に作用すると剥離の原因となる。

■セットタイム

　接着剤を貼り合わせた後、固化・硬化して初期接着力を発現するまでを「セットタイム」という。瞬間接着剤は数十秒、ホットメルト接着剤も冷却すると固化するのでセットタイムは短い。反応硬化形の場合、1 液タイプは湿気の供給があって反応するものが多いため、外側から反応が始まり薄い接着層は硬化が速く、厚いと内部の硬化が遅くなる。2 液タイプは主剤と硬化剤を混合すると反応が始まるので、全体が均一に硬化する。硬化するまでの時間は、接着剤の種類や雰囲気温度によるので使用環境を考えて作業をするとよい。

［図13-2-3］接着作業の流れ

［表13-2-2］各種接着剤のオープンタイム

接着剤	オープンタイム
ポリ酢酸ビニル溶液	～ 5 分
ポリ酢酸ビニルエマルション	～ 10 分
ユリア樹脂系	～ 20 分
フェノール樹脂系	～ 20 分
レゾルシノール樹脂系	～ 20 分
エポキシ樹脂系	～ 60 分
クロロプレンゴム系	10 ～ 60 分
ニトリルゴム系	5 ～ 30 分
ホットメルト	～ 5 秒

14章 断熱材料

14−1 基礎知識

1 概説

　断熱材料は、熱伝達の3要素である伝導、対流、輻射を遮断・軽減することを目的とした機能重視の建築材料の総称である。材料固有の性質のみならず、材料の形態や複合の工夫により、様々な用途に適する断熱材料が考案されている。

　省エネルギー化や温熱環境の向上の観点から、建築物の各部位に幅広く使用されているが、断熱材料単体では部位を構成するのが難しく、防湿層や表面仕上材料のような他の建築材料との適切な構成や組合せが必須となる。

　類似のものに耐火被覆材料があるが、期待する温度領域や火に対する諸性質が全く異なるので同一には取り扱わない。

2 種類

　断熱材料は、[**表14-1-1**]に示すように、断熱性を得る手段により3つに区分できる。繊維の積層は、集束された多数の繊維間に蓄えられた空気を利用する。施工箇所に圧縮空気で吹き込めるよう小塊状にまとめた繊維やシートやボード状に成形された形態がある。気泡の封入は、有機系の様々な樹脂を利用して発泡体を製造したもので、種類が最も多い。シートやボード状に製造する。無機系の材料も活用される。空気層の形成は、異種材料との組合せあるいは形態の工夫により材料間に空気層を形成する。ハニカムパネルが代表的である。

〈1〉日本建築学会『建築工事標準仕様書・同解説JASS24 断熱工事』日本建築学会、2013年

3 原料および製造

グラスウール　ガラス原料を 1,300℃前後で溶融し、溶融物を遠心力で吹き飛ばして繊維化する。熱硬化性樹脂を集束剤として硬化炉の中で所定の形状にまとめる。繊維径は、通常 7 〜 8 μm、高性能品では 5 〜 6 μm である。現在では、リサイクルガラスが主原料となっている。住宅用断熱材として最も使われており、防湿や防水を目的とした外被材で包まれている製品が多い。

ロックウール　かつては玄武岩のような天然鉱物を原料としていたが、現在は高炉スラグを主成分とした原料を約 1,600℃で溶融し、グラスウールとほぼ同様の工程で所定の形状とする。耐熱性に優れる。

ポリスチレンフォーム　ビーズ法による製造は、事前に発泡剤と難燃剤を配合したポリスチレンビーズを金型内で蒸気加熱し、ビーズの発泡と相互融着を行う。金型の形状に合わせて成形できる。押出し法による製造は、発泡剤と難燃剤を混合した溶融ポリスチレンを所定形状の金型より連続的に押し出して発泡させる。硬化後の表面にはスキンと呼ぶ密実層が形成され、強度や吸水性の改善に役立つ。大きなブロックから切断加工したスキン無しの製品もある。

ポリエチレンフォーム　発泡剤、難燃剤などを混合した溶融ポリエチレンを原料とし、ポリスチレンフォームの押出し法と同様の工程

[表 14-1-1] 断熱材料の分類

断熱の手段	素材区分	不定形材料 (カッコ内は施工方法)	定形材料	
			シート(軟質)	ボード(硬質)
繊維の積層	有機系	繊維壁(左官)	牛毛フェルト	インシュレーションボード
	無機系	グラスウール(吹込み) ロックウール(吹込み) セルローズファイバー(吹込み)	グラスウール ロックウール	グラスウール ロックウール
気泡の封入	有機系	硬質ウレタンフォーム(吹付け) ユリア(注入)	軟質ウレタンフォーム ポリスチレンフォーム ポリエチレンフォーム 発泡ゴム	硬質ウレタンフォーム ポリスチレンフォーム ポリエチレンフォーム フェノールフォーム コルク板・炭化コルク板
	無機系	パーライト(吹付け、左官) 蛭石(吹付け、左官) 発泡コンクリート(注入)	—	抗火石 発泡ガラス 軽量気泡コンクリート
空気層の形成	有機系	—	—	ペーパーハニカムパネル
	無機系	—	—	アルミハニカムパネル

注) 下線の材料は JASS24 (断熱工事)[1]に記載の材料で建築用の JIS が制定されている

で押し出して製品を得る。柔軟性に富む発泡体となる。

硬質ウレタンフォーム　現場発泡と工場発泡とがある。現場発泡は、ウレタンの主原料であるイソシアネートとポリオールおよび発泡剤、難燃剤などを専用吹付け機で混合し、所定の部位に吹き付けて発泡体を得る。吹付け回数により任意の厚みで継ぎ目のない断熱層を得ることができる。表層にはスキンが形成される。工場発泡は、同種原料を金型内で発泡させてブロックを成形し、それから切り出してボードを得る。所定間隔の面材の間で発泡させれば複合版となる。

フェノールフォーム　通常、フェノールとホルマリンの反応物であるレゾール樹脂に発泡剤や硬化剤を加えて発泡させる。硬質ウレタンフォームと同様に、ブロックから切り出したボードと面材でラミネートしたボードがある。ホルムアルデヒド放散区分に留意する。

発泡ガラス　発泡ガラスは、ガラス微粉末にカーボン、発泡剤などを混合し、焼成発泡してブロックを得る。吸水がほとんどないことから蓄熱槽のような用途に用いられる。

4 性質

熱伝導性　JISが制定された断熱材料の物理的性質を抜粋して［**表14-1-2**］に示す。断熱材料の機能を考慮すれば、最も重要な性質は熱の非伝導性である。本来は、真空層の利用が最大の結果を示す。現実には、材料間あるいは材料内に気体を封入することが、経済的および効率的な手段となる。通常の断熱材は、繊維間あるいは気泡内の空気が断熱要素となるが、硬質ウレタンフォームとフェノールフォームは気泡内に発泡ガスと空気が封入されるために、断熱性が高まる。断熱性をより高める手段としてフロンガスによる発泡（B種と称する）があるが、地球温暖化防止の観点から使用を避けたい。

透湿性　繊維系断熱材は素材間の透湿性が大きく、その利用にあたっては高温側に防湿層が必須となる。通常、ポリエチレンフィルムが使用される。樹脂系断熱材は樹脂自体の透湿性に依存するが、スキンの形成や面材の貼付けによって透湿性を低減できる。ただし、ボード材やパネル材の施工には目地が生じるため、目地の防湿処理が必須である。スキンの欠損や面材の破損部も同様である。

吸水性　繊維系断熱材はその形態から吸水を阻止できず、吸水により断熱性が大幅に低下する。適用場所によっては外被材による対策が必要となる。樹脂系断熱材は、連続気泡が少なく独立気泡が多いほど吸水が小さい。独立気泡とはいえ、使用環境によっては気泡内の内部結露によって時間の経過と共に保水することがある。

適用上限温度　繊維系断熱材は、使用温度の目安として熱間収縮温度を規定しており、グラスウールで200 ～ 400℃、ロックウールで400 ～ 650℃である。一方、樹脂系断熱材はフェノールフォームの130℃が最大である。空気を多量に含んだ有機材料であるので、防災上、火炎から遠ざけて使用する。溶接火花は大敵である。

ホルムアルデヒド対策　繊維系断熱材は、フェノールやメラミンのような熱硬化性樹脂を集束剤としており、採用にあたってはフェノールフォームと同様にホルムアルデヒド放散等級に留意する。

［表14-1-2］ 断熱材料の物理的性質

種類	区分	密度 kg/m³	熱伝導率 W/(m·K)	圧縮強さ N/cm²	曲げ強さ N/cm²	透湿係数 ng/(m²·s·Pa)	吸水量 g/100cm²	使用温度 ℃	備考
グラスウール	保温板24K	22～26	～0.049	—	—	—	—	—	JIS A 9504
	保温板40K	37～44	～0.045	—	—	—	—	—	他に4区分
	保温板80K	73～87	～0.042	—	—	—	—	—	
ロックウール	保温板1号	40～100	～0.044	—	—	—	—	—	JIS A 9504
	保温板2号	101～160	～0.043	—	—	—	—	—	
	保温板3号	161～300	～0.044	—	—	—	—	—	
硬質ウレタンフォーム	1種 (工場発泡)	35～	～0.029	20～	25～	～185	～3.0	～100	JIS A 9511
	2種4号 (工場発泡)	25～	～0.028	8～	15～	～40	～3.0	～100	
	A種1 (現場発泡)	—	0.032	80	—	9.0	—	—	JIS A 9526
	A種2 (現場発泡)	—	0.032	170	—	4.5	—	—	他に1区分
ポリスチレンフォーム	ビーズ発泡 特号	27～	～0.034	14～	29～	～185	～1.0	～ 80	JIS A 9511
	ビーズ発泡 4号	15～	～0.043	5～	10～	～290	～1.5	～ 80	他に3区分
	押出発泡 1種a	20～	～0.040	10～	17～	～205	～0.01	～ 80	JIS A 9511
	押出発泡 3種a	25～	～0.028	10～	20～	～55	～0.01	～ 80	他に1区分
ポリエチレンフォーム	1種1号	10～	～0.042	2～	14～	～30	～2.0	～ 70	JIS A 9511
	2種	20～	～0.038	2～	14～	～30	～2.0	～ 70	他に1区分
フェノールフォーム	1種1号	45～	～0.022	15～	25～	～60	～4	～130	JIS A 9511
	2種3号	25～	～0.028	7～	15～	～145	～10	～130	他に1区分

注) 硬質ウレタンフォーム2種は面材付き、ポリスチレンフォーム押出発泡3種はスキン付き、フェノールフォームは面材付き
（出典：各材料JISをもとに筆者作成）

14-2 応用知識

1 現場発泡吹付けウレタンは硬化に伴い収縮する

■現場発泡吹付けウレタンの特性

　ポリウレタンフォームは、通常、イソシアネート基（-NCO）を有するポリイソシアネートとヒドロキシル基（-OH）を有するポリオールの2液を、発泡剤や触媒などと共に混合・攪拌することにより、発泡・硬化反応を同時に発生させて得られる。現場発泡は、2液の混合を専用吹付け機内で行いながら対象面に吹き付けて発泡・硬化を促す。部材が入り組んだ複雑な箇所や作業の困難な狭隘な場所でも、吹付けノズルが届けば施工ができることから利便性に優れている。

　一般的には、環境温度や対象面の表面温度によって発泡状態に変化が生じる。また、硬化する過程で収縮するが、吹き付ける際の密度が低いほど、また、一度に吹き付ける厚みが大きいほど収縮は大きい。

■断熱サンドイッチパネルを用いた外装への適用

　断熱性があり、軽量で、施工性に優れる外装材として、［図14-2-1］に示す化粧鋼板でロックウールのような断熱材の表裏面を被覆したサンドイッチパネルがある。パネル端部の処理は、鋼板に箱折り加工を施したり、縦ジョイントカバーで断熱材の露出面を覆う工夫などがされており、断熱材中での内部結露の危険性が少ないことから、生産施設などの外装材として広く使用されている。

　しかしながら、最上階のパラペットと躯体との間には取付けに伴う空隙が生じる。そこに室内側から水蒸気が流入するとパネル裏面に結露が生じ、室内への落滴となって生産工程に支障を及ぼすことに繋がりかねない。

　室内からの水蒸気流入を防止するための方策として、［図14-2-2］のように比較的防湿性能の高い現場発泡吹付けウレタンをサンド

イッチパネルと躯体の間に吹き付けて空隙を塞ぐ工法が採用されることがある。

■■収縮の影響

　現場発泡吹付けウレタンによる防湿と空隙の封止はパラペット内部の結露防止のためには有効な方法である。しかしながら、一度の吹付けで空隙内部を充填すると、ウレタンと被覆鋼板との接着性が良好であるために、ウレタンの収縮に伴い断熱サンドイッチパネルが内側へ引き込まれる。その結果、鋼板に座屈が生じ、[写真 14-2-1] のように変形してしまう。当事例の模擬実験では、ウレタンの収縮率は 13.2 ％ にも及んだ。

　したがって、現場発泡吹付けウレタンの施工時には、発泡体の密度や温度の管理を確実に行い、一度に吹く厚みを抑制するなど、施工計画が重要になる。

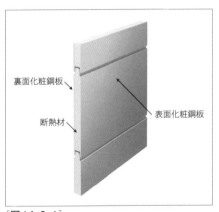

[図 14-2-1]
断熱サンドイッチパネルの構成例

裏面化粧鋼板
断熱材
表面化粧鋼板

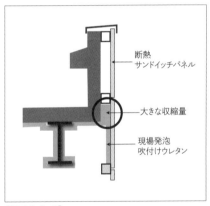

[図 14-2-2]
断熱サンドイッチパネルの取付け断面模式図

断熱
サンドイッチパネル
大きな収縮量
現場発泡
吹付けウレタン

[写真 14-2-1]
断熱サンドイッチパネル
表面に生じた変形

2 結露を助長する断熱仕様

■折板屋根への繊維系断熱材の適用

　グラスウールやロックウールは断熱性の高い材料である。繊維を集束材で積層した材料であるため、[**表14-2-1**] に示すように他の断熱材や建築材料に比べて水蒸気が透過しやすい特性を有する。また、吸音性は優れ、吸音材料としても用いられることが多い。

　生産施設は、大スパンの屋根を構成するために鋼板折板屋根構造が多用される。断熱性と吸音性が要求される場合、ガラスクロスで包んだグラスウールを鋼板裏面に取り付けて対処する事例がある。

　一般に生産施設では年間を通して室内を恒温恒湿状態に維持しており、冬期の暖房時には加湿を行うことになる。例えば、室内の温湿度条件を 20℃、50%RH とすると、その時に結露を生じる露点温度は 9.4℃となる。

　[**図14-2-3**] に示すように、屋外気温を 0℃とすると、折板屋根の鋼板裏面は 0℃に近い温度となる。室内側から室内空気が断熱材を透過して露点温度を下回る鋼板面に達すると、結露を生じ、断熱材が湿潤する。いわゆる内部結露である。断熱材が保持できる水分の量には限りがあり、それを超えると落滴を起こし、生産ラインに影響を及ぼす。

　上記のような生産施設では、[**図14-2-4**] に示すような 2 枚の鋼板で断熱材をサンドイッチした複合折板屋根構造を採用する。室内側鋼板が防湿層の役割を果たすので、鋼板接合部を隙間なく緊結していれば内部結露を防止できる。鋼板が露出していては吸音性に乏しいので、吸音のためには吸音に特化した繊維系材料を室内側鋼板面に取り付けて対処する。

■外壁への繊維系断熱材の適用

　戸建て住宅の外壁断熱には、施工性に優れる繊維系断熱材が多用されている。内部結露を防ぐために、室内側に防湿層としてのポリエチレンフィルムを隙間なく貼るのが不可欠である。[**図14-2-5**]に外壁の断熱仕様例を示す。防湿シートが破損していたり、断熱材

設置に隙間が生じていたりすると、室内側の高湿な空気が漏洩して結露を招くことがある。さらに、仕上げ材下地の石こうボードや壁紙のような仕上げ材が湿潤状態となり、不衛生なカビが発生する原因ともなる。薄い防湿フィルムとはいえ、その果たす役割を理解する必要がある。

　住宅が高断熱・高気密になるに従い、内部結露による万が一のリスクを低減するために、外壁材裏面に通気空気層を設け、結露水の排出と乾燥を図る工法が定着してきている。

[表14-2-1] 断熱材料他の透湿率[2]

材料名	透湿率 ng/(m·s·Pa)
グラスウール	170
ロックウール	170
ポリスチレンフォーム	1.4 ～ 7.3
硬質ウレタンフォーム	1.0 ～ 4.6
吹付ウレタンフォーム	4.5 ～ 31.7
コンクリート	2.98
石こうボード	39.7

〈2〉次世代省エネルギー基準解説書編集委員会編『住宅の省エネルギー基準の解説』建築環境・省エネルギー機構、2015年

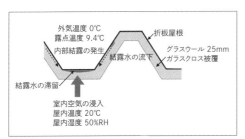

[図14-2-3] 鋼板折板屋根の内部結露

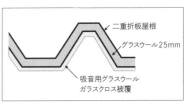

[図14-2-4]
内部結露を防止する二重鋼板折板屋根

[図14-2-5] 住宅の外壁断熱仕様例

3 『タワーリング・インフェルノ』

■超高層ビルの火災

　表題は、1974年に製作された米国映画で翌年に日本でも公開された。地上550m、138階建ての超高層ビルが落成式の日に発電機の故障から火災を発生し、大勢の人命が危機にさらされるフィクションである。近年、映画さながらに、[**表14-2-2**]に示すような大規模火災が立て続けに発生してしまった。

　ロンドンの事例は、改修工事で基準を満たさない断熱材をコンクリート外壁の外側に取り付け、50mmの空気層を介して金属パネルで被覆した外断熱工法を採用していた。出火から約15分で建物が火に包まれたとのことで、層間の延焼防止策がなく、可燃性の断熱材が一気に燃焼したと想像できる。

■発泡プラスチック系断熱材の燃焼特性

　断熱材に多用するプラスチックは、[**表14-2-3**]のように木材と比べて発火点や引火点が極端に低いことはない[3]。しかしながら、発泡体は表面積が大きく、断熱性がよく熱を拡散させないなどの理由から、着火すると容易に燃焼を拡大する。

〈3〉日本火災学会編『火災便覧第4版』共立出版、2018年

　断熱材、とくに現場発泡吹付けウレタンに起因する工事期間中の火災事故が後を絶たない。主な火種は溶接作業に伴う火花で、断熱材に触れると断熱材表層を溶融して内部に入り込む。断熱材の溶融範囲が拡大し、メタンやアセチレンのような可燃性ガスを発生させ、一気に発火し激しく発煙する。

　初期消火は困難となり、[**図14-2-6**]のような経過をたどって火災が成長し、手のつけられない状況となる。火災後は、施工中の室内やダクトなどが黒煙と刺激臭で大規模に汚染される。

■対策事項

　近年、不燃認定を取得した現場発泡吹付けウレタンが製造され始めた。配合された難燃材が熱分解して炭化層を形成し、燃え広がりを防止する。また、硬化したウレタンフォームの上に、不燃コート

材を吹き付けて被覆する対策工法がある。いずれも火災に対して万全ではないが、従来よりも火災に繋がりにくい材料・工法である。さらなる対策技術の開発が望まれる。

　ウレタンに限らずプラスチック系の断熱材の多くは火災の危険性をはらんでおり、断熱材周りでの火気の使用は厳禁である。断熱材の施工中あるいは施工後に、その近辺で溶接・溶断作業が生じないように工程管理を立案するが、不可避の場合には防炎シートによる養生や消火器の配置などの事前準備を怠らない。

[表14-2-2] 超高層ビルの大規模火災事故

発生年	物件名	階数	火災推定原因
2009年	北京中央電視台電視文化センター	30階	春節を祝う爆竹の火花が屋上に保管されていた大量の花火に引火、建屋に火災が拡大
2010年	上海マンション	28階	外壁の改修工事中、竹足場、ナイロンネット張り、溶接火花が引火し、外壁全体に拡大
2017年	ロンドングレンフェルタワー	24階	火元は冷蔵庫、改修工事で採用した外壁材と断熱材が基準外、断熱材は発泡プラスチックを心材とする複合版で燃焼拡大の主要因
2020年	ドバイ近郊都市シャルジャ高層集合住宅	45階	ドバイでは、2012年に2棟の高層住宅、2015年には79階高層住宅、2016年には63階高層ホテルが焼失している、火災拡大は、ロンドンと類似の要因

[表14-2-3] プラスチックの燃焼性[3]

材料名	引火点(℃)	発火点(℃)
木材	260	450
ポリエチレン	340	350
ポリスチレンフォーム	370	495
ポリウレタンフォーム	310	415

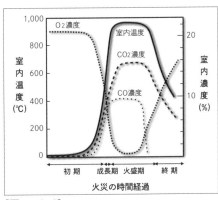

[図14-2-6]
火災時の室内温度およびガス濃度の変化[3]

4 断熱材料を建築物の外側に配置する

■断熱材配置の特異性

　古くから断熱に関する基準が確立している欧州諸国では、建築部位や設計条件などによって適切な断熱工法が確立している。特に、躯体の屋外側を断熱材で包み込む外断熱工法は、冬期になると常時暖房の必要となるドイツやフランスなどの寒冷な地域では一般的となっている。建物が組積造であることも一因である。

　日本では、断熱材を室内側に配置する内断熱工法が一般的である。RC住宅を例にとると、片廊下式の通路やバルコニーが突き出した外壁など、断熱材で建物全体を包むのに支障となる形態が多い。

■外断熱工法の採用

　北海道などに立地する断熱性に乏しい住宅の断熱改修に、住み続けながら工事のできる外断熱工法が着目され、次第に改修事例が増えていった。

　適用を妨げるのは、施工コストの増大と防火性への不安である。コスト増は、適用事例が増えるに従い工法のコストダウンが進むと共に、住宅の省エネルギー基準の改正により断熱性能の増強など社会的な要請が後押しして希薄化してきた。防火性は、『建築物の防火避難規定の解説2012』[4] により、耐火構造の外壁に外断熱材を施す場合は、それぞれの構造に必要な性能を損ねないと判断できる（抜粋）とされた。すなわち、繊維系の断熱材は使用でき、RC造やSRC造などの外壁には発泡プラスチック系の有機断熱材も使用できることが示された。

〈4〉日本建築行政会議編『建築物の防火避難規定の解説2012』ぎょうせい、2012年

■内部結露の防止

　外断熱工法の最大の長所は、［図14-2-7］に示すように、外壁内の各部温度が露点温度を下回ることがなく、有害な内部結露の可能性がほとんどないことである。断熱材を保護し、外壁表面を仕上げる必要があり、［図14-2-8］に示すような3種の工法に大別できる。断熱材の外側に空気層を設けて外壁仕上材を取り付ける工法では、

空気層を通気することによって断熱材や躯体を乾燥状態に保つことができる。木造建築での「外張り断熱」としても定着している。

■室内温熱環境の恒常化

熱容量の大きな躯体が蓄熱体の役割を果たし、室内温度の変動を押さえることができる。そのため、住宅では居住性が改善される。美術館や博物館に採用された場合には、室内温度を恒常に保つのに有効となる。その一方、間欠的に冷暖房する講堂や集会室などでは、熱負荷が大きくなるので得策ではない。

■外断熱工法採用の留意点

最も留意すべきは火災の延焼対策である。**応用知識3**で述べた高層住宅火災を他山の石とし、火災を封じ込める層間塞ぎを疎かにしてはならない。日本の集合住宅に特有の片廊下やバルコニーは冷橋を形成しないよう、スラブ下面への断熱材張りが不可欠となる。

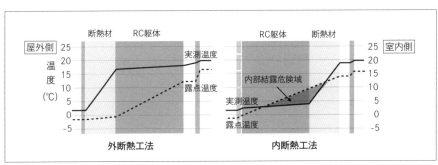

［図14-2-7］外壁内部の温度分布

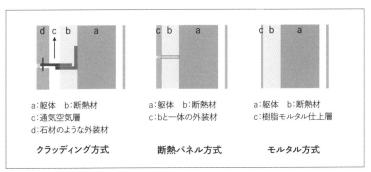

［図14-2-8］外断熱工法の分類

編 著 者 紹 介

中山 實
元鹿島建設技術研究所 副所長、専任役。博士（工学）、一級建築士。
建築仕上材料・技術の研究開発。〈1、6、8、14章を執筆、全体を監修〉

鈴木博行
鹿島建設東京建築支店建築工事管理部 専任部長。一級建築士、一級建築施工管理技士。
建築外装分野の技術指導。〈3、4章を執筆〉

和田 環
鹿島建設技術研究所 専任次長。博士（工学）。
建築仕上材料・技術の研究開発。〈7章2-8、9章、12章1、12章2-6、13章を執筆〉

権藤 尚
鹿島建設技術研究所 グループ長。博士（工学）、一級建築士。
建築環境（熱・湿気）の研究開発。〈14章を執筆〉

巴 史郎
鹿島建設技術研究所 主任研究員。
建築仕上材料・技術の研究開発。〈10、11章を執筆〉

佐々木正治
鹿島建設建築管理本部建築技術部 次長。一級建築士、一級建築施工管理技士。
建築仕上工事、防水工事の技術指導。〈5章、7章1、7章2-1〜7を執筆〉

冨田 洸
鹿島建設技術研究所 主任研究員。一級建築士。
建築仕上材料・技術の研究開発。〈2章、12章2-1〜5を執筆〉

けんちくし あげざいりょう ぎじゅつ ちしき
建築仕上材料と技術の知識

2020年8月30日 第1刷発行

編著者	なかやま みのる 中山　實
著者	鈴木博行・和田 環・権藤 尚・巴 史郎・佐々木正治・冨田 洸
発行者	坪内文生
発行所	鹿島出版会
	〒104-0028　東京都中央区八重洲2-5-14
	電話03-6202-5200　振替00160-2-180883
印刷・製本	三美印刷
装幀	工藤強勝
デザイン	工藤強勝＋勝田亜加里＋石山奈美

©Minoru NAKAYAMA, Hiroyuki SUZUKI, Tamaki WADA, Takashi GONDOU,
Shiro TOMOE, Masaharu SASAKI, Ko TOMITA 2020, Printed in Japan
ISBN 978-4-306-03990-0 C3052

本書の内容に関するご意見・ご感想は下記までお寄せ下さい。
URL: http://www.kajima-publishing.co.jp/
e-mail: info@kajima-publishing.co.jp

新版 塗装工事の知識
高橋孝治 著

塗装の基礎から改修工事まで対応した
内容に全面改訂。
環境に配慮しながら、多様化する
塗装の知識を学べる必携の一冊。

主要目次
1章 建築塗装の特徴
2章 建築塗装の変遷──近代塗装史
3章 塗装の基本事項
4章 塗装材料の種類と分類
5章 塗装材料の特性とその選定
6章 塗装工事におけるストック建築物への対応

A5判並製 264頁
定価(本体2,500円+税)

新版 石と建築 材料と工法
中山 實 著

岩石や生産地、性質などの基本的な知識から、
建築部位への活用方法、
特長や問題点など、設計に必要な情報、
および詳細な工法まで、
この1冊で建築にかかわる石材のすべてを網羅。

主要目次
第1章 石材についての基礎知識
第2章 石材の特徴
第3章 石材の変質現象
第4章 石材の補強・修復
第5章 張り石工事の実際

A5判上製 248頁
定価(本体4,000円+税)

鹿島出版会の情報発信と出版案内
http://www.kajima-publishing.co.jp/